Anonymus

Neues praktisches Badisches Kochbuch

Anonymus

Neues praktisches Badisches Kochbuch

ISBN/EAN: 9783742896384

Hergestellt in Europa, USA, Kanada, Australien, Japan

Cover: Foto ©Lupo / pixelio.de

Anonymus

Neues praktisches Badisches Kochbuch

Neues praktisches

Badisches Kochbuch,

oder

vollständige und bewährte

Anleitung

zur schmackhaftesten und wohlfeilen Zubereitung aller
Suppen, Gemüse, Fleisch=, Fisch=, Mehl= und Eier=
speisen, Backwerke, Pasteten, Gelées, Crèmes, Compots,
warmen und kalten Getränke, des Eingemachten u. s. w.

Nebst einem

Speisezettel für's ganze Jahr

und einem Anhang

nützlicher Haus= und Wirthschaftsmittel.

Elfte verbesserte Auflage.

Karlsruhe.

Druck und Verlag von Malsch & Vogel.

1878.

Vorwort

zur elften Auflage.

———

Die Ende 1872 erschienene in vielen tausend Exem= plaren gedruckte zehnte Auflage dieses nützlichen Koch= buchs ist trotz der bedeutenden Konkurrenz von allerlei seither erschienenen Kochbüchern abermals vergriffen und daher eine weitere starke Auflage nothwendig geworden.

Die von unseren deutschen Hausfrauen erprobten Koch= rezepte, die praktische und zugleich ökonomische Ver= wendung der hiezu erforderlichen Nahrungsmittel und Stoffe haben sogar ihren Weg nach Nordamerika zu unsern deutschen Landsleuten gefunden. Jedes Jahr geht eine nicht unbedeutende Anzahl dieses Kochbuches in die Vereinigten Staaten Nordamerika's.

Nachdem die neuen Maaße und Gewichte seit Anfang des Jahres 1872 in Deutschland eingeführt sind und dieselben in einem Zeitraum von 6 Jahren sich ein= gelebt haben, so erschien es der Verfasserin nicht mehr angezeigt, bei den Kochrezepten zu dem neuen Maaß und Gewicht auch noch das alte beizusetzen. Nichts= destoweniger sind auf Seite V und VI zur etwa noth= wendigen Orientirung die neuen Maaße und Gewichte in Vergleichung mit den alten badischen beigegeben.

Diese neue Auflage des Kochbuchs ist einer wieder=
holten Durchsicht unterzogen und sind nöthige Verbes=
serungen geeigneten Orts angebracht worden. Es werden
sich sachverständige Hausfrauen und Köchinnen über=
zeugen, daß dasselbe nicht allein dem Bedürfniß einer
guten bürgerlichen Küche, sondern auch den Anforde=
rungen in der höheren Kochkunst entspricht.

Baden=Baden, im August 1878.

Die Verfasserin.

Verwandlung

des neuen Maaßes und Gewichtes in das frühere badische Maaß und Gewicht,

soweit es in diesem Buche zur Anwendung kommt.

I. Gewicht.

4	Gramm	=	1 Quentchen (¼ Loth).
15,6	„	=	.1 Loth.
125	„	=	¼ Pfund (8 Loth).
250	„	=	½ Pfund (16 Loth).
375	„	=	¾ Pfund (24 Loth).
500	„	=	1 Pfund (32 Loth).
1000	„ oder 1 Kilogramm	=	2 Pfund.
50	Kilogramm	=	1 Centner.

II. Flüssigkeitsmaaß.

³⁄₁₆	Liter	=	½	bad. Schoppen.	
³⁄₈	„	=	1	„ „	
³⁄₄	„	=	2	„ „	
1¹⁄₈	„	=	3	„ „	
1½	„	=	4	„ „	(1 Maas).
1⁷⁄₈	„	=	5	„ „	
2¼	„	=	6	„ „	
2⁵⁄₈	„	=	7	„ „	
3	„	=	8	„ „	(2 Maas).
3³⁄₈	„	=	9	„ „	
3³⁄₄	„	=	10	„ „	
150	„	=	100	„ Maas (1 Ohm).	

III. Sächsisches Maaß.

$\frac{3}{8}$ Liter	=	$\frac{1}{4}$ Meßlein.		6	Liter	=	4 Meßlein.
$\frac{3}{4}$ „	=	$\frac{1}{2}$ „		$7\frac{1}{2}$ „		=	5 „
$1\frac{1}{2}$ „	=	1 „		15 „		=	1 Sefter.
3 „	=	2 „		150 „		=	1 Malter.
$4\frac{1}{2}$ „	=	3 „					

Inhalts-Uebersicht.

Register.

I. Bouillon und Suppen.

1. Gewöhnliche Bouillon.

Nimm 1 Kilogramm Ochsenfleisch, ½ Kilogramm zerhauene Knochen, auch etwas von einem alten Huhn, setze alles zusammen mit 4½ Liter Wasser auf ein starkes Feuer und schäume es rein ab. Thue dann Selleriewurzel, 1 gelbe Rübe, etwas Wirsing, Petersilienwurzel, 1 Stengel Lauch, Kerbelkraut, nebst beliebigem Salz dazu. Schäume dies und lasse es langsam kochen, bis das Fleisch weich ist, und seihe es durch ein feines Haarsieb; so kann man es dann in Tassen oder auch als Suppe geben.

2. Jus oder braune Saftbrühe.

Schneide 1 Kilogramm Rindfleisch, 750 Gramm Kalbfleisch und etwas Schinken in fingerdicke Scheiben, setze es mit 125 Gramm Butter, in Scheiben geschnittener Zwiebel, einer gelben Rübe, Petersilienwurzel, einigen Pfefferkörnern und Gewürznelken in einem Casserol auf das Feuer und lasse es eine schöne braune Farbe bekommen, schütte alsdann das Fett rein ab und fülle es mit 3 Liter kaltem Wasser oder kalter Fleischbrühe auf, schäume es fleißig ab und lasse es langsam kochen, bis das Fleisch weich ist, und lasse die Brühe durch ein Haarsieb laufen; sie kann dann nach Belieben verwendet werden.

3. Reis-Suppe.

Nimm 250 Gramm Reis, reinige und wasche ihn, brühe ihn mit kochendem Wasser 2 bis 3 Mal ab, thue ein Stück Butter hinein, rühre ihn damit ab, fülle ihn nach und nach mit Fleischbrühe auf und lasse ihn weich kochen; auch kann man eine Zwiebel, mit 2 Nelken gespickt, mitkochen lassen und ihn beim Anrichten mit 3 bis 4 Eiergelb nebst Muskatnuß anrühren.

1

4. Reis mit Jus.

Dieser wird auf dieselbe Art zubereitet, wie obiger, nur muß er ganz bleiben und statt mit weißer Bouillon mit Jus aufgefüllt werden.

5. Reis-Suppe auf gewöhnliche Art.

Nimm 250 Gramm Reis, reinige und wasche ihn, stelle ihn dann mit etwas kaltem Wasser zum Feuer, bis er kocht, schütte hierauf das Wasser ab und mache es noch zweimal auf gleiche Weise, nimm dann ein eigroß Butter und rühre den Reis damit ab; fülle ihn sodann nach und nach mit Fleischbrühe auf und lasse ihn weich kochen. Eine Stunde vor dem Anrichten rühre ein Teigchen von einem schwachen Kochlöffel voll Mehl und etwas Milch hinein und lasse den Reis noch recht kochen; beim Anrichten kann man etwas Muskatnuß und Schnittlauch darauf geben.

6. Reis mit Erbsenpurée.

Wenn der Reis abgebrüht ist, wird er mit einem Stückchen Butter gedämpft und mit Fleischbrühe nach und nach weich und dick gekocht, jedoch nicht verrührt, richte ihn dann mit verdünntem Erbsenpurée an. Siehe Nr. 22.

7. Sago-Suppe.

Wasche den Sago 3 bis 4 Mal in heißem Wasser und setze ihn mit etwas kaltem Wasser auf's Feuer; ist er dick gekocht, dann rühre ihn mit einem Stück Butter ab, fülle ihn mit Fleischbrühe nach und nach auf und lasse ihn 2 Stunden kochen; beim Anrichten rühre ihn mit einigem Eiergelb und sauerm Rahm an.

8. Gersten-Suppe.

Setze 250 Gramm Gerste mit ⅜ Liter kaltem Wasser auf's Feuer, ist sie dick gekocht, dann rühre sie mit einem Stück Butter ab, gieße Fleischbrühe dazu und lasse sie langsam kochen; eine Stunde vor dem Anrichten rühre ein Teigchen von einem Kochlöffel voll Mehl und etwas Milch hinein, auch kann man fein gehackte Petersilie und Schnittlauch darauf geben.

9. Krebs-Suppe.

Nimm zu einer guten Suppe etwa 50 Suppenkrebse, wasche

sie sorgfältig und koche sie ¼ Stunde in Salzwasser, gieße hierauf das Salzwasser davon, schneide die Schnäuße ab, die Schwänzlein aber breche aus und schäle sie sorgfältig; den übrigen Körper stoße nun zu einem Teig; gib jetzt 125 Gramm Butter in ein Casserol, thue die gestoßenen Krebse nebst einem Kochlöffel voll Mehl hinein und lasse es eine Zeit lang dämpfen, bis die Butter roth wird, gieße nun gute Fleischbrühe darauf und lasse sie kochen; hierauf hebe die Butter davon ab, treibe die Brühe durch ein Haarsieb und stelle sie wieder auf Kohlen, bis sie kocht. Einige Minuten vor dem Anrichten thue geröstete Weckschnitten hinein. Nun thue die abgeschöpfte Krebsbutter in die Suppenschüssel, rühre 6 Eiergelb, etwas sauern Rahm, etwas Muskatnuß und fein gehackte Petersilie daran, schütte die Suppe unter beständigem Rühren hinein und lege die Schwänze darauf. Es können alle Arten Klöse oder dick gekochter Reis dazu gegeben werden.

10. Pfanzerl-Suppe.

Rühre 125 Gramm Butter schaumig, nimm 3 Eier, 4 Eßlöffel voll Mehl, rühre immer ein Ei und einen Eßlöffel Mehl hinein, streiche ein Auflaufblech mit Butter aus, fülle die Masse hinein und lasse es auf Kohlen oder im Backofen schön gelb werden, feuchte es sodann mit kaltem Wasser an, schneide es in viereckige Stückchen und koche es in guter Fleischbrühe auf.

11. Aufgezogene Suppe.

Schneide 1 oder 3 Wecke in Schnitten, wie zum Rösten, verrühre dann 5 Eier tüchtig mit 1 Glas süßem oder sauerm Rahm, thue klein geschnittenen Schnittlauch oder Petersilie, Salz, Muskatnuß daran, lege die Schnitten darein, bestreiche ein Casserol stark mit Butter, lege die geweichten Schnitten darauf und lasse es auf Kohlen oder im Backofen aufziehen, doch darf es nicht zu braun werden. Hierauf sticht man es mit einem Löffel heraus und thut es in eine Suppenschüssel schüttet gute Fleischbrühe darüber, verrührt das Gelbe von 4 Eiern mit etlichen Löffeln sauerm Rahm und gießt es über die Suppe.

1.

12. Nudel-Suppe.

Nimm 2 bis 3 Löffel voll feines Mehl und 2 bis 3 Eier, wirke dies untereinander zu einem Teig und arbeite solchen so lange, bis er recht glatt ist; dann wird er in mehrere Stücke zerschnitten und ganz dünn gewalzt, auf ein reines Tuch gelegt, bis er abgetrocknet ist, zusammengerollt und nach Belieben fein geschnitten und in der Fleischbrühe aufgekocht.

13 Kerbel-Suppe.

Der Kerbel wird gelesen und rein gewaschen, alsdann fein gehackt und in ein wenig frischer Butter mit einem Kochlöffel voll Mehl gedämpft, mit Fleischbrühe abgelöscht und aufgekocht, dann über geröstetes Weißbrod angerichtet und 3 Eiergelb nebst 3 Eßlöffel voll sauerm Rahm daran gerührt.

14. Sauerampfer-Suppe.

Wird ganz auf dieselbe Art bereitet wie die Kerbel-Suppe.

15. Einlauf-Suppe.

Für 6 bis 8 Personen nimm eine Handvoll Weißmehl und etwas Salz, rühre es in einer Schüssel mit süßer Milch wie einen Spatzenteig glatt an, schlage 6 bis 7 Eier daran, bis es dünn wie ein Fläbleinteig ist, lasse es durch einen Suppenseiher in gute Fleischbrühe laufen; wenn sie gekocht, reibe Muskatnuß darein und servire sie.

16. Durchgetriebene Kräuter-Suppe.

Reinige 2 Stengel Lauch, 1 Selleriewurzel, 2 gelbe Rüben, 3 Kartoffeln, ½ Kopf Wirsing, eine Handvoll Peterfilie und eben so viel Kerbelkraut, nebst 3 Händevoll Brockelerbsen, schneide dieses alles recht fein, setze es dann mit einem Stück Butter auf das Feuer und lasse es weich dämpfen, gieße alsdann Fleischbrühe daran und lasse es kochen, schneide, wenn das Wurzelwerk ganz weich ist, Schwarzbrod hinein, lasse es auch mitkochen und treibe es hernach durch einen Durchschlag und beim Anrichten legire es mit 3 Eiergelb und sauerm Rahm.

17. Hirn-Suppe.

2 Kalbshirne werden mit heißem Wasser gehäutet, fein ge-

hackt, dann Zwiebel und Petersilie in Butter weich gedämpft, das Hirn nebst einem Kochlöffel voll Mehl hinein gethan, und wenn es alles zusammen gedämpft hat, so lösche es mit der nöthigen Fleischbrühe ab, richte es über gebähte Weckschnitten an und legire es mit 2 Eiergelb und etwas sauerm Rahm.

18. Feldhuhn-Suppe.

1 oder 2 gereinigte und ausgenommene Feldhühner werden mit etwas Schinken, einigen kleingeschnittenen Zwiebeln, einigen Pfefferkörnern, Gewürznelken, etwas Thimian und ein eigroß Butter in einem passenden Geschirr schön braun gedämpft; nimm dann die Feldhühner aus dem Geschirr und rühre 3 bis 4 Kochlöffel voll Mehl in das Fett, worin die Hühner waren, lasse es ein wenig dämpfen, die Feldhühner aber stoße sammt dem Körper zu einem Teig, thue sie alsdann zu dem gedämpften Mehl, fülle es mit der nöthigen Jus auf, schneide 2 Wecke in dünne Scheiben darein und lasse es ½ Stunde mitkochen, treibe alsdann alles durch ein Haarsieb, setze sie nochmals auf's Feuer und richte sie über würflich geröstetes Brod an.

19. Wild-Enten-Suppe.

Auf dieselbe Art.

20. Lerchen-Suppe.

Desgleichen.

21. Grüne Erbsen-Suppe.

Nimm 1½ Liter ausgebrockte grüne Erbsen, setze sie mit kaltem Wasser, etwas Salz, einer Handvoll Petersilie, Sellerieblättern und einigen jungen gelben Rüben auf das Feuer und lasse sie weich kochen, schütte alsdann das Wasser ab und treibe sie durch ein Haarsieb, verdünne sie dann mit der nöthigen Fleischbrühe und richte sie über geröstetes Brod an.

22. Dürre Erbsen-Suppe.

Nimm ¾ Liter dürre Erbsen, reinige sie, setze sie mit kaltem Wasser zum Feuer und lasse sie mit etwas Selleriewurzel, Gelberüben und Zwiebeln weich kochen; hierauf treibe sie durch ein Haarsieb, verdünne sie mit Fleischbrühe und richte sie über gewürfeltes in Butter geröstetes Brod an.

23. Kartoffel=Suppe.

Nimm für 8 Personen 8 bis 10 Kartoffeln, schneide jede in 4 Stücke und koche sie in Fleischbrühe weich, treibe sie hernach durch ein Haarsieb und dämpfe etwas fein gehackte Petersilie, Zwiebel, Sellerieblätter in Butter weich und thue einen Kochlöffel voll Mehl und die durchgetriebenen Kartoffeln hinein, fülle sie mit der nöthigen Fleischbrühe auf, legire sie mit 3 Eierdottern und sauerm Rahm und richte sie über gewürfeltes in etwas Butter geröstetes Brod an.

24. Suppe à la Reine.

Zwei alte Hühner werden mit Wasser beigesetzt und nebst Sellerie, Lauch, Petersilienwurzel und 1 gelben Rübe weich gekocht Man läßt dann etliche Zwiebeln nebst Sellerie in Scheiben geschnitten in einem Stück Butter weich dämpfen, füllt dieses mit Hühnerbrühe auf, schneidet 2 Semmel darein und läßt es eine Zeitlang kochen, löst alsdann das Fleisch der weichgekochten Hühner ab und stößt es sammt 6 hartgesottenen Eiergelb zu einem Teig, rührt es dann mit ³⁄₈ Liter süßem Rahm zu den gekochten Semmeln und treibt es nebst etwas Muskatnuß und Salz durch ein Sieb. Die Suppe darf nun nicht mehr kochen, sondern nur noch warm gehalten und dann über geröstetes Brod angerichtet werden.

25. Grüne Kernen=Suppe.

250 Gramm grüne Kernen werden mit etwas kaltem Wasser beigesetzt; wenn es eingekocht ist, wird es mit einem Stückchen Butter abgerührt, mit Fleischbrühe nach und nach aufgefüllt und mit Petersilie, Sellerieblättern und 1 gelben Rübe zusammengebunden weich gekocht, sodann durch ein Haarsieb getrieben, mit 2 Eiergelb und sauerm Rahm legirt und über geröstetes Weißbrod angerichtet.

26. Baumwoll=Suppe.

Für ungefähr 6 Personen werden 125 Gramm Butter

leicht gerührt, hierauf 4 Eier darein geschlagen; wenn diese
wohl gerührt sind, werden 5 kleine Kochlöffel voll Mehl, Salz,
Muskatnuß und 4 Eßlöffel voll süßer Rahm dazu gethan;
sobald die Fleischbrühe kocht, wird der Teig mit dem Kochlöffel hineingezettelt und gerührt, bis sie wieder kocht. Die
Suppe darf nun nicht lange mehr kochen.

27. Grieß-Suppe.

Lasse 2 Hände voll Grieß in kochende Fleischbrühe laufen,
doch muß beständig darin gerührt werden, bis er kocht; beim
Anrichten thue 2 Eiergelb und sauern Rahm daran.

28. Fläblein-Suppe.

Nimm 6 Kochlöffel voll Mehl, rühre es mit ein wenig Milch
glatt, schlage hierauf 4 Eier daran und verdünne es mit Milch
zu einem dünnen Omelettenteig, bestreiche alsdann die Omeletten-
pfanne mit einer Speckbatte und backe die Fläblein recht dünn,
schneide sie wie grobe Nudeln und koche sie in guter Fleischbrühe auf.

29. Eiergersten-Suppe.

Mache einen recht festen Nudelteig und reibe ihn auf dem
Reibeisen, lasse die geriebene Gerste alsdann trocknen, in die
kochende Fleischbrühe laufen und einige Minuten kochen.

30. Verlorene Eier-Suppe.

2 Wecke werden gewürfelt geschnitten, verrühre alsdann
6 bis 7 Eier in einer Schüssel, lasse 60 Gramm Butter darin
vergehen, thue ein wenig Salz, Muskatnuß, etwas Schnittlauch, dann die geschnittenen Wecke hinein und lasse es eine
Viertelstunde ruhen, sodann setze so viel Fleischbrühe als
nöthig auf; wenn sie kocht, bringe Obiges in einem Klumpen
hinein und lasse es langsam kochen.

31. Französische Suppe.

Man nehme, wie die Jahreszeit es gibt, 2 Lauchstengel, 1
Selleriewurzel, 2 Petersilienwurzeln, eben so viel gelbe Rüben,
einige Schwarzwurzeln, ein Stöckchen Endivien, 3 Kartoffeln,

einen halben Kopf Wirsing, 3 Hände voll grüne Erbsen, etwas
Blumen- oder Rosenkohl, schneide dieses alles recht fein in
halbfingerlange Stückchen und dämpfe es mit einem Stückchen
Butter weich, fülle es hierauf mit der nöthigen Fleischbrühe
auf und lasse es noch recht kochen; ¼ Stunde vor dem Anrichten thue man gebähte Weckschnitten hinein.

32. Fisch-Suppe.

Schneide von einem Karpfen oder Hecht in einem ohnge-
fähren Gewicht von 1 Kilogramm, nachdem er sorgfältig gereinigt
und ausgenommen ist, das Fleisch der Länge nach von den
Gräten herunter; diese sammt dem Kopfe, 125 Gramm Schinken,
einige Zwiebeln, Sellerie- und Petersilienwurzeln werden in
einem Stücke Butter einige Minuten gedämpft, hierauf 2
Kochlöffel voll Mehl darein gerührt, mit der nöthigen Fleischbrühe aufgefüllt, einige Gewürznelken, etwas Thymian und
ein Lorbeerblatt daran gethan; nachdem solches tüchtig gekocht hat, wird es durch ein Haarsieb getrieben. Das Fischfleisch wird in kleine Würfel geschnitten und nebst fein gehackten
Zwiebeln und Petersilie in ein wenig Butter wohl gedämpft,
die durchgetriebene Brühe daran gegossen und noch eine halbe
Stunde durchgekocht; beim Anrichten werden einige Eiergelb
daran gerührt und die Suppe über geröstetes Brod angerichtet.

33. Geröstete Milchbrod-Suppe.

Einige harte Milchbrode werden gerieben und in einem passenden Geschirr in einem Stückchen Butter gelb geröstet, mit
der nöthigen Fleischbrühe aufgefüllt und so eine Viertelstunde
aufgekocht; beim Anrichten rühre einige Eiergelb und etwas
sauern Rahm nebst Schnittlauch und Muskatnuß daran.

34. Steinpilz-Suppe.

Etwas feingehackte Petersilie wird in einem Eigroß frischer
Butter einige Minuten gedämpft, sodann werden eine starke
Hand voll Steinpilze sauber gewaschen und klein gewiegt und
sammt etwas gestoßenem Pfeffer zu der gedämpften Petersilie gethan und auch noch einige Minuten damit gedämpft;
man füllt es nun mit so viel Fleischbrühe auf als nöthig ist

und läßt es noch eine Viertelstunde damit kochen. Beim Anrichten werden 4 Eiergelb daran gerührt und die Suppe über
gebähte Weckschnitten angerichtet.

35. Linsen-Suppe.

Man setzt ⅜ Liter Linsen mit kaltem Wasser zum Feuer,
thut Selleriewurzel, Petersilienwurzel und gelbe Rüben dazu
und läßt sie kochen, bis sie weich sind, dann werden sie durch
ein Haarsieb getrieben, hierauf werden ein wenig fein gehackte
Zwiebel, nebst einem Kochlöffel voll Mehl in Butter gedämpft,
die durchgetriebenen Linsen hinein gerührt und mit der zur
Suppe nöthigen Fleischbrühe aufgefüllt, noch ein wenig damit
aufgekocht und über würflich geschnittenes und in Schmalz
geröstetes Brod angerichtet.

36. Suppe à la Tortue oder Schildkröten-Suppe.

Nimm (in Ermanglung der Schildkröten) einen gebrühten
Kalbskopf, 1½ Kilogramm Ochsenfleisch, 1 altes Huhn, 125
Gramm Schinken, 1 Handvoll Schalotten, 1 Selleriewurzel,
2 Petersilienwurzeln, 2 Gelbrüben, einen halben Kopf Wirsing,
einige Pfefferkörner, Gewürznelken, etwas Muskatblüthe, eine
in Scheiben geschnittene Citrone und etwas Salz, setze dieses
alles in einem passenden Geschirr mit 6 Liter kaltem Wasser
zum Feuer, schäume es fleißig ab und lasse es langsam
kochen, bis der Kalbskopf weich ist, nimm ihn alsdann heraus,
löse das Fleisch von den Knochen ab und schneide es in kleine
viereckige Stückchen, den abgelösten Knochen lege nun wieder
in die Brühe und lasse ihn mit dem übrigen Fleisch so lange
fortkochen, bis das Fleisch ganz weich und die Brühe kurz
eingekocht ist. Lasse jetzt 125 Gramm Butter zergehen, rühre
4 starke Kochlöffel voll Mehl hinein und röste es auf dem
Feuer hellbraun, schütte hierauf einige Löffel voll Jus nebst
der eingekochten Brühe durch ein Haarsieb daran und lasse
es so eine Stunde recht kochen, hebe hierauf das Fett rein
ab, thue den geschnittenen Kalbskopf nebst 1 Bouteille Madeira
darein und lasse die Suppe noch ein wenig damit aufkochen,
nun thue beliebige Klößchen (siehe Klößchen) und in Würfel

geschnittene Trüffeln in die Schüffel und richte die Suppe
darüber an.

37. Kastanien-Suppe.

Schäle 5 bis 6 Hände voll Kastanien und koche sie nebst
einem in Scheiben geschnittenen Weck und ein wenig Butter
in der Fleischbrühe weich, nimm dann das Gelbe von 6 hart
gesottenen Eiern und treibe es sammt den Kastanien durch
ein Haarsieb, fülle es mit der nöthigen Fleischbrühe auf, thue
etwas Muskatnuß, Salz und noch eine Handvoll gekochte
Kastanien daran und richte die Suppe über geröstete Wecke an.

38. Fasten-Bretzel-Suppe.

Lege 6 Fasten-Bretzeln in kaltes Wasser, bis sie ganz weich
sind, drücke sie aus und koche sie mit ein wenig Fleischbrühe
und einem Stückchen Butter auf, treibe sie alsdann durch ein
Haarsieb, verrühre einige Eiergelb mit etwas sauerm Rahm
und ein wenig Muskatnuß und richte die Suppe unter beständigem Rühren darüber an.

39. Austern-Suppe.

Es werden verhältnißmäßig Austern auf dem Rost gebraten,
dann verwiegt man ein halbabgesottenes Kalbsbrieslein, nebst
Zwiebeln und Peterſilie ganz fein und stößt dies mit der
Hälfte der Austern im Mörser zu einem Brei; nun läßt man
verhacktes Nierenfett, in der Größe eines Hühnereies, heiß
werden, dünstet das Verwiegte darin, legt einige gebähte Brodschnitten dazu, gießt gute Fleischbrühe daran und läßt dies
zusammen ½ Stunde kochen; beim Anrichten verrührt man das
Gelbe von 5 Eiern, gießt die Suppe durch ein Haarsieb daran,
thut einige Löffel Jus dazu und legt die übrigen Austern
auf die Suppe.

40. Rüben-Suppe.

Nimm 12 gelbe und 4 weiße Rüben, schneide sie nebst 125
Gramm Schinken in dünne Blättchen und dämpfe dieses in
125 Gramm Butter schön gelb und weich, alsdann fülle es
zur Hälfte mit Jus, zur Hälfte mit weißer Bouillon auf
und lasse es noch ½ Stunde langsam miteinander kochen,

treibe es hierauf durch ein Haarsieb, thue noch etwas Salz hinein, röste etwas Weißbrod in Butter schön gelb, thue es in die Suppenschüssel und schütte die Suppe darüber.

41. Schwarzbrod-Suppe.

Schneide 250 Gramm Schwarzbrod klein zusammen und koche es mit einem eigroß Butter, einigen zusammengebundenen Petersilien- und Sellerieblättern in weißer Bouillon weich, treibe sie dann durch ein Haarsieb und salze sie, verrühre nun 6 Eiergelb nebst etwas Muskatnuß und schütte die Suppe unter beständigem Rühren hinein.

42. Vermicelli oder italienische Nudel-Suppe.

½ Kilogramm Vermicelli werden in Salzwasser einige Minuten gekocht, alsdann abgegossen, in ein dazu schickliches Geschirr gethan und so viel als nöthig Jus kochend darüber gegossen, etwas gestoßener Pfeffer und Salz daran gethan und eine halbe Stunde langsam gekocht, beim Anrichten wird etwas geriebener Parmesankäs darauf gestreut.

Süße Suppen und kalte Schalen.

43. Wein-Suppe.

Nimm 1 Eßlöffel voll feines Mehl, 4 Eiergelb, 125 Gramm gestoßenen Zucker, etwas Citronenschale, eine Messerspitze Zimmt und rühre dieses mit ¾ Liter weißen Wein, 1 Glas Wasser und 2 Eßlöffel voll süßem Rahm in einer Casserole glatt an, thue eine Nuß groß Butter hinein, nimm es auf's Feuer und lasse es unter beständigem Rühren ein Mal auf-kochen und richte sie über würflich geschnittenes Weißbrod an.

44. Sago-Suppe mit Wein.

125 Gramm Sago wird etliche Mal durch laues Wasser gewaschen und alsdann mit einem Schöpflöffel kaltem Wasser zur Hitze gebracht; wenn dieses eingekocht ist, gießt man ¾ Liter

rothen Wein nach und nach daran, thut etwas Zimmt, das abgeriebene Gelbe von einer Citrone und 125 Gramm Zucker hinein. Dieses zusammen läßt man kochen, bis es die Dicke von einer Gerstensuppe hat. Will man die Suppe nicht so stark haben, so gieße man 1 Glas Wasser dazu. Sie muß in einem ganz reinen Geschirr gekocht werden.

45. Sago-Suppe mit Milch.

Man setzt den Sago mit einem Stückchen Butter und Wasser an's Feuer, läßt ihn einkochen, füllt ihn dann mit warmer Milch auf, thut ein Stückchen Zucker, welches an einer Citrone abgerieben worden ist, dazu, kocht dies langsam weich und streut beim Anrichten etwas Zimmt darauf.

46. Bier-Suppe.

2 Bouteillen Bier lasse mit 190 Gramm Zucker, etwas Zimmt und Citronenschale aufkochen, nimm aber sorgfältig den Schaum, den das Bier wirft, ab. Beim Anrichten verrühre 6 Eiergelb mit etwas saurem Rahm, rühre es an die Suppe und richte sie über geröstetes Brod an.

47. Süße Mandel-Suppe.

Man stößt eine Handvoll geschälte Mandeln recht fein, thut eine Handvoll Zucker dazu und röste dieses zusammen in einer messingenen Pfanne hellgelb, schüttet alsdann Milch daran, so viel man Suppe haben will, thut ein wenig Zimmt darein und läßt es mit diesem eine Zeitlang aufkochen; dann verrührt man das Gelbe von etlichen Eiern, rührt die Suppe nach und nach daran und richtet sie über gebähte Brodschnitten an.

48. Dürre Kirschen-Suppe.

3 bis 4 Händevoll dürre Kirschen werden fein gestoßen, sodann ein Stückchen geschnittener Weck dazu gethan, mit ¾ Liter Wasser aufgefüllt, recht verkocht und dann durch ein Haarsieb getrieben. Füge alsdann eine Bouteille rothen Wein, 125 Gramm Zucker, die Schale von einer Citrone und etwas ganzen Zimmt hinzu, lasse es eine Viertelstunde gut kochen und richte es über gelb geröstetes Weißbrod an.

49. Heidelbeer-Suppe.

Nimm reife Heidelbeeren, setze sie mit 125 Gramm Zucker zum Feuer (sie werden selbst Brühe ziehen). Wenn sie weich sind, treibe sie durch ein Haarsieb, gib zu dem Durchgetriebenen Zimmt und von einer halben Citrone das Abgeriebene, nebst ³/₄ Liter Wein, lasse alles eine Viertelstunde kochen und richte die Suppe über gebähte Weißbrodschnitten an.

50. Kalte Schale von Schwarzbrod.

¹/₂ Kilogramm geriebenes Schwarzbrod, ¹/₂ Kilogramm Rosinen, welche gut gewaschen und mit einem Glas Wein gut gekocht sind, nebst 250 Gramm gestoßenem Zucker, etwas gestoßenem Zimmt, etwas fein gehackter Citronenschale und 2 Bouteillen weißen Wein menge recht untereinander und stelle es kalt, bis es zur Tafel geht.

51. Kalte Schale von Aprikosen.

Nimm 24 Stück Aprikosen; die Hälfte davon schäle recht schön und schneide sie in 2 Theile, dann koche sie mit 125 Gramm Zucker und einem Glas weißen Wein gelinde, damit die geschälten Aprikosen ganz bleiben; auch nimm von allen 24 Aprikosen die Kerne geschält dazu, die andere Hälfte aber drücke sammt der Schale durch ein Haarsieb, dann thue das Durchgetriebene mit ³/₄ Liter weißen Wein gut verrührt in einen Suppentopf mit 125 Gramm gestoßenem Zucker, etwas gestoßenem Zimmt, etwas fein gehacktem Citronat, nebst ¹/₂ Kaffeetasse Kirschenwasser und die vorher gekochten Aprikosen, decke sie zu und stelle es kalt bis zum Anrichten.

52. Kalte Schale von Kirschen.

¹/₂ Kilogramm Kirschen wird von den Stielen gereinigt, fein gestoßen und mit einem zusammengeschnittenen Weck, etwas Citronenschale, Zimmt, 1 Glas Wasser eine Viertelstunde recht miteinander verkocht; treibe dies durch ein Haarsieb, thue es in eine schickliche Schüssel, gieße ³/₄ Liter rothen Wein mit 250 Gramm Zucker und etwas Zimmt darüber. Alsdann nimm ¹/₂ Kilogramm saure Kirschen, entledige sie

der Steine und Stiele und koche sie mit 125 Gramm Zucker kurz ein. Thue sie dann auch nebst einem Eßlöffel voll Kirschenwasser zu dem Obengenannten, decke sie gut zu und stelle sie kalt bis zum Anrichten.

Klöse zu Suppen.

53. Gezopfte Weckknöpflein.

Man zopft von Wecken das Weiche heraus, brüht es mit 125 Gramm heißer Butter an, läßt es kalt werden und rührt es dann mit 3 ganzen Eiern und etwas Muskatnuß eine Viertelstunde, legt es mit dem Löffel hübsch klein in die langsam kochende Fleischbrühe und gibt es zu jeder beliebigen Suppe.

54. Weckknöpflein anderer Art.

3 Wecke werden abgerieben, dann in Wasser eingeweicht und wieder ausgedrückt, in 62 Gramm Butter gedämpft und wenn sie erkaltet sind mit 4 bis 5 Eiern abgerührt, etwas Salz, Muskatnuß und Schnittlauch hinein gethan, in die kochende Fleischbrühe gelegt und gekocht.

55. Butterknöpflein.

125 Gramm Butter wird weiß gerührt, dann werden 3 Eier und 6 Eßlöffel voll geriebenes Milchbrod (immer 1 Ei und 2 Löffel Brod) hinein gerührt, auch etwas Schnittlauch, Muskatnuß und Salz daran gethan, runde Kügelchen daraus gemacht, in die Fleischbrühe gelegt und gekocht.

56. Markknöpflein.

Rühre 62 Gramm zerlassenes Ochsenmark mit 62 Gramm Butter schön weiß, rühre nach und nach 4 ganze Eier und 4 Eßlöffel voll geriebenes Milchbrod, 2 Eßlöffel voll Mehl, etwas Muskatnuß und Salz hinein, mache mit der Hand runde Klöschen daraus und probire sie in kochender Fleischbrühe, ob sie beisammen bleiben, wenn nicht, so gib noch etwas geriebenes Milchbrod dazu.

57. Eierknödel.

6 ganze Eier werden in einem Topf recht untereinander geſchlagen, thue Salz, Muskatnuß und ³⁄₈ Liter ſüßen Rahm hinein, ſchlage dieſes abermals recht unter einander, ſtelle es in kochendes Waſſer und laſſe das Waſſer ſo lange kochen, bis die Maſſe feſt iſt, ſtich hernach mit dem Löffel die Klöſe heraus und lege ſie in die Suppe.

58. Butterknödel mit Mehl.

Nimm 125 Gramm Butter, rühre ſie weiß, thue 3 Eier mit 3 Löffel voll Mehl nach und nach hinein, auch etwas Muskatnuß und Salz, und rühre dies recht gut, dann lege ſie mit dem Löffel in langſam kochende Fleiſchbrühe und koche ſie.

59. Fiſchknöpflein.

Löſe die Gräten von ½ Kilogramm Hechtfleiſch recht rein ab, ſtoße ſolches in einem ſteinernen Mörſer nebſt 2 Ei groß friſcher Butter, einem in Milch eingeweichten und wieder ausgedrückten Weck, dem Gelben von 3 Eiern, etwas feingehackten Schalottenzwiebeln, Peterſilie, Thymian, Salz und Muskatnuß eine Viertelſtunde lang, mache ſodann aus dieſer Farce runde Klöschen, und koche ſie in kochender Fleiſchbrühe eine Viertelſtunde lang, ſie können dann in Suppen oder als Beilage zu Ragout gegeben werden.

60. Codiveau-Knödel.

½ Kilogramm rohes Kalbfleiſch wird mit 250 Gramm Nierenfett fein gehackt, nimm dann etwas feingehackte Schalottenzwiebeln, Peterſilie, 2 ausgedrückte Wecken in Milch eingeweicht, ein eigroß Butter, etwas Salz und Muskatnuß, ſtoße alles eine Viertelſtunde recht unter einander, rühre 3 Eier recht gut darunter, mache runde Knödel daraus und koche ſie in ſiedender Fleiſchbrühe und gib ſie in Suppe oder als Fülle in Paſtetchen.

61. Kartoffel-Knödel.

Einige abgekochte und wieder erkaltete Kartoffeln werden auf dem Reibeiſen gerieben und mit ſo viel Butter als Kar-

toffeln und gleiches Gewicht Eier in einem Mörſer recht fein
zerſtoßen, nebſt etwas Salz, Muskatnuß und Schnittlauch
unter einander gemengt, mit einem Löffel in die Fleiſchbrühe
gelegt und gekocht oder in Rindſchmalz recht ſchön gelb gebacken.

62. Aufgezogene Knödel in Suppen.

Nachdem 30 Gramm Butter weiß gerührt ſind, werden
2 ganze Eier nebſt einem Eßlöffel voll Mehl, 1 Eßlöffel
geriebenes Milchbrod, Salz, Muskatnuß, Schnittlauch und
ein wenig ſüßer Rahm darein gerührt, beſtreiche eine kleine
Form mit Butter und Semmelmehl, fülle den Teig darein
und backe ihn mit dem Aufzugbeckel ſchön gelb; nimm dann
das Gebackene heraus, ſchneide es in kleine Stückchen und
richte die Suppe darüber an.

63. Knödel von Hühnerfleiſch.

Das Bruſtfleiſch von einem alten Huhn oder Kapaun wird
roh abgeſchabt und fein gehackt, mit einem Stückchen Butter
und 93 Gramm Weißbrod in Waſſer eingeweicht und wieder
ausgedrückt, dann mit 2 Eiern und einem Eigelb, etwas
Salz und Muskatnuß recht fein in einem ſteinernen Mörſer
geſtoßen, dann runde Klöſe davon gemacht, in kochender
Fleiſchbrühe gekocht oder in Rindſchmalz gebacken und auf
Suppen oder als Beilage gebraucht. Statt daß die Farce
geſtoßen wird, kann ſie auch recht fein gehackt werden.

64. Gries-Klöſe.

Es werden ³/₈ Liter Milch kochend gemacht, 2 Kochlöffel
Gries hineingerührt und ſo lang gekocht, bis er dick iſt.
Wenn der Gries verkühlt iſt, rührt man 62 Gramm Butter
nebſt 3 Eiern ſchäumig, thut den gekochten Gries nebſt 30
Gramm Mehl und nöthigem Salz hinein, legt die Klöſe
mit dem Löffel in ſiedende Fleiſchbrühe und läßt ſie langſam kochen.

65. Hühnerleber-Knödel.

Man nimmt von einigen Hühnern oder Kapaunen die Lebern
und Herzen, wiegt dieſes nebſt etwas Schnittlauch und Peterſilie recht fein, rührt alsdann 60 Gramm Butter weiß, ſchlägt

4 Eier daran, rührt das Verwiegte nebst dem Abgeriebenen von einem Semmelbrödchen, Salz, Muskatnuß und Mehl, so viel man in 3 Fingern fassen kann, dazu, legt die Knödel in langsam kochende Fleischbrühe und läßt sie kochen. Sie müssen aber in anderer Bouillon servirt werden, weil diese, in der sie kochen, trübe gemacht wird.

66. Krebs-Klöse.

Feingehackte Zwiebeln und Petersilie werden in einem Stück Butter gedämpft, thue hierauf einen eingeweichten, wieder ausgedrückten Weck dazu; nachdem dies alles gut gedämpft hat, thue es in eine Schüssel, nimm alsdann von gekochten Krebsen die geschälten Scheeren und Schwänze, hacke sie fein, thue sie zu dem Gedämpften, nebst einigen Löffeln Krebsbutter, etwas Salz, Muskatnuß und 3 ganzen Eiern; wenn alles gut unter einander gerührt ist, mache runde Klöschen daraus und koche sie in siedender Fleischbrühe ab; sollten sie nicht beisammen bleiben, so thue noch etwas Mehl dazu.

Anmerkung. Gut ist es, wenn alle diese Knödel zuerst in der Fleischbrühe probirt werden, ehe man sie einlegt; sollten sie nicht beisammen bleiben, so mag man immer noch etwas Mehl dazu nehmen.

Ochsenfleisch und Beilagen.

67. Ochsenfleisch gut zu sieden.

Das Fleisch wird, von welchem Stück es sei, recht geklopft und mit kaltem Wasser hingestellt; wenn das Fleisch zu sieden anfängt, muß es mit dem Schaumlöffel fortwährend geschäumt werden, alsdann thue nach Belieben Salz, Sellerie, Lauch, Petersilienkraut und Wurzel, Kerbelkraut und gelbe Rüben hinein; wenn es ein großes Stück Fleisch ist, lasse es 4 Stunden kochen und richte es an; die Brühe davon wird zur Suppe und zum Gemüse genommen.

68. Beefsteaks.

Nimm einige Kilogramm vom dicken Theil des Lummels,
löſe Haut und Knochen davon, ſchneide fingerdicke Scheiben
daraus, drücke ſie mit dem Klopfer breit und beſtreue ſie mit
etwas feinem Pfeffer und Salz, laſſe ſie ſo einige Zeit ſtehen
und tauche ſie dann in zerlaſſene Butter, lege dieſelben auf
den Roſt, gib Gluth darunter und brate ſie ſchnell, doch nicht
zu braun, damit ſie ſaftig bleiben. Beim Anrichten gibt man
ein wenig Jus darüber und garnirt ſie mit kleinen gebratenen
Kartoffeln

69. Roastbeef.

Das Ochſenfleiſch iſt am beſten, wenn es von den Rippen
genommen wird, ſchneide den Knochen davon und klopfe es,
thue Schmalz in das Caſſerol, wenn es heiß iſt, lege das Fleiſch
hinein, thue Zwiebeln, gelbe Rüben, Pfeffer, Salz, 2 Nelken
daran, und laſſe es dämpfen, bis es eine ſchöne Farbe hat und
weich iſt, thue nach und nach etwas Fleiſchbrühe oder Jus
daran und laſſe es kurz kochen. Das Roaſtbeef kann auch am
Spieß gebraten werden.

70. Bœuf à la Mode.

Nimm ein Stück Rindfleiſch von der Schwanzfeder, lege es
einige Tage in Eſſig, Salz, Pfeffer, Nelken, Lorbeerblatt und
Zwiebel, nachdem es aus der Beize genommen wird, ſtelle es
folgendermaßen auf's Feuer: Thue Schmalz in das Caſſerol,
wenn es heiß iſt, lege das geklopfte Fleiſch und die Zwiebeln
der Beize hinein, nebſt Pfeffer, Nelken, gelben Rüben, etwas
Speck, ein Stückchen Brodkruſte; wenn es ſchön gebraten iſt,
ſchütte von dem Beizeſſig nebſt Fleiſchbrühe daran und laſſe
es immer dämpfen; wenn es weich iſt, brenne 2 Kochlöffel
voll Mehl daran, löſche es mit Fleiſchbrühe ab und laſſe es
noch ein wenig mitkochen; ſollte die Sauce nicht ſauer genug
ſein, ſo ſchütte noch Eſſig daran.

71. Sardellen=Sauce.

Röſte 2 Kochlöffel Mehl in einem Stück Butter hellbraun,
dämpfe einige fein gehackte Schalottenzwiebeln und Peterſilie

darin, lösche es mit guter Jus ab, thue 1 Glas Wein, etwas Citronensaft, Salz, Pfeffer und eine Nelke daran; dies läßt man nun eine Stunde recht kochen, worauf man es durch ein Haarsieb treibt und 4 gestoßene Sardellen daran thut; diese läßt man noch ein wenig damit ausstochen und richtet sie dann an.

72. Kapern-Sauce.

Sie wird auf dieselbe Art wie die Sardellen-Sauce gemacht, nur daß ganze Kapern genommen werden, statt Sardellen.

73. Sauerampfer-Sauce.

Wasche und wiege 2 Hände voll Sauerampfer, röste alsdann einen Kochlöffel voll Mehl schön gelb in einem Stückchen Butter, dämpfe den Sauerampfer darin, thue ³/₈ Liter guten sauern Rahm, ein wenig Fleischbrühe, Salz und Muskatnuß daran. Die Sauce wird zum Ochsenfleisch gegeben.

74. Thomat-Sauce.

Nimm 2 Thomat-Aepfel, dämpfe sie in einem Stückchen Butter, nebst einem kleinen Löffel voll Mehl, thue etwas Salz und Zucker daran, nebst sauerm Rahm, bis es die gehörige Dicke hat, treibe es dann durch ein Haarsieb und lasse es noch ein wenig kochen. Diese Sauce kann man zum Rindfleisch und auch als Ragout-Sauce verwenden.

75. Zwiebel-Sauce.

Röste 2 Kochlöffel voll Mehl schön braun, lösche es mit einer kleinen Hand voll sein gehackten Schalotten ab, thue ein Glas Wein, etwas Citronensaft, Jus oder Fleischbrühe, Salz, Pfeffer und Nelken daran und lasse dies kochen.

76. Senf-Sauce.

Man nimmt 3 rohe Eigelb, schlägt nach und nach ¹/₂ Glas gutes Oel daran, bis es recht dick ist; stoße dann 4 Sardellen und 4 Schalotten recht fein, treibe sie durch ein Haarsieb und rühre sie in die Eier nebst Salz, Zucker, Pfeffer, Petersilie,

2.

2 feingehackten, hart gesottenen Eiern, nebst 6 Eßlöffeln voll
guten Senf, auch 1 Eßlöffel voll fein gewiegte Kapern, rühre
alles zusammen mit gutem Weinessig recht glatt, bis es die
gehörige Dicke hat.

77. Kalte Sauce.

Siede 3 Eier recht hart, verrühre das Gelbe davon mit
Senf recht glatt, thue Pfeffer, Salz und Schnittlauch daran,
verdünne sie alsdann mit Essig und Oel.

78. Meerrettig.

Der Meerrettig muß zuerst in's Wasser gelegt werden,
damit er nicht bitter schmeckt, alsdann wird er geschabt und
gerieben; stelle in einem Casserol ein Stückchen Butter auf
das Feuer, wenn sie zergangen ist, rühre einen Kochlöffel
voll Mehl hinein, lasse es dämpfen, thue den geriebenen
Meerrettig dazu, lasse ihn mitdämpfen, lösche ihn ab mit
Fleischbrühe, lasse ihn kochen, thue noch ein wenig Salz, Milch
und Zucker dazu, lasse dieses verkochen und richte ihn an.

79. Roher Meerrettig.

Reibe eine halbe Stange Meerrettig, thue Essig, Oel,
Zucker und etwas Salz daran, menge dies unter einander
und gib ihn zum Rindfleisch.

Kleine Pastetchen mit Butterteig.

80. Butterteig.

Nimm 250 Gramm Butter auf das Wallbrett und schaffe
sie glatt, thue ebensoviel Mehl und etwas Salz dazu, und
schaffe dieses alles mit etwas Wasser recht untereinander, doch
ja nicht zu viel Wasser, damit der Teig nicht zu dünn wird,
lasse ihn hierauf eine halbe Stunde ruhen und walle ihn aus.

81. Weingebackener Butterteig.

Man nehme ½ Kilogramm Mehl, 4 Eiergelb, 2 Eßlöffel gestoßenen Zucker und ein wenig Salz auf das Nudelbrett und mache es mit Wein an, bis es wie ein Wasserteig ist; diesen Teig verarbeite, bis er glatt ist und Blasen bekommt, walle ihn nun aus und verarbeite ½ Kilogramm Butter, bis auch diese glatt ist, walle nun auch die Butter aus, lege sie auf den Teig, überschlage diesen und walle ihn 2 bis 3 Mal aus.

82. Pastetchen von Kalbfleisch.

½ Kilogramm rohes Kalbfleisch und 250 Gramm Nieren= fett wird mit einigen Eßlöffeln voll frischem Wasser sehr fein gehackt; man nimmt dann eine Hand voll feingehackte Scha= lottenzwiebeln, Petersilie, etwas Salz, Muskatnuß, und 1 Hand voll Kapern, mengt dieses unter das Fleisch, wallt den Butterteig nicht zu dünn aus, sticht ihn mit einem runden Ausstecher aus, legt die Blättchen auf ein mit Mehl bestreutes Blech, bestreicht sie mit Ei und gibt auf jedes der bestrichenen Blättchen eine Nuß groß von der Farce, dann drückt man wieder dieselben Blättchen darauf, nimmt eine kleine Form in Größe eines Guldenstücks, drückt sie in die Mitte der Farce, jedoch nicht zu scharf, nur daß es den Deckel bezeichnet, gibt ihm oben in der Mitte mit dem Messer einen Schnitt und backt sie in guter Hitze schön gelb.

83. Krebs=Pastetchen.

Man macht von 20 abgekochten Krebsen, nachdem die Schwänze abgenommen sind, Krebsbutter von 625 Gramm Butter. Die Krebse werden hierauf nochmals gestoßen und in einem Schoppen süßen Rahm noch einmal ausgesotten. Der Rahm wird durch ein Tuch gepreßt und für 3 Pfennig geriebenes Milchbrod darein gethan. Die eine Hälfte von der Krebsbutter rührt man mit 3 Eiern schäumig, thut das geriebene Milchbrod nebst Salz und Muskatnuß hinein, schneidet die Krebsschwänze nebst etlichen abgesottenen Morcheln dar= unter, thut 2 Eßlöffel voll sauern Rahm dazu, streicht kleine beliebige Mödelchen mit Butter, legt ſie mit Butterteig aus, gießt von der abgerührten Maſſe hinein, legt ein Blättchen Butterteig darauf, macht einen Schnitt oben hinein und backt ſie im Ofen ſchön gelb.

84. Krebs-Paſtetchen anderer Art.

Lege die ausgebrochenen Scheeren und Schwänze von 25 geſottenen Krebſen bei Seite und verfertige von den Schalen mit 250 Gramm Butter die Krebsbutter. Dieſe Butter rühre mit 2 ganzen Eiern und 3 Eidottern, nebſt zwei einge-weichten und wieder ausgedrückten Wecken recht leicht. Mache folgendes Ragout: Schneide ein Brieslein, das Krebsfleiſch der Scheeren und Schwänze, eine Hand voll Morcheln gröblich, dämpfe etwas feingehackte Peterſilie und Schalottenzwiebeln nebſt einem Kaffeelöffel voll Semmelmehl in etwas Butter und das Geſchnittene mit, würze es mit Salz und Muskatnuß und laſſe es erkalten. Beſtreiche kleine Förmchen mit Butter, ſtreue ſie mit Semmelmehl, fülle etwas von dem Gerührten hinein, mache eine Höhlung in die Mitte, fülle von dem Ragout hinein, decke es mit dem Gerührten zu und backe ſie im Ofen ſchön gelb, ſtürze ſie und gib ſie warm zu Tiſch.

85. Paſtetchen von Brieslein.

Stich Blättchen von Butterteig in Größe eines Trinkglaſes aus, ſtreiche ſie mit einem verquirlten Ei an, ſtich in gleicher Größe einen fingerbreiten Rand aus, lege ihn darauf, ſtreiche ihn auch mit Ei an und backe ſie mit guter Hitze ſchön gelb ¼ Stunde vor dem Anrichten. Wenn ſie gebacken ſind, wird das Deckelchen heraus gehoben und folgende Farce darein ge-füllt: Etwas Schalottenzwiebel und Peterſilie, fein gehackt, wird in etwas Butter weich gedämpft, dann ein Kochlöffel voll Mehl, Muskatnuß, Salz und ein wenig Pfeffer nebſt klein geſchnittenen Brieslein, die zuvor in Salzwaſſer abblanchirt ſind, hineingethan, dieſes wird mit guter Bouillon abgelöſcht und einige Zeit damit gekocht; vor dem Füllen werden ſie mit Eigelben und Citronen-ſaft auf dem Feuer abgerührt, damit die Maſſe dick wird, dann die Paſtetchen damit gefüllt, der Deckel darauf gedeckt und warm auf den Tiſch gegeben.

86. Gansleber=Pastetchen.

Mache von Butterteig runde Blättchen in der Größe eines Trinkglases und bereite folgende Farce dazu: Schabe eine Gansleber recht fein von der Haut, hacke etwas Schalotten=zwiebeln und Petersilie recht fein, thue Salz und Pfeffer daran, stoße alles zusammen in einem steinernen Mörser recht zart, gib auf jedes Pastetchen eine Nuß groß von der Farce, decke es mit einem gleichen Blättchen Teig zu, nachdem der Boden mit Ei angestrichen war, streiche den Deckel abermals an, gib ihm einen Schnitt oben in der Mitte und backe sie im Ofen schön gelb.

87. Fasten=Pastetchen.

Die Pastetchen werden wie vorstehende gefertigt und dann folgende Farce darein gefüllt: ½ Kilogramm Fischfleisch wird klein geschnitten, man thue es mit etwas feingehackten Scha=lottenzwiebeln, Petersilie und Thymian in ein Geschirr und lasse es in einem Stückchen Butter auf dem Feuer dämpfen, nimm alsdann die Masse ganz trocken auf das Wallbrett, thue einige feingemachte Sardellen nebst Kapern und abge=riebene Citrone in den zurückgebliebenen Saft, schlage etliche Eier daran und rühre es, bis es dick ist, bringe dieses als=dann in einen Mörser, stoße es nebst einigen Eidottern, Salz, Pfeffer und dem Saft einer Citrone recht fein, gib es auf die Pastetchen und backe sie im Ofen fertig.

88. Fleisch=Pastetchen.

Ein Stück gebratenes Kalbfleisch wird fein gehackt. Als=dann werden feingehackte Schalottenzwiebeln und Petersilie in einem Stück Butter weich gedämpft; thue das Fleisch nebst etwas Fleischbrühe, Kapern, Muskatnuß und Salz hinein und mache alles mit einem Ei recht durch einander. Dann werden Butterblättchen in der Größe eines Trinkglases aus=gestochen, auf den Boden der Pastetchen eine Nuß groß von der Farce gethan, mit einem gleichen Deckel zugedeckt, mit Ei bestrichen und im Ofen schön gelb gebacken.

89. Pastetchen von Kalbshirn.

In der Größe eines Trinkglases werden von Butterteig runde Blättchen ausgestochen und mit Ei bestrichen; lege einen schmalen Rand darauf, bestreiche sie abermals mit Ei, setze sie auf ein mit Mehl bestreutes Blech und backe sie im Ofen gelb aus. Nun löst man von einigen Kalbshirnen die Haut ab, kocht es mit ⅜ Liter Wasser, etwas Essig, Schalotten= zwiebeln, Petersilie, Gewürz und Salz eine Zeitlang, nimmt es dann heraus, schneidet es klein, dämpft dann etwas Petersilie in einem Stückchen Butter nebst einem Kochlöffel voll Mehl, löscht es mit ⅛ Liter von der Brühe, in welcher das Hirn gekocht ist, ab, und läßt es damit stark verkochen, gibt dann das Hirn dazu, rührt das Gelbe von 4 Eiern nebst dem Saft einer Citrone daran und rührt es auf dem Feuer dick, füllt es dann in die warmen Pastetchen und gibt sie auf den Tisch.

90. Pastetchen von Kalbshirn anderer Art.

Man häutelt das Kalbshirn in warmem Wasser ab und hackt es fein, nimmt ein Stückchen Butter nebst Citronensaft, Salz und Muskatnuß, thut das gehackte Hirn dazu und läßt es einige Minuten auf dem Feuer aufkochen und dann erkalten Alsdann macht man von Butterteig kleine runde Blättchen, gibt jedem derselben von dem Hirn, streut etwas Semmel= mehl darauf, deckt wieder ein gleiches Deckelchen von Butter= teig darauf, gibt ihm einen Schnitt oben in der Mitte und backt sie im Ofen.

91. Hachis=Pastetchen.

250 Gramm kalter Kalbsbraten wird mit etwas Kapern, 125 Gramm Ochsenmark, einigen Schalotten, Citronenschalen und 60 Gramm gereinigten Sardellen fein gewiegt, nachher mit einem Stückchen Butter gedämpft, ein wenig Mehl dazu gethan, wenn solches angezogen hat, einige Löffel voll Wein nebst Citronensaft dazu gethan und wenn es eingekocht ist, das Kalbfleisch hinzugefügt und bei Seite gestellt. Schneide runde Blättchen von Butterteig, gib von dem Hachis darauf,

decke es mit einem gleichen Blättchen zu und backe sie im Ofen schön gelb.

92. Reis-Pastetchen.

Nimm 250 Gramm Reis, brühe ihn einige Mal mit siedendem Wasser ab und lasse es dann wieder sauber davon ablaufen, koche ihn in der Milch dick und lasse ihn verkühlen. Rühre 125 Gramm Butter mit 8 Eiergelb schäumig, thue dann den verkühlten Reis nebst etwas Salz hinein, schlage das Weiße der Eier zu Schnee und rühre ihn unter die Masse. Bestreiche kleine Formen mit Butter und bestreue sie mit Semmelmehl, thue von der Masse hinein, mache in der Mitte eine Höhlung, thue ein wenig Ragout von Brieslein oder Kapaunen hinein, decke etwas von dem Reis darauf und backe sie im Ofen; sie müssen aber warm zur Tafel kommen.

93. Kartoffel-Pastetchen.

Es werden kleine Formen mit Butter bestrichen und mit Semmelmehl ausgestreut. Hierauf werden 8 Stück gekochte Kartoffeln auf dem Reibeisen gerieben, 125 Gramm Butter mit 6 Eidottern schäumig gerührt, mit den geriebenen Kartoffeln und etwas Salz und Muskatnuß vermengt, das Weiße der Eier zu Schnee geschlagen und unter die Masse gerührt. Alsdann wird von der Masse in die Formen gefüllt, eine Höhle in der Mitte gemacht und folgendes Ragout hineingefüllt: Ein Häring wird sauber geputzt, zu kleinen Stückchen geschnitten, eine klein geschnittene Zwiebel in einem Stückchen Butter weich gedämpft, ein Stückchen klein geschnittener Speck in einem Glas Milch gekocht, sodann ein Stückchen Kalbsbraten klein geschnitten. Dieses wird nebst dem zuvor aus der Milch genommenen Speck zusammen in eine Schüssel gethan und mit 5 Eiergelb abgerührt. Fülle nun von dem gefertigten Ragout etwas in die Höhlung, thue von der Kartoffelmasse etwas darauf, daß sie zugedeckt werde, backe sie im Ofen schön gelb, stürze sie und bringe sie warm zu Tisch.

Gemüse.

94. Schwarzwurzeln.

Schabe sie rein und wirf sie während dem Reinigen, damit sie nicht roth werden, in's Wasser, worin etwas Mehl mit Essig angerührt ist; alsdann schneide sie in beliebige Stücke und koche sie in Salzwasser weich. Gieße sie durch einen Seiher, behalte von dem Wasser ein wenig an die Wurzeln, mache eine Buttersauce daran und laß diese noch ein wenig mit den Wurzeln kochen.

95. Brockelerbsen.

So viel Brockelerbsen, als man zu einer Platte nöthig hat, werden ausgebrockt und gewaschen; dämpfe sie mit einem Stück frischer Butter, etwas fein gehackter Petersilie und Zwiebeln, auch ein wenig Zucker und etwas Salz, gieße immer ein wenig Fleischbrühe daran, bis sie weich sind, dann streue 1 Kochlöffel voll Mehl daran, rüttle sie recht untereinander und lasse sie noch ein wenig kochen; ehe sie angerichtet werden, verkleppere 2 Eiergelb und ein wenig sauern Rahm und rühre es daran.

96. Artischocken.

Wenn die Artischocken gereinigt sind, werden sie in Wasser mit Salz abgekocht, bis die Blätter sich leicht abnehmen lassen und der Boden weich ist, dann wird das Mittlere herausgenommen und folgende Sauce dazu gegeben: Man nimmt 2 Kochlöffel voll weißes Mehl, 4 Eiergelb, 125 Gramm frische Butter, etwas gestoßenem Pfeffer, 2 Eßlöffel voll Essig, 3 Glas kaltes Wasser und etwas Salz, rührt alles gut untereinander, nimmt sie dann auf's Feuer und läßt sie einige Minuten unter beständigem Rühren kochen und richtet sie an.

97. Gelbe Rüben.

Junge gelbe Rüben werden mit Salz abgerieben und zu kleinen langen Stückchen geschnitten, gewaschen und mit einem Stück Butter, etwas feingewiegten Zwiebeln, Petersilie und

Salz auf das Feuer gesetzt, man läßt sie langsam dämpfen und gießt immer etwas Fleischbrühe daran, bis sie weich sind, streut dann ein wenig Mehl daran, rüttelt sie untereinander und läßt sie noch eine Viertelstunde kochen.

98. Weiße Rüben.

Ein Stück Gänseschmalz thut man in ein Casserol, dämpft eine halbe fein geschnittene Zwiebel darin, schält die Rüben, schneidet sie in kleine viereckige Stückchen, wäscht sie und legt sie in das Schmalz, gießt ein wenig Fleischbrühe und Salz darauf und läßt sie weich dämpfen, rüttelt sie aber öfters um, damit sie nicht ansitzen, streut alsdann ein wenig Mehl dar= über, gießt noch ein wenig Fleichbrühe daran, brennt ein Stückchen Zucker, thut es auch daran und läßt es mit den Rüben noch eine Zeitlang kochen.

99. Hopfen.

Die Hopfen werden unten ein wenig abgebrochen, so weit sie hart sind, alsdann gewaschen und in Büschlein gebunden, in Salzwasser weich gekocht, mit kaltem Wasser abgeflößt und mit der flachen Hand ein wenig ausgedrückt, dann nimmt man den Faden von dem Büschlein weg, legt sie, wie die Spargeln, auf eine Platte und macht eine gute Buttersauce, gießt sie über die Hopfen und läßt sie auf den Kohlen an= ziehen; ehe sie zu Tisch gebracht werden, verkleppert man 3 Eiergelb mit ein wenig von der Sauce und gießt solches wieder an die Hopfen.

100. Hopfen auf andere Art.

Wenn sie geputzt sind, werden sie in Wasser und etwas Salz abgekocht, gieße sie durch einen Seiher und schütte ein wenig kaltes Wasser darüber, mache eine Buttersauce, thue etwas Salz und Muskatnuß daran und lasse die Hopfen vollends weich darin kochen; ehe man sie anrichtet, werden 2 Eiergelb mit ein wenig sauerm Rahm verkleppert und an die Hopfen gerührt.

101. Rosenkohl.

Der Rosenkohl wird rein geputzt und in Salzwasser weich gekocht, dann schütte ihn durch einen Seiher, deilde ihn mit der flachen Hand aus und mache folgende Sauce daran: Man thut ein Stück Butter in ein Casserol, dämpft fein gewiegte Peterfilie und einen Kochlöffel voll Mehl darin, rührt es mit Fleischbrühe ab, thut den Rosenkohl nebst ein wenig Salz und Muskatnuß hinein und läßt es noch eine Viertelstunde kochen.

102. Spargeln nebst Sauce.

Die Spargeln werden sauber geputzt, gewaschen und in Büschel locker zusammengebunden und in Salzwasser weich gekocht; dann gibt man folgende Sauce dazu: Man thut ein Stück Butter in ein Casserol, läßt zwei Kochlöffel voll Mehl darin dämpfen, rührt es mit Fleischbrühe und ein wenig von dem Wasser, worin die Spargeln gekocht wurden, ab, und läßt sie ziemlich dick einkochen, richtet dann die Spargeln auf eine Platte schön an, verrührt das Gelbe von 2 Eiern, rührt es an die Sauce und schüttet sie über die Spargeln.

103. Spargelsauce anderer Art.

Nimm 125 Gramm Butter, rühre solche weiß, nimm einen starken Kochlöffel voll Mehl und 3 Eiergelb dazu, rühre dieses mit kalter Fleischbrühe und etwas Spargelbrühe glatt, gib etwas Citronensaft dazu und setze es unter beständigem Rühren auf's Feuer, bis es kocht; dann richtet man sie über die Spargeln an und gibt sie zu Tisch.

104. Zuckerschoten.

Man zieht von den Schoten die Fäden ab, wäscht sie und dämpft sie mit 125 Gramm Butter, ein wenig fein ge= hackten Zwiebeln, Peterfilie und Salz in einem Casserol, gießt dann immer ein wenig Fleischbrühe daran, bis sie weich sind, zettelt dann eine Messerspitze voll Mehl und Zucker dar= über und läßt sie noch ein wenig kochen.

105. Endivien-Gemüse.

Wenn der Endivie geputzt und gewaschen ist, wird er in kochendem Wasser weich gekocht, dann schüttet man ihn durch einen Seiher, kühlt ihn mit kaltem Wasser ab und schneidet ihn einige Mal durch; dann dämpfe mit einem Stück Butter eine Hand voll gehackte Zwiebeln, ein wenig Petersilie und einen Kochlöffel voll Mehl, thue alsdann den Endivie auch hinein und laß ihn ein wenig mitdämpfen, rühre es dann mit guter Fleischbrühe ab, thue etwas Salz und Muskatnuß daran und lasse es noch eine halbe Stunde kochen.

106. Kohlraben.

Man schält die Köpfe recht sauber und schneidet sie in zwei Theile, dann nimmt man etwas von dem Grünen der Kohl-raben und kocht jedes besonders in Salzwasser weich. Die Kohlraben werden alsdann fein geblättelt und das Kraut fein gewiegt, dann macht man eine weiße Buttersauce, thut Muskatnuß, Pfeffer und Salz hinein, läßt dann jedes besonders noch in der Buttersauce kochen, richtet dann die Kohlraben zuerst auf die Platte an und setzt in die Mitte das Grüne.

107. Gefüllte Kohlraben.

Man schält die Kohlraben und höhlt sie aus, doch so, daß sie keinen Sprung bekommen, und füllt diese Höhlungen mit folgender Fülle: Zu 8 bis 10 Kohlraben rührt man 94 Gramm Butter weiß, nimmt etwas fein gehackten Schinken, Salz und Muskatnuß, nebst einem ganzen und das Gelbe von 2 Eiern, rührt es untereinander und füllt die Köpfe damit; dann stellt man die gefüllten Köpfe alle nebeneinander in ein Casserol, doch so, daß keiner umfallen kann, weil in die Füllet kein Wasser kommen darf, und kocht sie mit etwas Wasser weich. Die Füllet wird während des Siedens herauf-kommen; mache alsdann eine Buttersauce mit Salz und Muskatnuß und gib sie mit den Kohlraben auf den Tisch.

108. Sauerampfer-Gemüse.

Wenn der Sauerampfer gelesen und gewaschen ist, brüht man ihn in Salzwasser ab, dann wiegt man ihn recht fein,

thut 125 Gramm Butter in ein Casserol, röstet einen Koch=
löffel voll Mehl nebst etwas fein geschnittenen Zwiebeln schön
gelb darin, thut den Sauerampfer hinein und läßt ihn ein
wenig mitdämpfen, gießt ein wenig Fleischbrühe daran, auch
etwas Salz und Muskatnuß, läßt es dann noch eine halbe
Stunde kochen; vor dem Anrichten verkleppert man ein Ei=
gelb mit etwas sauerm Rahm und rührt es an den Sauer=
ampfer.

109. Spinat.

Der Spinat wird sauber gelesen, in Salzwasser abgebrüht,
durch einen Seiher geschüttet, in kaltes Wasser gelegt, dann
fest ausgedrückt und fein gewiegt. Für 10 Personen nimmt
man 125 Gramm Butter in ein Casserol, röstet einen Koch=
löffel voll Mehl schön gelb darin, thut hierauf eine kleine
fein geschnittene Zwiebel hinein, dann den gehackten Spinat
dazu, und läßt ihn einige Minuten mitdämpfen, gießt dann
Fleischbrühe daran und läßt ihn noch eine halbe Stunde kochen.

110. Saubohnen.

Man nimmt die Bohnen aus ihren Schalen und brüht sie
etliche Minuten ab, dämpft alsdann Schalottenzwiebeln und
Petersilie in einem Stück frischer Butter einige Minuten,
thut die Bohnen hinein nebst etwas Salz, gestoßenem Pfeffer
und einigen Löffeln voll sauerm Rahm, deckt sie zu und läßt
sie langsam dämpfen, bis sie weich sind; ehe man sie anrichtet,
rührt man das Gelbe von 4 Eiern und einen Eßlöffel voll
Senf darunter.

111. Weißkraut in einer Buttersauce.

Wenn das Weißkraut gereinigt ist, kocht man es in Salz=
wasser weich, legt es dann in kaltes Wasser und drückt es
leicht aus; für 8 Personen legt man hierauf 125 Gramm
Butter in ein Casserol, dämpft eine fein geschnittene Zwiebel
und einen Kochlöffel voll Mehl darin, thut Fleischbrühe,
Salz und Pfeffer daran, zerschneidet das Kraut, thut es in

die Sauce und läßt es noch eine halbe Stunde kochen; auch kann man, wenn man es liebt, Kümmel daran thun.

112. Wirsingkraut.

Wird ebenso gekocht, wie das Weißkraut, in einer Butter=sauce, nur der Kümmel weggelassen.

113. Gefülltes Weißkraut.

Man kocht die Blätter von einem Kopf Weißkraut in Salzwasser nicht ganz weich und macht folgende Fülle daran: Man hackt ³/₄ Kilogramm rohes oder gebratenes Kalbfleisch und 125 Gramm Nierenfett recht fein, nimmt dann 125 Gramm Butter in ein Casserol und dämpft eine Hand voll fein gehackte Zwiebeln und Petersilie darin, rührt alsdann 4 Eier auf dem Feuer hinein, wenn sie verrührt sind, thut man 2 eingeweichte Wecke hinein und läßt sie dämpfen, nimmt sie dann vom Feuer, thut das gehackte Fleisch und Nieren=fett, Pfeffer, Salz und Muskatnuß daran, verdünnt es als=dann mit Eiern; wenn man Kastanien hat, kann man auch hinein thun, dann legt man immer ein Blatt Weißkraut und eine Lage Fülle fest auf einander, bis die Blätter und die Fülle gar sind und einen hübschen runden Kopf bilden, thut alsdann ein Stück Butter und einige Scheiben Speck in ein Casserol, setzt den Kopf hinein, gießt etwas Fleischbrühe daran, legt wiederum eine Scheibe Speck oben darauf, stellt ihn auf ein nicht zu starkes Feuer, thut einen Kohlendeckel darauf und läßt ihn 2 bis 3 Stunden kochen, macht alsdann eine Buttersauce und rührt sie mit der Krautkopfbrühe ab und schüttet es beim Anrichten über den Krautkopf. Man kann auch kleine Würstchen davon machen.

114. Gedämpftes Weißkraut.

Reinige einen Kopf Weißkraut, schneide ihn in 4 bis 6 Theile und wasche es, thue 125 Gramm Butter in ein Casserol, dämpfe eine fein geschnittene Zwiebel darin, lege das Kraut hinein und thue einige Scheiben Schinken auf den Boden, gieße dann immer etwas Jus daran und laß es weich dämpfen, thue auch etwas Salz und Pfeffer daran.

115. Blumenkohl mit Buttersauce.

Wenn der Blumenkohl gereinigt ist, kocht man ihn im Salzwasser weich und macht folgende Sauce dazu: Man nimmt 65 Gramm frische Butter und verknetet sie mit 2 Kochlöffel voll Mehl, bis eines das andere angenommen, rührt dann drei Eiergelb daran und füllt es mit kalter Fleischbrühe auf, nimmt sie dann auf's Feuer, rührt darin, bis sie kocht, und verdünnt sie mit der Brühe des Blumenkohls, nun setzt man den Blumenkohl auf eine Platte und schüttet die Sauce darüber.

116. Blumenkohl auf andere Art, im Backofen gebacken.

Wenn der Blumenkohl gereinigt und in Salzwasser weich gekocht ist, richtet man ihn auf eine Platte an und macht folgende Masse darüber: Man nimmt 4 Kochlöffel voll Mehl, rührt sie mit ³/₈ Liter sauerm Rahm, nebst etwas Salz und Butter untereinander, und rührt diese Masse auf dem Feuer ab, läßt sie verkühlen und schlägt alsdann 4 Eiergelb hinein; das Weiße der Eier wird zu einem Schnee geschlagen und mit 125 Gramm geriebenem Parmesankäse unter die Masse gerührt, mit welcher alsdann der Blumenkohl überzogen und auf einer auf Salz gestellten Platte im Ofen eine halbe Stunde gebacken wird.

17. Grüne Bohnen.

Wenn die Bohnen von den Fäden gereinigt und fein geschnitzelt sind, werden sie in Salzwasser schnell weich gekocht, damit sie hübsch grün bleiben; schütte sie dann durch einen Seiher, hernach thue sie in ein Casserol, zettle fein geschnittene Zwiebeln und Petersilie daran, auch etwas Pfeffer, mache alsdann ein Stück Butter heiß, schütte es über die Bohnen, stelle sie auf's Feuer und lasse sie noch einige Minuten dämpfen; alsdann richte sie an.

118. Grüne Bohnen auf andere Art.

Wenn die Bohnen geputzt und gewaschen sind, wird ein Stück Butter in ein Casserol gethan und fein gewiegte Zwiebeln, Petersilie und ein wenig Knoblauch darin gedämpft, thue dann die Bohnen mit etwas Bohnenkraut, Pfeffer und Salz hinein, lasse sie dämpfen, mit öfterem Zugießen von Fleischbrühe, bis sie weich sind, dann zettle einen Kochlöffel voll Mehl daran und lasse sie noch ein wenig kochen.

119. Eingemachte Bohnen.

Die Bohnen werden mit heißem Wasser hingestellt und weich gekocht, dann durch einen Seiher geschüttet und folgende Sauce daran gemacht: Man thut Gänse= oder Schweine= schmalz in ein Casserol, röstet einen starken Kochlöffel voll Mehl schön gelb darin, thut alsdann fein geschnittene Zwie= beln, Petersilie, Bohnenkraut und Knoblauch daran, läßt es auch ein wenig dämpfen, rührt es dann mit Fleischbrühe zu einer dünnen Sauce ab, thut die Bohnen hinein, auch etwas Salz und Pfeffer und läßt es noch eine Zeitlang kochen.

120. Linsen.

Die Linsen werden zuerst sauber gelesen, gewaschen, hierauf mit kaltem Wasser auf das Feuer gesetzt und weich gekocht, das Wasser davon abgegossen, dann thut man Schweine= oder Gänseschmalz in ein Casserol, röstet einen Kochlöffel voll Mehl schön gelb nebst einer fein geschnittenen Zwiebel, löscht es dann mit Fleischbrühe und ein wenig Essig ab, schüttet es an die Linsen und läßt es noch eine Zeitlang kochen, thut auch Salz und etwas Pfeffer daran.

121. Dürre Erbsen.

Die Erbsen werden sauber gelesen, gewaschen und mit kaltem Wasser nebst einer Zwiebel zum Feuer gesetzt und weich gekocht, so daß sie keinen Saft mehr haben, dann durch ein Sieb getrieben, gesalzen und etwas frische Butter dazu gethan; man läßt sie dann noch ein wenig kochen und richtet sie an.

122. Weiße Bohnen.

Wenn die Bohnen gelesen sind, werden sie mit kaltem Wasser auf das Feuer gesetzt und weich gekocht; man schüttet dann das Wasser davon ab und macht eine Buttersauce mit etwas Essig und Salz, schüttet sie an die Bohnen und läßt sie noch eine halbe Stunde kochen.

123. Mangold=Stiele.

Man nimmt breite weiße Stiele, dieſe werden abgezogen, fingerlang und fingerbreit geſpalten, gewaſchen und in Salz= waſſer abgekocht; wenn ſie weich ſind, werden ſie abgeſchüttet und mit kaltem Waſſer abgeflößt, alsdann macht man eine gute Butterſauce mit Peterſilie und Muskatnuß, thut die Stiele hinein und läßt ſie noch eine Viertelſtunde mitkochen; vor dem Anrichten rührt man ein wenig ſauern Rahm und Eigelb daran.

124. Brenneſſel=Gemüſe.

Man nimmt junge zarte Brenneſſeln, thut das Unreine und Harte davon weg, wäſcht ſie und ſetzt ſie mit ſiebendem Salz= waſſer auf's Feuer; wenn ſie weich ſind, legt man ſie in kaltes Waſſer, drückt ſie aus, hackt ſie aber nicht zu klein, dann thut man ein Stück Butter in ein Caſſerol, röſtet einen Kochlöffel voll Mehl ſchön gelb, thut hierauf eine klein ge= ſchnittene Zwiebel darein, dann die gehackten Brenneſſeln, läßt ſie auch noch ein wenig dämpfen, gießt dann Fleiſchbrühe daran und läßt ſie noch eine Zeitlang kochen.

125. Morcheln als Gemüſe.

Zu dieſem nimmt man große Morcheln, macht die Stiele weg und kocht ſie in Salzwaſſer, ſchüttet kaltes Waſſer darüber, drückt ſie feſt aus und thut geſchnittene Peterſilie dazu. Sind es viele, ſo thut man ein großes Stück Butter in ein Caſſerol, dann die geſchnittenen Morcheln nebſt der Peterſilie darein, ſtreut einen halben Kochlöffel voll Mehl darauf nebſt Muskat= nuß und Salz, dämpft alles ein wenig und gießt gute Fleiſch= brühe daran, läßt die Sauce dann kurz daran einkochen und richtet ſie an.

126. Morcheln mit Rahm.

Wenn die Morcheln geputzt und öfters in warmem Waſſer gewaſchen und abgebrüht ſind, daß kein Sand mehr daran zu ſpüren iſt, drückt man ſie gut aus und dämpft ſie mit einem Stück friſcher Butter, etwas fein gehackten Schalottenzwiebeln und Peterſilie etliche Minuten, ſtreut hierauf einen Kochlöffel

voll Mehl darüber, gießt etwas süßen Rahm dazu, auch etwas
Salz, Pfeffer und Muskatnuß, läßt sie dann noch eine Viertelstunde kochen, rührt einige Eiergelb und sauern Rahm daran
und richtet sie an.

127. Rothkraut.

Rothes Kraut wird gereinigt und auf einem Krauthobel
oder mit einem Messer fein geschnitten, dann nimmt man ein
Stück Gänse- oder Schweineschmalz, läßt es heiß werden und
dämpft eine fein geschnittene Zwiebel darin, löscht es dann
mit 1 Glas Essig und 1 Glas Wein ab, thut alsdann das
Kraut hinein, gießt etwas Fleischbrühe, Salz und Kümmel
darauf und läßt es weich dämpfen; ist es nicht sauer genug,
kann man noch ein wenig Essig daran thun; wenn das Kraut
weich ist, zettelt man einen halben Kochlöffel Mehl daran und
läßt es noch ein wenig kochen. Man kann auch weißes Kraut
auf dieselbe Art zubereiten; dann nennt man es baierisches
Kraut.

128. Sauerkraut.

Wenn das Kraut recht sauer ist, schüttet man heißes Wasser
daran, läßt es wieder davon ablaufen, thut es mit heißem
Wasser auf's Feuer und läßt es drei bis vier Stunden kochen;
wenn es weich ist, läßt man das Wasser sauber davon ablaufen, thut alsdann ein Stück Gänseschmalz in ein Casserol,
läßt es heiß werden, dämpft eine Hand voll Zwiebeln nebst
einem schwachen Kochlöffel voll Mehl darin, schüttet es an
das Kraut nebst etwas Fleischbrühe und läßt es noch ¼
Stunde kochen.

129. Sauerkraut auf andere Art.

Man thut ein Stück Schweine- oder Gänseschmalz in ein
Casserol, läßt es heiß werden und dämpft eine Hand voll fein
gewiegte Zwiebeln schön gelb darin nebst ein wenig Knoblauch,
nimmt Sauerkraut, wäscht es aus frischem Wasser heraus,
drückt es aus, thut es in das heiße Schmalz, gießt etwas
Fleischbrühe daran und läßt es drei bis vier Stunden dämpfen,
wendet es aber öfters um, damit es nicht anhängt; wenn

es weich ist, streut man einige Messerspitzen voll Mehl daran und läßt es noch eine halbe Stunde kochen.

130. Sauerkraut mit Kapaun.

So viel Sauerkraut, als man zu einer Platte nöthig hat, wird fest ausgedrückt, dann werden 3 Hände voll feingehackte Zwiebeln in 250 Gramm Gänsefett gelb gedämpft, alsdann legt man das Sauerkraut hinein und läßt es unter öfterem Herumwenden eine Stunde langsam dämpfen, gießt nach und nach Wein dazu und läßt es ganz einkochen, bis es weich und zum Anrichten recht ist. Während dem läßt man einen Kapaun besonders in einem Casserol dämpfen, bis er überall schön gelb und weich ist. Die Brühe von dem Kapaun wird mit 1 Glas Wein aufgekocht und durch ein Sieb in das Sauerkraut geschüttet; lasse es noch ein wenig damit eindämpfen, und richte sodann das Kraut mit dem Kapaun an.

131. Kartoffeln in einer Sauce.

Schäle rohe Kartoffeln, schneide sie in nicht zu dünne Blättchen und koche sie in Salzwasser weich, lasse 125 Gramm Butter in einem Casserol zergehen und dämpfe eine fein geschnittene Zwiebel nebst ein wenig Petersilie und einem Kochlöffel voll Mehl darin, lösche es mit Fleischbrühe ab, schütte die Kartoffeln hinein und lasse sie noch ¼ Stunde kochen; ehe man sie anrichtet, werden 2 Eiergelb nebst etwas sauerm Rahm verkleppert und an die Kartoffeln gerührt.

132. Geröstete Kartoffeln.

Man siedet Kartoffeln ab, schält sie alsdann und schneidet sie in feine Blättchen, thut alsdann ein Stück Gänseschmalz in eine Pfanne, dämpft eine Hand voll Zwiebel, nebst etwas Petersilie darin, thut die geblättelten Kartoffeln daran nebst Salz und läßt sie hübsch gelb rösten.

133. Gedämpfte Kartoffeln.

Nimm ungefähr 50 Stück englische Kartoffeln, schäle sie und lege sie ½ Stunde in kaltes Wasser, thue 125 Gramm Gänseschmalz oder Butter sammt den Kartoffeln, fein gewiegte Zwiebeln, Petersilie, Salz und Pfeffer in ein Casserol, decke sie zu und laß die Kartoffeln auf gelindem Feuer dünsten. Aufdecken darf man sie nicht eher, bis man glaubt, daß sie fertig sind, dagegen muß man das Casserol von Zeit zu Zeit schütteln; in der Regel brauchen sie ¼ Stunde, bis sie weich sind und eine hübsche gelbe Farbe haben; Fleischbrühe darf man nicht daran thun. Dampf und mäßige Hitze bewahren vor dem Anbrennen.

134. Kartoffelbrei.

Man kocht große geschälte Kartoffeln weich, treibt sie noch ganz heiß durch ein Haarsieb, rührt ein Stück Butter hinein nebst ein wenig Salz, thut Milch daran, bis es die gehörige Dicke hat, läßt es dann ¼ Stunde kochen.

135. Gefüllte Kartoffeln.

Große Kartoffeln, ungefähr 16, werden gewaschen, roh geschält und wieder gewaschen, man schneidet oben Deckelchen ab und höhlt die Kartoffeln schön aus, legt ein Stück Butter in ein Casserol und stellt die Kartoffeln darein; dann macht man folgende Füllung hinein: Eine Hand voll feingewiegte Zwiebeln und Petersilie werden in einem Stück Butter gedämpft, dann thut man einen geweichten Weck nebst einem Stück fein gewiegtem gebratenem Kalbfleisch hinein und läßt es auch noch ein wenig dämpfen, thut Pfeffer, Muskatnuß und Salz daran, rührt es mit 4 Eiern ab und füllt es in die Kartoffeln, thut die Deckelchen darauf, streut ein wenig Salz über die Kar= toffeln, gießt etwas Fleischbrühe daran, thut einen Kohlen= deckel darauf, stellt sie auf nicht so starkes Feuer und läßt sie weich dämpfen; sie dürfen aber nicht zerfallen. Wenn sie weich sind, werden sie auf eine Platte neben einander gesetzt und man gibt eine Buttersauce dazu.

136. Kartoffeln mit Milch.

2 bis 3 in Scheiben geschnittene Zwiebeln, 125 Gramm fein gehackter Schinken, einige Nelken und Pfefferkörner werden in einem Casserol mit 125 Gramm Butter einige Minuten gedämpft, dann läßt man 2 Kochlöffel voll weißes

Mehl auch ein wenig mitbämpfen, löscht es mit ³/₄ Liter Milch ab, läßt es dann ¹/₄ Stunde kochen und seiht es durch ein Sieb. Nun werden abgekochte Kartoffeln in dünne Blättchen geschnitten, in ein dazu geschicktes Geschirr gethan, Sauce sammt etwas fein gehackter Petersilie, Muskatnuß und Salz dazu gethan; man läßt sie dann noch eine halbe Stunde langsam kochen.

137. Sauere Kartoffeln.

Die Kartoffeln werden roh geschält, in Blättchen geschnitten und in Salzwasser weich gekocht; dann thut man ein Stück Butter in ein Casserol, röstet einen Kochlöffel voll Mehl schön dunkelgelb darin, dämpft eine fein geschnittene Zwiebel darin, löscht es mit Fleischbrühe und einigen Eßlöffeln voll Essig ab, thut die Kartoffeln mit etwas Pfeffer hinein und läßt sie noch eine halbe Stunde kochen.

138. Kartoffeln mit Senf.

Fein geschnittene Zwiebeln, auch etwas fein geschnittener Schinken werden in 125 Gramm Butter so lange gedämpft, bis die Zwiebeln braungelb sind; röste ferner 2 Kochlöffel voll Mehl noch damit braun, fülle es dann mit einem Schöpf- löffel voll brauner Jus auf, thue Salz und Pfeffer dazu und lasse es ¹/₂ Stunde langsam verkochen, hernach treibe es durch ein Haarsieb, thue abgekochte und in Blättchen geschnittene Kartoffeln in ein Casserol, schütte die Sauce daran und lasse sie noch ¹/₄ Stunde mit einander kochen; beim Anrichten thut man 6 Eßlöffel voll Senf daran.

113. Kartoffeln mit Häring.

Die Kartoffeln werden gekocht, geschält und in Scheiben geschnitten, alsbann werden 3 Häringe geputzt, von den Gräten gereinigt und in kleine Stückchen geschnitten, 125 Gramm Butter wird auch in kleine Stückchen geschnitten; man nimmt ³/₈ Liter sauern Rahm, dann thut man etwas von der Butter in ein Casserol, legt eine Lage von den Kartoffeln, dann etwas von den Häringen und von dem sauern Rahm hinein, und fährt so fort; man muß aber Sorge tragen, daß von

der Butter noch so viel übrig bleibt, um es zuletzt oben
auf die Kartoffeln legen zu können; thut sie alsdann auf ein
schwaches Feuer und oben einen Kohlendeckel darauf, läßt sie
eine halbe Stunde kochen und stürzt sie dann auf eine Platte.

140. Kartoffeln mit Sardellen.

Die Kartoffeln werden abgesotten, geschält und in Scheiben
geschnitten, dann nimmt man 125 Gramm Sardellen, wäsche
sie, reinigt sie von den Gräten und schneidet sie in kleine
Stückchen. Dann bestreicht man eine Schüssel stark mit
Butter, legt eine Lage Kartoffeln hinein, dann eine Lage
Sardellen darauf, auf welche man in Butter gedämpfte, kleingeschnittene Zwiebeln streut, hierauf mit der ersten Lage anfängt und so fortfährt, bis man fertig ist, nun bestreut man
es stark mit geriebenem Milchbrod, übergießt es stark mit
zerlassener Butter und $3/16$ Liter sauerm Rahm, setzt es in
den Ofen, läßt es backen und bringt es in derselben Schüssel
zu Tische.

141. Gurken in einer Sauce.

Man nimmt ziemlich große Gurken, schält sie und schneidet
sie der Länge nach in 4 Theile und nimmt die Kerne heraus.
Hierauf werden sie in Zoll lange Stückchen geschnitten, in
Salzwasser ein wenig abgekocht und wieder abgeschüttet. Nun
dämpfe mit einem Stückchen Butter etwas feingehackte Petersilie einige Minuten, thue die Gurken hinein und lasse sie
bis zum Weichwerden mitdämpfen. Hierauf schütte etwas
weiße Buttersauce darüber und lasse es noch ein wenig mit
einander kochen; ehe man sie anrichtet, rührt man das Gelbe
von 3 Eiern sammt etwas Salz und Muskatnuß daran.

142. Gefüllte Gurken.

Große gerade Gurken werden oben und unten ein wenig
abgeschnitten, das innere mit einem Kochlöffel sauber heraus
gestoßen, schäle sie, lasse sie ein wenig kochen und im Wasser
verkühlen; hierauf werden sie mit einem Tuch sauber abgetrocknet und mit folgender Fülle gefüllt: Man nimmt $3/4$ Kilo-

gramm rohes Kalbfleisch, 190 Gramm Nierenfett und hackt
es recht fein, dann dämpft man einen geweichten Weck mit
einem Stückchen Butter auf dem Feuer, nebst 3 ganzen Eiern,
mengt sodann das Fleisch, Brod, Eier, etwas Muskatnuß,
Salz und Pfeffer wohl untereinander und die Gurken damit;
hierauf legt man sie in ein Casserol neben einander mit etwas
kleingeschnittenem Schinken, schüttet etwas fette Fleischbrühe
daran und läßt sie bis zum Weichwerden kochen; wenn man
sie anrichtet, wird jede Gurke der Länge nach gespalten, auf
eine Platte gelegt und eine weiße mit Eigelb legirte Sauce
darüber gegeben.

143. Gurken auf andere Art.

Man nimmt 3 bis 4 große Gurken, schält und schneidet
sie in Blättchen, legt nun ein Stück Butter in ein Casserol,
thut die Gurken nebst etwas Pfeffer und Fenchel hinein und
läßt sie dämpfen; nach einigen Minuten thut man etwas
Mehl, Salz, Essig und Kapern daran und läßt sie noch ein
wenig kochen, doch darf man sie nicht zudecken, damit sie
nicht zu viel Brühe bekommen.

144. Steinpilze.

Man reinigt die Pilze, zerschneidet sie in mittelmäßige
Stückchen und wäscht sie, dann thut man ein Stück Butter
in ein Casserol, dämpft etwas feingeschnittene Petersilie darin,
thut dann die Steinpilze hinein und läßt sie in ihrer eigenen
Sauce weichdämpfen; streue hierauf eine Messerspitze voll
Mehl, auch ein wenig Salz, Pfeffer und Fleischbrühe daran
und lasse die Sauce kurz einkochen. Uebrigens darf man
nicht vergessen, eine große weiße Zwiebel mitzukochen; wenn
diese im Kochen die Farbe ändert, befinden sich unter den
Schwämmen giftige, welche man alsdann wegschütten muß.
Diese Vorsicht beobachte man bei allen Schwämmen.

145. Champignons.

Man kocht sie ganz auf dieselbe Art, wie Steinpilze; wenn
man sie aber einmachen will, so nimmt man ganz kleine, putzt
und wäscht sie sauber, kocht sie alsdann einige Minuten in

Wasser, schüttet sie durch einen Seiher und trocknet sie mit einem Tuche ab, thut sie in ein dazu schickliches Glas, gießt verkühlten, mit Nelken, Pfeffer und 2 Lorbeerblättern abgekochten Weinessig darüber, thut oben darauf einige Löffel voll Olivenöl und bindet sie fest zu. Man kann sie als Salat zum Ochsenfleisch oder in Saucen essen.

146. Trüffeln.

Die Trüffeln werden in siedendes Wasser eingeweicht und mit einem Bürstchen sauber geputzt und noch einige Mal durch's Wasser gewaschen, damit die Erde ganz davon weggeht; hierauf wird ⅜ Liter rother Wein und von allen Sorten ganzes Gewürz, ein Stück Butter, Salz und einige Citronenscheiben hineingethan, dann die Trüffeln auch hinein, auf's Feuer gesetzt und so lange darin gekocht, bis sie weich sind. Alsdann bricht man eine Serviette auf einen Teller, legt die Trüffeln darein und gibt sie so auf die Tafel. Man kann sie auch ohne Serviette geben, indem man die Sauce durch ein Sieb laufen läßt und sie darüber gießt.

147. Trüffeln auf andere Art.

Die Trüffeln werden sauber mit einer kleinen Bürste geputzt wie oben, dann werden sie fein geschnitten, mit etwas Oel, Salz und Pfeffer auf einem Teller warm gemacht, Citronensaft daran gedrückt und mit geriebenem Parmesankäse bestreut und auf Weißbrodschnittchen gelegt; man gibt sie zu Déjeuners à la fourchette.

148. Reisgemüse.

125 Gramm Reis wird rein gelesen, mit kochendem Wasser 3 Mal abgebrüht und das Wasser wieder davon abgeschüttet. Dämpfe eine Hand voll feingehackte Zwiebeln in 125 Gramm Butter weich, doch daß die Zwiebeln weiß bleiben, schütte den abgebrühten Reis darauf nebst 2 Schöpflöffeln voll Fleischbrühe, etwas Salz, 2 Nelken und 3 Pfefferkörner, lasse den Reis weich kochen, doch rühre nicht zu viel darin, damit er ganz bleibt; wenn der Reis eine gelbe Kruste hat, richte

ihn mit faurem Rahm und geriebenem Parmefankäfe auf
die Platte. Die Nelken und Pfefferkörner müffen davon
kommen; lege die gelbe Krufte darauf.

Beilagen zu Gemüfen.

149. Croquet von Kalbfleifch.

Man dämpfe etwas feingehackte Schalottenzwiebel und Pe=
terfilie in Butter weich, nehme alsdann einen ftarken Eßlöffel
voll Mehl, laffe es auch dämpfen, löfche es mit Fleifchbrühe
ab, doch fo, daß es dick bleibt, thue grobgehackten Kalbs=
braten nebft Salz, Pfeffer und Muskatnuß hinein, rühre auf
dem Feuer 5 Eigelb hinein, laffe die Maffe fteif werden,
mache Würftchen daraus, kehre fie in Brod, dann in Ei und
dann wieder in geriebenem Brod und backe fie fchwimmend
in Schmalz fchön gelb.

150. Croquet von Gansleber.

Werden wie die obigen verfertigt, nur wird eine Gansleber
gebraten und würflich gefchnitten.

151. Riffolen von Fifchen.

Ein Hecht im Gewicht von ½ Kilogramm wird in Salz=
waffer weich gekocht, die Gräten davon abgenommen und ein
wenig gehackt; dann werden etwas Schalotten und Peterfilie
fein gehackt, in einem Stück Butter gedämpft, etwas Mehl
dazu gethan, und mit Fleifchbrühe abgelöfcht, dann das Hecht=
fleifch nebft dem Saft einer Citrone, Salz, Muskatnuß und
Pfeffer hinein gethan und mit 4 Eiergelb auf dem Feuer dick
gerührt; ift diefes verkühlt, fo werden lange Würftchen da=
raus gemacht, in Ei und geriebenem Brod umgewendet und
in Schmalz gebacken, dann warm zu Tifch gegeben.

152. Croquet von Kapaun.

Nimm das Fleifch von einem Kapaun und hacke es, aber

nicht zu sein; dämpfe dann etwas Schalottenzwiebeln, Peter=
silie, Schinken und gelbe Rüben in einem Stück Butter, gib
einen Kochlöffel Mehl dazu und lösche es mit guter Bouillon
ab, lasse dieses eine Stunde recht einkochen und treibe es
durch ein Haarsieb, setze die Sauce alsdann wieder auf's
Feuer, gieße von Zeit zu Zeit guten süßen Rahm zu und
lasse es wieder dick kochen; thue nun das Fleisch nebst Mus=
katnuß und Salz hinein, das Gelbe von drei Eiern daran und
rühre es, bis es dick ist, lasse die Masse erkalten, mache läng=
liche Croquets daraus, kehre sie in Brod, dann in Ei und
wieder in geriebenem Brod um und backe sie in Schmalz.

153. Croquet von Eiern.

Man rührt 8 bis 10 Eier mit einem Stückchen Butter auf
dem Feuer, nebst etwas Salz, Pfeffer, Muskatnuß und Schnitt=
lauch, bis sie zu einem Brei werden; nimm es vom Feuer
weg, rühre 4 bis 5 Eßlöffel voll geriebenes Milchbrod hinein,
mache Würstchen daraus, kehre sie in Ei und geriebenem
Milchbrod um und backe sie in heißem Rindschmalz schön gelb.

154. Rissolen von Krebsen.

Von 50 Stück abgesottenen Krebsen werden die Schwänze
ausgebrochen und klein gewürfelt geschnitten, von den Schalen
aber Krebsbutter gemacht und durchgetrieben, ein Kochlöffel
voll Mehl auf dem Feuer hinein gerührt, mit Bouillon durch=
gekocht und die Krebsschwänze nebst Salz und Muskatnuß
hinein gethan, mit dem Gelben von 3 Eiern auf dem Feuer
abgerührt, eine Handvoll abgekochte und durchgetriebene grüne
Erbsen dazu gethan und recht untereinander gerührt; wenn
die Masse kalt ist, werden runde oder längliche Croquets daraus
gemacht, in geriebenem Semmelmehl, in Ei und wieder in
Semmelmehl umgekehrt und schwimmend in Schmalz gebacken.

155. Croquet von Stockfisch.

½ Kilogramm gewässerter Stockfisch wird mit kaltem
Wasser zum Feuer gesetzt, bis es anfangen will zu kochen;
nimm ihn dann heraus, lasse ihn abtropfen und zerdrücke ihn
klein. Dämpfe dann etwas feingehackte Schalottenzwiebeln

und Petersilie in einem Stück Butter weich, thue einen Koch=
löffel voll Mehl hinein, lösche es mit Bouillon ab und lasse
es mit ⅜ Liter süßem Rahm dick kochen, thue die Stockfische
hinein, rühre einige Eiergelb auf dem Feuer daran, daß es
dick wird. Butterteigblättchen werden messerrückendick gewallt,
in der Größe eines Trinkglases ausgestochen, auf der obern
Seite mit Ei angestrichen, von der Stockfischmasse darauf ge=
geben, die andere Seite darüber geschlagen, ringsum fest an=
gedrückt, in Ei und Brod umgekehrt und in Schmalz gebacken.

156. Fricadellen.

Etwas feingehackte Zwiebeln und Petersilie werden in einem
Stück Butter weich gedämpft, 2 eingeweichte und wieder aus=
gedrückte Wecke hinein gethan; diese läßt man ein wenig
dämpfen und rührt dann feingehackten Kalbsbraten, auch ein
wenig Schinken nebst Salz, Muskatnuß und Pfeffer darunter
und thut sie vom Feuer weg; so lange der Teig noch heiß
ist, schlage 4 bis 5 Eier daran, rühre ihn recht untereinander,
gib noch 2 Eßlöffel voll sauern Rahm dazu, mache runde
Küchlein daraus und backe sie in Schmalz schön gelb.

157. Hirnschnitten.

Ein Kalbshirn wird in heißem Wasser abgehäutet und nebst
etwas Zwiebeln und Schnittlauch fein gemacht; man thut
ein Stück Butter auf's Feuer und gibt dieses nebst einem
Eßlöffel voll Semmelmehl, etlichen Löffeln süßen Rahm und
3 Eiern darein und läßt es unter beständigem Rühren dick
werden, nimmt dieses dann in eine Schüssel, rührt ein
schwaches Trinkglas süßen Rahm und noch einige Eier nebst
Salz und Muskatnuß daran, füllt dieses in eine mit Butter
bestrichene Form, läßt es in kochendem Wasser stehen, macht
hieraus Schnitten, kehrt sie in Ei und geriebenem Brod um
und backt sie im Schmalz schön gelb.

158. Hirnschnitten anderer Art.

Das Kalbshirn wird in warmem Wasser gehäutelt und
nebst Schalotten, Petersilie und Schnittlauch fein gemacht.

Dann thut man ein Stückchen Butter auf's Feuer, dämpft dieses nebst etwas Semmelmehl, Muskatnuß und Salz, schlägt 3 Eier daran und rührt es auf dem Feuer dick. Schneide von einem Milchbrod Schnitten, steche sie mit runden Förmchen aus, kehre sie in süßer Milch um, gib auf jedes 2 messerrückendick von dem Hirn, lege eine gleiche Schnitte darauf, kehre sie in Ei und geriebenem Brod um und backe sie schwimmend in Schmalz schön gelb.

159. Gebackenes Kalbshirn.

Das Kalbshirn wird schön abgehäutelt, in kaltes Wasser gelegt, daß es schön weiß wird. Stelle es dann nebst Wasser, einem Trinkglasse Essig, Zwiebeln, Petersilie, Gewürz, der Schale von einer Citrone etwas an's Feuer und lasse es einige Mal darin aufkochen; nimm dann das Hirn heraus, lasse es abtrocknen, schneide es der Länge nach in zwei Theile, kehre es in Ei und geriebenem Brod um und backe es in schwimmendem Schmalz gelb. Um alle derartigen Beilagen kann man in Schmalz gebackene Petersilie geben.

160. Gebackene Kalbsbrieslein.

Einige Kalbsbrieslein werden, nachdem sie gewaschen, in Salzwasser nebst Gewürz und Citronenrädlein abgekocht, jedoch nicht ganz weich, dann wird die Haut abgenommen, die Brieslein auf eine Platte gelegt, in 2 Theile geschnitten und in folgendem Teig umgekehrt: 3 Kochlöffel voll Mehl, etwas Salz werden mit Milch glatt gerührt, 5 Eier darein geschlagen; wenn der Teig wie ein etwas dicker Omelettenteig ist, werden die zerschnittenen Brieslein darin umgewendet und in Schmalz gebacken.

161. Gebackene Kalbsfüße.

Diese werden wie die Kalbsbrieslein zubereitet.

162. Junge gebackene Hühner.

Junge Hühner werden in 4 bis 6 Theile roh geschnitten und gesalzen, dann geriebenes Semmelmehl mit etwas Pfeffer und feiner Petersilie untereinander gemengt, die jungen Hühner, nachdem sie zuerst in Ei umgekehrt waren, darin umgekehrt und schwimmend in Schmalz gebacken. Diese Art ist sehr kräftig.

163. Gebackene junge Hühner auf andere Art.

Wenn die jungen Hühner geputzt und ausgenommen sind, werden sie in Stücke zertheilt, mit etwas zerhackten Zwiebeln, Petersilie, Gewürz und Salz in einem Stück Butter gedämpft und nach und nach Fleischbrühe daran gegossen, bis sie weich sind. Mache dann ein Glas süße Milch kochend, thue eine Nuß groß Butter hinein, rühre 125 Gramm Mehl hinein; wenn es dick ist, nimm es vom Feuer, lasse es erkalten, dann rühre 4 bis 6 Eier hinein, daß es wie ein Straubenteig wird, wende die Hühner darin um und lasse sie in Schmalz schön backen.

Anmerkung. Auf diese Art können auch Brieslein, Kalbsohren und Kalbshirn zubereitet werden.

164. Gebackene Gansleber.

Die Leber wird in kleine fingerdicke Stücke geschnitten, gesalzen, gepfeffert, in Ei und geriebenem Semmelmehl umgekehrt und in Butter schön gebraten.

165. Gebackene Kalbsleber.

Man häutelt die Leber, schneidet der Länge nach halbfingerdicke Scheiben, kehrt sie in Mehl um und backt sie in Butter ganz schnell fertig (durch zu langes Braten wird die Leber hart), gibt sie dann auf eine Platte und salzt sie.

166. Gedämpftes Kalbsherz.

Das Kalbsherz wird rein gewaschen und gespickt, dann ein Stückchen Butter zum Feuer gethan und das Kalbsherz nebst etwas Zwiebeln, Lorbeerblatt, Salz, Pfeffer, einigen Wachholderbeeren, einem Citronenräbchen und einigen Prisen Mehl gedämpft; dann thut man nach und nach etwas Fleischbrühe daran, bis es weich ist; die Sauce muß aber kurz sein und beim Anrichten kann man 2 Eßlöffel voll sauern Rahm darein rühren.

167. Gefüllte Kalbsherzen.

Die Kalbsherzen werden oben abgeschnitten und ausgehöhlt; dann verwiegt man ein Stückchen Kalbsbraten und Speck nebst Schalottenzwiebeln und Petersilie recht fein, dämpft das Verwiegte in einem Stück Butter, nebst einem Eßlöffel voll geriebenem Brod, einigen zerdrückten Wachholderbeeren, klein geschnittener Citronenschale und Salz. Fülle damit die Herzen und nähe sie oben mit etwas Kalbfleisch zu; dämpfe sie mit etwas Butter, Speck, Zwiebel, Lorbeerblätter, ein Paar Eß-löffel voll Essig und Fleischbrühe, bis sie schön gelb und weich genug sind, zettle alsdann einen schwachen Kochlöffel voll Mehl daran und lasse es noch ein wenig mitdämpfen; beim Anrichten rühre 3 Eßlöffel sauern Rahm daran und treibe sie durch ein Haarsieb über die Herzen.

168. Ochsenzunge grillirt.

Die Zunge wird in ein passendes Geschirr mit 3 Liter Wasser, nebst Zwiebeln, Petersilie, Sellerie, gelben Rüben, Thymian, einem Stück Schinken, Nierenfett und Salz ge-than und weich gekocht, die Haut davon abgezogen und die Zunge in fingerdicke Scheiben geschnitten, dann eine Hand voll fein gehackte Schalottenzwiebeln und Petersilie in einem Stück Butter weich gedämpft, die Ochsenzungenscheiben werden hinein gelegt nebst etwas Salz und gestoßenem Pfeffer; menge dies gut durcheinander, damit die Kräuter recht an den Schei-ben hängen bleiben. Wende hierauf jedes Stück einzeln in geriebenem Brod um, lege sie auf den Rost, gib Kohlen dar-unter und backe sie schön gelb.

169. Kalbszunge grillirt.

Wird wie vorstehend zubereitet.

170. Ochsenzunge en papillottes.

Koche die Zunge auf gewöhnliche Art weich und schneide sie in fingerdicke Scheiben; dämpfe dann eine Hand voll fein gemachte Petersilie und Schalottenzwiebel in einem Stück Butter weich, thue die Zungenscheiben hinein, nebst etwas

Pfeffer und Muskatnuß, laffe fie ein wenig dämpfen, nimm fie dann heraus, rühre etwas Citronenfaft, fein gehackte Sardellen und einige Eiergelb auf dem Feuer hinein, damit alles fich ein wenig bindet, aber nicht ganz feft wird; kehre die Scheiben darin um, daß von dem Grünen daran hängen bleibt, fchneide länglicht viereckige Stückchen Papier, beftreiche fie mit Oel, lege die Scheiben hinein, · beftreiche fie von außen auch mit Oel, thue fie auf einen Roft, gib fchwache Glut darunter und laffe fie fchön gelb werden.

171. Gefüllte Schnecken.

Die Schnecken werden fauber gewafchen und in einem ftarken Salzwaffer eine Stunde lang gekocht, alsdann mit einer Gabel herausgenommen, die fchwarze Haut davon abgelöst, der Ring und die Spitze abgefchnitten, mit einer Hand voll Salz gut abgerieben und 3 bis 4 Mal in warmem Waffer gewafchen. Zur Fülle wird 125 Gramm Butter weiß gerührt, etwas fein gehackte Sardellen, Peterfilie, Majoran, 4 Eßlöffel voll Semmelmehl, nebft Salz, Pfeffer und Mußkatnuß wohl untereinander gerührt; mache die Häuschen recht rein, ftecke die Schnecken hinein, ftreiche von der Fülle darauf, bis das Häuschen voll ift, ftelle dann die Häuschen aufrecht neben einander auf ein Küchenblech, gib etwas Gluth darunter, thue einen Deckel mit Kohlen darauf und laffe fie gelb braten.

172. Gebackene Froschfchenkel.

Diefe werden rein gewafchen und ein wenig gefalzen. Dann kann man fie entweder in Ei und Brod umwenden, oder in einem gebrühten Teig; zu diefem nimm ein Glas Milch, rühre, wenn fie kocht, 125 Gramm Mehl hinein, auch eine Nuß groß Butter und laffe ihn kalt werden, rühre ihn mit etlichen Eiern ab, daß er die Dicke eines Omelettenteiges bekommt, wende die Froschfchenkel darin um und backe fie in fchwimmendem Schmalz fchön gelb.

173. Gebackene Nierenfchnitten.

Nimm aus einem Kalbsbraten die Nieren fammt dem Fett, wiege diefes nebft Schalottenzwiebeln und Peterfilie recht fein, thue es nebst einem geriebenem Milchbrod, Salz, Muskatnuß in eine Schüssel, rühre es mit 4 bis 5 Eiergelb, schlage das Weiße davon zu Schnee, thue ihn auch darunter; hierauf werden von Milchbrod runde Schnitten gemacht in der Größe eines Thalers, von der Masse wird darauf gestrichen, dann legt man sie mit der bestrichenen Seite zuerst in heißes Schmalz und läßt sie darin gelb backen.

174. Saure Rahmwürstchen.

³/₁₆ Liter saurer Rahm wird siedend gemacht, so viel Mehl hineingerührt, bis er dick ist; dann verarbeitet man damit ein Stück Butter auf dem Feuer recht glatt, legt dies in eine Schüssel, läßt es verkühlen, und rührt nach und nach einige Eier darein, bis es wie ein Spatzenteig wird, gibt ein wenig Salz dazu, legt mit dem Messer Würstchen in heißes Schmalz und backt sie.

175. Würstchen auf andere Art gebacken.

Einige Milchbrode werden zerschnitten und mit kochender Milch abgebrüht, dann etwas feingehackte Schalottenzwiebeln und Petersilie in einem Stück Butter weich gedämpft, ein Stück feingehackter Kalbsbraten und etwas Speck, nebst Salz Muskatnuß und den Milchbroden darein gethan, mit einigen Eiergelb abgerührt, auf einem Brett lange Würstchen davon gemacht, in Ei und geriebenem Brod umgewendet und schwimmend in Schmalz schön gebacken.

176. Milchbrodschnitten.

Ein Milchbrod wird der Länge nach in 6 Theile geschnitten, ein wenig gesalzen, auf eine Platte gelegt und so viel Milch daran gethan, daß sie weichen können; dann werden einige Eier verkleppert, jede Schnitte darin umgewendet und in heißem Schmalz gelb gebacken; man kann auch etwas Schnitt= lauch darauf geben.

177. Kalbsrippen auf dem Rost gebraten.

Von den Rippen wird oben das Fleisch am Bein abgeschält, damit sie besser anzufassen sind, hinten der Knorbel davon

4

abgehauen, mit einem Klopfer breitgeschlagen, um ihnen eine
hübsche Form zu geben, mit Salz und Pfeffer eingerieben,
in zerlassener Butter und geriebenem Weißbrod umgewendet,
auf einen Rost gelegt und fertig gebraten.

Anmerkung. Die Rippen, in der Pfanne gebraten, werden auf dieselbe Art gemacht, nur werden sie in geschlagenem Eiweiß und Brod
umgewendet und in heißer Butter in der Pfanne gebraten.

178. Kalbsrippen mit feinen Kräutern.

Nachdem die Rippen wie vorstehend zubereitet sind, wird
eine Hand voll Schalottenzwiebeln und Petersilie in Butter
weich gedämpft, einige Eiergelb darein gerührt, die Rippen
darin umgewendet, dann werden einige Milchbrode gerieben,
die Rippen mit den angeklebten Kräutern darin umgekehrt
und in einem Tortenblech in heißer Butter gebacken.

179. Kalbsrippen en papillottes.

Die Rippen werden wie gewöhnlich bereitet, dann wird
eine Hand voll feingehackte Schalottenzwiebeln und Petersilie
in einem breiten Geschirr in Butter weich gedämpft, die Rippen neben einander hineingelegt, etwas Salz und Pfeffer
darauf gegeben, worauf man sie gelb werden läßt. Thue nun
den Saft von einer Citrone, etwas feingehackte Sardellen
und das Gelbe von 4 bis 6 Eiern darunter, jedoch nicht
mehr auf dem Feuer, und lasse es dann verkühlen. Je nach
den Ripplein werden von weißem doppelt gelegtem Papier
herzförmige Blättlein geschnitten, alle mit Oel angestrichen;
lege auf eine Seite eine dünne Speckschnitte in der Größe
der Rippe, gib etwas von den Kräutern daran, thue die
Rippen darauf, dann wieder Kräuter und Speckschnitten,
schlage die andere Hälfte des Papiers darüber, wickle es in
ganz kleine Falten und gib ihnen eine hübsche Form, streiche
die äußere Seite des Papiers auch mit Oel an, lege sie auf
einen Rost und backe sie gelb.

180. Kalbsfilet von gehacktem Fleisch.

½ Kilogramm rohes Kalbfleisch wird mit etwas Nierenfett recht fein gehackt, dann daraus runde fingerdicke Filets

geformt, mit Salz, Pfeffer und Schnittlauch auf beiden
Seiten beſtreut, in zerlaſſener Butter und Semmelmehl um=
gewendet und in Butter auf beiden Seiten ſchön gelb ge=
backen. Beim Anrichten kann man etwas Citronenſaft darüber
geben und auf die Platte ein wenig Jus gießen.

181. Hammelsrippen grillirt.

Schöne Hammelsrippen werden wie die Kalbscotelettes
dreſſirt, mit dem Rücken eines Meſſers breit geklopft, auf
ein Schneidebrett gelegt und mit Pfeffer und Salz beſtreut.
Indeſſen werden feine Schalotten und Peterſilie in einem
Stück Butter weich gedämpft, die Rippen darin umgewendet,
wie auch nachher in geriebenem Semmelmehl; dann werden
ſie auf einen Roſt gelegt, ſtarke Gluth darunter gethan und
ſo auf beiden Seiten ſchön gelb gebraten.

182. Hammelsrippen gewöhnlicher Art.

Die Rippen werden, nachdem das Fleiſch oben etwas vom
Knochen abgeſtreift und das Rückenbein davon abgehauen iſt,
abermals breit geklopft, mit Pfeffer und Salz beſtreut, in
heiße Butter gelegt und ſo in der Pfanne ſchön gelb gebraten,
jedoch ſo ſchnell als möglich.

183. Schweinerippen.

Friſche Schweinerippen werden geklopft, mit Pfeffer und
Salz beſtreut, in zerkleppertem Ei und Brod umgewendet und
in heißem Schmalz auf beiden Seiten ſchön gelb gebacken.

Fiſch-Speiſen.

184. Aal in gelber Sauce.

Nachdem der Aal abgezogen und ausgenommen iſt, ſchneidet
man ihn in beliebige Stückchen, legt dieſe in eine Schüſſel
und gießt ein wenig Eſſig und ein halbes Glas Wein daran,
thut alsdann 60 Gramm Butter in ein Caſſerol und dämpft
einen Kochlöffel voll Mehl darin; der Eſſig und Wein wird

von dem Aal abgeschüttet und an das Mehl gerührt, nebst etwas Fleischbrühe, fein gehackter Petersilie und ein wenig Citronenschale, der Aal alsdann auch hinein gethan, nebst ein wenig Muskatnuß und einem Eßlöffel voll Kapern. Er darf aber nicht zu lange kochen, damit er ganz bleibt; hierauf verrührt man 3 Eiergelb, gießt die Sauce daran, richtet den Aal auf eine Platte an und schüttet die Sauce darüber.

185. Aal mit Salbei.

Wenn der Aal abgezogen und ausgenommen ist, wird er in fingerlange Stückchen geschnitten und mit Salz und Pfeffer eingerieben, eine halbe Stunde so liegen gelassen und alsdann mit einem Tuch abgetrocknet; dann wird jedes Stückchen mit Salbeiblättern und Fäden umbunden. Drehe dann jedes Stück- chen in gutem Oel oder zerlassener Butter herum und brate sie auf dem Rost, thue auch Citronensaft darauf und lasse sie braten, bis sie auf beiden Seiten braun sind; nimm hierauf den Faden davon weg, den Salbei hingegen lasse daran und richte ihn auf eine Platte schön an. Nun läßt man 125 Gramm Butter recht heiß werden, thut ein Glas voll Estragonessig mit etwas Salz und Pfeffer dazu, läßt es kochen und gibt es mit dem Aal zu Tisch. Sollte es vorgezogen werden, den Aal in der Pfanne zu braten, so wird er ganz so zubereitet, nur statt Oel wird Butter in eine Pfanne gethan.

186. Aal auf eine andere Art.

Man nimmt einen Aal im Gewicht von ohngefähr 1 Kilo- gramm, zieht ihn ab und nimmt ihn aus, schneidet ihn in zolllange Stückchen und läßt diese in kochendem Wasser eine Minute kochen, legt sie wieder in kaltes Wasser, trocknet sie als- dann mit einem Tuch ab und bringt sie in ein dazu passendes Geschirr nebst einer Hand voll Trüffeln, einer Hand voll Cham- pignons, 18 bis 20 schönen abgekochten Krebsen; man schneidet die Füße, Nase und die Schale von den Schwänzen der Krebse herunter, thut 5 bis 6 kleine geschälte Zwiebeln, welche eine Minute in Salzwasser gekocht haben, auch dazu und macht dann folgende Sauce daran: Man thut ein Stück Butter in ein Casserol, röstet einen starken Kochlöffel voll Mehl braun darin, thut eine feingeschnittene Zwiebel hinein, löscht es dann mit etwas Fleischbrühe und 2 Trinkgläsern voll gutem rothen Wein ab, thut etwas Citronenschale, ein Lorbeerblatt, einige gestoßene Nelken, etwas gestoßenen Pfeffer und Salz hinein, läßt es dann auf einem starken Feuer eine Viertelstunde kochen, thut den Aal, Trüffeln, Champignons, Krebse und die ganzen Zwiebeln hinein, und läßt alles noch eine Viertelstunde mit einander kochen; nachdem noch 6 feingehackte Sardellen darunter gethan sind, richtet man alles auf eine Platte schön an.

187. Aal blau zu sieden.

Wenn der Aal abgezogen und ausgenommen ist, macht man auf beiden Seiten kleine Schnitte, legt ihn in die Rundung, indem man einen Faden durch Kopf und Schwanz zieht und zusammenbindet, thut ihn in ein Casserol und gießt 2 Theile Wein, 1 Theil Wasser und 1 Theil Essig daran, bis es über den Aal geht, hernach thut man eine Hand voll ganze Peter=silie, 2 Lorbeerblätter, etliche Scheiben Citrone, Pfeffer, Salz und eine mit Nelken besteckte Zwiebel daran, läßt ihn eine Stunde so stehen, hernach nimmt man ihn auf's Feuer und läßt ihn langsam kochen, bis er weich ist. Er kann warm oder kalt aufgetragen werden; man kann alsdann feingehackte Kapern und Petersilie mit Essig und Oel dazu geben.

188. Forellen blau abgesotten.

So viel Forellen als zu einer Platte bestimmt sind werden ausgenommen, hierauf werden sie ausgewaschen, dann auf ein flaches Geschirr neben einander gelegt und mit kaltem Essig übergossen. Jetzt gebe in ein dazu passendes Geschirr 3 Liter Wasser, 1 Glas weißen Wein, 1 Glas Essig, 2 in Scheiben geschnittene Zwiebeln, etwas in Scheiben geschnittene Citrone, zwei Lorbeerblätter, etwas Salz, ganzen Pfeffer, lasse dies alles miteinander kochen, lasse dann die Forellen mit dem Essig hineinrutschen, damit sie nicht mit der Hand berührt werden und das Blaue nicht verwischt wird, lasse sie nun ½ Stunde neben dem Feuer langsam ziehen; sind die Forellen klein, dürfen sie nur ¼ Stunde ziehen, dann lege sie beim Anrichten auf eine Platte, garnire sie mit grüner Petersilie, gebe dann eine gute weiße Kapernsauce dazu.

189. Gedämpfte Forellen.

Die Forellen werden geputzt und ausgenommen, dann thut man 125 Gramm Butter in ein Caſſerol, dämpft eine Hand voll feingehackte Zwiebeln und Peterſilie darin, thut die Forellen hinein nebſt etwas Salz und Pfeffer, läßt ſie auf beiden Seiten dämpfen, wenn ſie weich ſind werden einige Tropfen Fleiſchbrühe daran geſchüttet, dann richtet man ſie mit der Sauce auf eine Platte an.

190. Forellen in einer Butterſauce.

Wenn die Forellen geputzt, ausgenommen gewaſchen und mit Salz ſtark eingerieben ſind, thut man ein Stück Butter in ein Caſſerol und dämpft einen Kochlöffel voll Mehl darin, gießt etwas Fleiſchbrühe und Wein daran, daß die Sauce weder zu dick noch zu dünn wird, thut eine mit Nelken be= ſteckte Zwiebel, etwas Sellerie und Peterſilienkraut, in ein Büſchelchen gebunden, und die Schale von einer halben Ci= trone dazu. Man legt den Fiſch, nachdem er mit einem Tuch wieder abgetrocknet worden iſt, in die Sauce, deckt ihn zu und läßt ihn eine halbe Stunde kochen; Salz, Pfeffer und ein wenig Citronenſaft darf man nicht vergeſſen; ehe man ihn anrichtet, rührt man das Gelbe von einem Ei nebſt ein wenig ſauerm Rahm darunter.

191. Forellen mit rothem Wein.

Nachdem die Forellen ausgenommen ſind, werden ſie in der Mitte zerſchnitten, doch kann man ſie, wenn ſie nicht zu groß ſind, ganz laſſen; thut ſie alsdann in ein Caſſerol, gießt rothen Wein daran, daß die Forellen damit bedeckt ſind, als= dann etliche geſtoßene Nelken, etwas Pfeffer, Salz, einige feingehackte Sardellen und ein Stück Butter, worunter ein Eßlöffel voll Mehl gemengt wird, koche dieſes alles mit ein= ander eine Viertelſtunde ſchnell, richte die Forellen auf eine Platte an, thue noch einige feingehackte Schalotten und Peter= ſilie an die Sauce, laſſe ſie noch einige Minuten gut ver= kochen und gib ſie über die Forellen.

192. Gebackene Forellen.

Man nimmt kleine Forellen aus und wäſcht ſie; darauf

werden sie mit Salz eingerieben und eine Stunde eingesalzen
liegen gelassen; man steckt dann den Schwanz und den Kopf
ineinander, kehrt sie in Mehl um, zieht sie schnell durch kaltes
Wasser und kehrt sie wieder in geriebenem Milchbrod um und
backt sie in heißem Schmalz schön gelb, thut sie dann auf
eine Platte und legt Petersilie darum.

193. Salmen zu sieden.

Man nimmt 1 Theil Essig, 2 Theile Wein, 1 Theil Wasser,
etwas Salz, Pfeffer, ein paar in Scheiben geschnittene Zwie=
beln, Petersilie, etliche Nelken, eine halbe zerschnittene Citrone,
läßt dieses alles mit einander kochen, thut dann den Salmen
hinein und läßt einen Wall darüber gehen, hierauf läßt man
es 10 Minuten stehen, richtet den Salmen alsdann auf eine
Platte an, läßt ihn kalt werden und legt Petersilie darum;
gib dann eine Senfsauce dazu. Siehe Saucen.

194. Salmen zu braten.

Man macht eine papierene Kapsel, welche oben offen ist,
bestreicht sie überall mit gutem Oel, legt den Salmen mit
etwas Pfeffer und Salz hinein, stellt ihn auf einem Rost über
glühende Kohlen, wendet ihn öfters um und wenn er fertig
gebraten ist, thut man ein wenig Citronensaft darauf und
gibt ihn schnell zu Tisch.

195. Salmen à la hollandaise.

Man schneidet den Salmen in beliebige Scheiben, thut ihn
in ein Casserol sammt 4 in Scheiben geschnittenen Zwiebeln,
etwas Petersilie, Citronenschale, Thymian, ganzem Gewürz,
Salz, Pfeffer und einer Bouteille weißem Wein, deckt es zu
und läßt es eine halbe Stunde langsam kochen, richtet es
dann trocken auf eine Platte und macht folgende Sauce dar=
über: Ein Stück Butter und ein starker Kochlöffel voll Mehl
wird mit 5 Eiergelb untereinander gerührt, dann läßt man
3 Trinkgläser voll von der Brühe, worin der Salmen gekocht
wurde, durch ein Sieb laufen und rührt diese daran, nimmt
es dann auf's Feuer und läßt es unter beständigem Rühren

ein wenig kochen. Rühre nun etwas mit Butter fein gehackte
Sardellen recht gut unter die Sauce und richte sie über die
Salmen an.

196. Gedämpfter Stockfisch.

Der Stockfisch wird mit kaltem Wasser auf das Feuer ge=
than; man läßt ihn alsdann so lange darauf, bis das Wasser
schäumige Bläschen bekommt, nimmt den Stockfisch heraus
und legt ihn auf eine Platte; sobald er sich dann wegen der
Hitze anrühren läßt, nimmt man die Gräten heraus, thut
alsdann 125 Gramm Butter in ein Casserol, dämpft fein
gehackte Zwiebeln und Petersilie darin, thut hernach den
Stockfisch hinein und läßt ihn noch einige Minuten dämpfen,
wendet ihn aber öfters um; ehe man ihn anrichtet, thut man
Salz und etwas Ingwer daran. Der Stockfisch darf niemals
kochen, sonst wird er hart.

197. Stockfisch auf eine andere Art.

Der Stockfisch wird mit lauem Wasser und Salz auf's
Feuer gethan, man läßt ihn dann so lange darauf, bis das
Wasser schäumt, nimmt ihn heraus auf eine Platte, thut die
größten Gräten davon, legt ihn zierlich, doch ohne die Stücke
so sehr zu zerblättern, streut nun ziemlich Salz und Pfeffer
darauf, läßt dann ein großes Stück Butter heiß werden, dämpft
feingehackte Zwiebeln schön gelb darin, thut dann noch etwas
feingehackte Petersilie und Sardellen hinein, schüttet es über
den Stockfisch und gibt ihn zu Tisch.

198. Stockfisch mit Bechamell.

Man nimmt so viel Stockfisch, als man zu einer Platte
nöthig hat, siedet ihn im Wasser, wie bei dem Vorhergehenden,
schüttet ihn auf einen Seiher, damit er abtrocknet, und macht
hierauf ein gutes Bechamell auf folgende Art: Man nimmt
etliche in Scheiben geschnittene Zwiebeln, einige Petersilien=
wurzeln, Champignons, etwas Thymian sammt einem Stück
frischer Butter, thut dies in ein Casserol, dämpft es etliche
Minuten auf dem Feuer, thut 2 Eßlöffel voll Mehl dazu,
rührt es mit süßem Rahm gut auf dem Feuer und läßt es

zu einem dünnen Brei verkochen, ſchüttet es alsdann durch ein Haarſieb, zerblättert den Stockfiſch, thut ihn unter das Bechamell nebſt etwas feingehackter Peterſilie, geſtoßenem Pfeffer und Salz, und mengt dieſes alles wohl untereinander. Nun macht man auf die Platte von feſtem Waſſerteig einen 3 Finger hohen Rand, gibt den Stockfiſch mit Bechamell hinein, beſtreut es oben mit geriebenem Milchbrod, macht ein Stück=chen Butter warm und gießt es darauf, ſtellt die Platte auf Salz und läßt es eine halbe Stunde in einem heißen Back=ofen backen.

199. Hecht à la hollandaise.

Nachdem der Hecht gereinigt iſt, ſchneidet man ihn in be=liebige Stückchen (man kann ihn aber auch ganz laſſen), thut ihn in ein Caſſerol, nebſt einigen in Scheiben geſchnittenen Zwiebeln, der Schale von einer Citrone, 2 Lorbeerblättern, Peterſilienwurzeln, Pfeffer, Nelken, Salz, ⅜ Liter Wein, einem Glas Waſſer und einem halben Trinkglas Eſſig, thut ihn auf's Feuer und läßt ihn zugedeckt eine halbe Stunde langſam kochen, richtet ihn dann ſchön trocken auf eine Platte an und gibt folgende Sauce darüber: Man thut 125 Gramm Butter in ein Caſſerol, dämpft 2 Kochlöffel voll Mehl darin, löſcht es mit ein wenig Fleiſchbrühe und von der Brühe, worin der Hecht gekocht wurde, ab, thut feingehackte Peter=ſilie und ein wenig Citronenſaft daran, läßt ſie dann eine halbe Stunde kochen, und ehe man ſie anrichtet, rührt man das Gelbe von zwei Eiern daran und ſchüttet ſie über den Hecht.

200. Hecht mit Sardellen.

Wenn der Hecht gepußt und ausgenommen iſt, wird der Schwanz in den Kopf geſteckt, damit er hübſch rund wird; man thut dann ein Stück Butter, nebſt Salz, Pfeffer, fein=geſchnittenen Zwiebeln, Schalotten, Peterſilie und Citronen=ſchale mit dem Fiſch in ein Caſſerol und läßt ihn weich dämpfen; ehe er ganz ausgekocht iſt, thut man einige klein=geſchnittene Sardellen und Citronenſaft daran, und mit dieſer Sauce wird der Hecht angerichtet; man legt alsdann rund

ausgebohrte Kartoffeln, welche zuvor in Fleischbrühe weich=
gekocht sind, um den Hecht.

201. Hecht auf englische Art.

Der Fisch wird geputzt und gekrümmt, wie bei der vorigen
Nummer, alsdann in Salzwasser weichgekocht und auf eine
Platte angerichtet; thue alsdann ein Stück Butter in ein
Casserol, dämpfe feingeschnittene Zwiebel und Petersilie darin,
schütte es über den Hecht und thue rund ausgebohrte Kar=
toffeln wie bei dem Vorigen dazu.

202. Hecht mit Austern.

Nachdem der Hecht geputzt, ausgenommen und gewaschen
ist, schneidet man ihn in 6 bis 8 Stücke, je nachdem er groß
ist, thut ihn alsdann in ein Geschirr nebst etwas feinge=
hackten Schalotten, Petersilie, einer Messerspitze voll gestoßenem
Pfeffer, dem Saft von einer Citrone, ein starkes Trinkglas
voll gutes Oel und ein wenig Salz. Nachdem er auf diese
Art 2 Stunden zugedeckt stand, legt man ihn mit den Kräutern
auf den Rost und läßt ihn so lange darauf, bis er auf beiden
Seiten schön gelb ist, lege ihn alsdann kranzartig auf eine
Platte und mache folgende Sauce darüber: Thue in ein Casserol
so viel Austern, als zu dem Fisch erforderlich sind, nebst
2 Trinkgläsern voll guter Fleischbrühe, dem Saft von einer
Citrone, einer Messerspitze voll Pfeffer und etwas Salz, lasse
es etliche Minuten kochen und richte es dann unter den Fisch an.

203. Hecht mit einer Krebssauce.

Wenn der Hecht geputzt und gewaschen ist, wird er in Salz=
wasser und ein wenig Essig abgekocht, alsdann auf eine Platte
angerichtet und folgende Sauce dazu gemacht: Man nimmt
ungefähr 10 Sardellen, wäscht sie und schneidet sie in kleine
Stückchen, thut sie in ein Casserol sammt 2 in Scheiben
geschnittenen Zwiebeln, 2 Lorbeerblättern, Pfeffer, Salz und
einer halben zerschnittenen Citrone, gießt dann 1 Glas Wein
und ebensoviel Wasser darüber, läßt es wohl kochen und seihet
es durch ein Sieb, nimmt dann 60 Gramm Krebsbutter in
ein Casserol, rührt 2 Messerspitzen voll Mehl daran, 3 bis

4 Eiergelb dazu, und rührt es mit der durchgeſeihten Sauce tüchtig, thut Muskatnuß und ein wenig Citronenſchale darein und läßt die Sauce unter beſtändigem Rühren aufkochen. Iſt ſie nicht recent genug, ſo wird etwas Citronenſaft und Eſſig daran gethan.

204. Hecht zu backen.

Der Hecht wird, nachdem er gereinigt iſt, in beliebige Stücke geſchnitten, geſalzen und eine Stunde liegen gelaſſen, alsdann mit einem Tuch abgetrocknet, in Mehl umgewendet, dann in verklepperten Eiern und hierauf in geriebenem Milchbrod. Hierauf wird er in heißem Schmalz ſchön gelb gebacken, auf eine Platte angerichtet und mit Peterſilie garantirt.

205. Karpfen in rothem Wein.

Nachdem der Karpfen gepußt und ausgenommen iſt, ſchneidet man ihn in beliebige Stücke, legt ihn in ein Caſſerol, gießt dann ³/₈ Liter rothen Wein, nebſt Salz, Pfeffer, Schalotten und Nelken daran, thut es auf ein ſtarkes Feuer und läßt ihn zwei bis drei Mal aufkochen, nimmt ihn dann heraus, röſtet 2 Kochlöffel voll Mehl mit einem Stück Butter ſchön braun, rührt es mit dem Wein, worin der Fiſch gekocht hat, ab, läßt dies ¹/₄ Stunde kochen, ſeihet es durch ein Haarſieb an den Fiſch und läßt es noch eine Minute mit dem Fiſch kochen und richtet ihn an.

206. Karpfen geſpickt.

Man nimmt einen Karpfen von 2¹/₂ bis 3 Kilogramm, pußt und nimmt ihn aus, dann ſchneidet man von der einen Seite die Haut ganz dünn herunter, ſpickt ihn ſchön mit kleinem Speck, wie ein Fricando, reibt ihn recht gut mit Pfeffer, Salz und Gewürznelken in- und auswendig ein, thut alsdann 125 Gramm Butter in ein flaches Geſchirr, nebſt einigen in Scheiben geſchnittenen Zwiebeln, etwas rohem Schinken, etlichen Peterſilienwurzeln, 2 Lorbeerblättern, einigen Citronenſcheiben und ganzem Gewürz und dämpft es etliche Minuten auf ſchwachem Feuer, gießt ³/₈ Liter rothen Wein daran und läßt es sammt etwas Salz aufkochen, legt den Karpfen hinein, doch so, daß das Gespickte oben zu liegen kommt, und stellt ihn in einen heißen Backofen, bis der Speck schön gelb ist; während dessen muß aber öfters mit dem unten befindlichen Saft der Fisch begossen werden; ist er nun gut und der Speck schön gelb, so lege ihn auf eine Platte, den übrigen Saft treibe durch ein Sieb, koche ihn ganz dick, bestreiche alsdann den Karpfen damit und gib folgende Sauce darüber: 6 bis 8 Zwiebeln werden in dünne Scheiben geschnitten und in einem Stück Butter braungelb, dann ein Eßlöffel voll Mehl darunter gerührt und auch eine Minute damit gedämpft, hierauf mit ³⁄₈ Liter rothen Wein aufgefüllt und ein Lorbeerblatt, etwas Citronenschale, gestoßene Gewürznelken und Pfeffer dazu gegeben; man läßt es noch ¹⁄₂ Stunde langsam kochen, treibt es nun durch ein Sieb, gibt eine Hand voll geschälte ganze Trüffeln, eben so viel geputzte Champignons, 2 abgekochte Kalbsbrieslein, welche gut abgehäutet und in dicke Scheiben geschnitten sein müssen, sowie etwas Salz und den Saft von einer Citrone in die durchgetriebene Sauce, läßt es ¹⁄₂ Stunde langsam mit einander kochen und legt alles rings um den Karpfen herum und schüttet die Sauce darüber.

207. Karpfen in brauner Sauce.

Wenn der Karpfen geputzt und ausgenommen ist, wird er der Länge nach gespalten, in beliebige Stücke geschnitten, in ein Geschirr gethan, mit etwas Salz überstreut und mit einem Glas Wein und eben so viel Essig übergossen, ein Lorbeerblatt, etwas Pfeffer, Nelken und einige Scheiben Citrone dazu gethan, nun deckt man es zu und läßt es einige Stunden so stehen, thut alsdann ein Stück Butter in ein breites Geschirr, röstet zwei Löffel voll Mehl braun darin, dämpft ein Stück Speck und eine Zwiebel, beides zuvor klein geschnitten, und ein wenig Zucker in dem braunen Mehl, löscht es dann mit dem Wein und Essig ab, welcher an dem Fisch ist, gießt auch noch etwas Fleischbrühe daran und läßt es ¹⁄₄ Stunde kochen, alsdann legt man den Fisch so hinein, daß ein Stück an dem andern liegt, stellt es auf ein schwaches Feuer und läßt es langsam kochen. Ist die Sauce nun im

Salz und in der Säure recht, so werden die Stücklein schön
angerichtet und die Sauce darüber gegossen. Man darf den
Fisch ja nicht berühren, sondern das Geschirr nur rütteln.

208. Karpfen auf polnische Art.

Der Karpfen wird rein geputzt und in beliebige Stücke
geschnitten: man thut ihn dann in ein Geschirr, gießt ein
Glas Essig darüber und läßt es so eine Stunde stehen. Dann
werden 3 gelbe Rüben, 3 Selleriewurzeln und die Schale von
einer halben Citrone fein geschnitten und auch eine feingeschnittene Zwiebel nebst einem Lorbeerblatt, thut dies alles
in ein Casserol, gießt ⅜ Liter Wein und ein Glas gute
Fleischbrühe daran und kocht es so lange, bis alles recht
weich ist, nimmt hierauf einen Kochlöffel voll Mehl in ein
Casserol, rührt es dann mit dem Essig, welcher am Fisch ist,
glatt, seihet die Brühe von den Wurzeln durch und gießt sie
an das Mehl nebst etwas Salz und Muskatnuß, thut den
Fisch auch daran und läßt ihn ¼ Stunde darin kochen.

209. Karpfen zu backen.

Wenn der Karpfen gereinigt ist, wird er in beliebige Stücke
geschnitten, man salzt ihn dann ein und läßt ihn eine Zeitlang so liegen, kehrt dann jedes Stück in Mehl um, taucht
es schnell durch frisches Wasser und bestreut es dann mit feingeriebenem Milchbrod, dann werden die Stücke in heißem
Schmalz schön hellbraun gebacken, auf eine Platte angerichtet
und mit Petersilie garnirt. So werden sämmtliche Fischgat-
tungen gebacken.

210. Bürsching zu backen.

Sie werden zubereitet, wie bei der vorhergehenden Nummer,
nur müssen sie ganz bleiben.

211. Bürsching in einer Sauce.

Wenn die Bürschinge geputzt und ausgenommen sind, werden
sie auf eine Platte gelegt; man gießt dann ein Glas Wein
darüber, thut ein Stück Butter in ein Casserol, dämpft eine

Hand voll feingehackte Zwiebeln und Petersilie darin, thut den Fisch hinein nebst einem Kochlöffel voll Mehl, etwas Salz und Muskatnuß, deckt ihn dann zu, läßt ihn ein wenig dämpfen, schüttet den zurückgebliebenen Wein nebst einem Lorbeerblatt und einigen Citronenscheiben daran. Sobald der Fisch fertig ist, verrührt man 2 bis 3 Eiergelb und rührt es an die Sauce, ehe man den Fisch anrichtet.

212. Bürsching mit brauner Butter.

Man kocht die Fische wie gewöhnlich mit Essig und Gewürz ab, läßt dann Butter ziemlich braun werden, schüttet dann ¼ Glas Weinessig, etwas feine Petersilie hinein und gießt es beim Anrichten über die Fische.

213. Gedämpfte Bürsching.

Wenn die Fische rein sind, thut man ein Stück Butter in ein Casserol, dämpft eine Hand voll feingehackte Zwiebeln und Petersilie darin, legt die Fische hinein und dämpft sie auf beiden Seiten weich, gießt auch ein wenig Fleischbrühe daran nebst ein wenig Salz und Pfeffer, richtet sie alsdann auf einer Platte an und gibt abgekochte, rund ausgebohrte Kartoffeln dazu.

214. Schleien mit feinen Kräutern.

Man brüht die Schleien im heißen Wasser an, damit sie leichter zu putzen sind, ist dies geschehen und sind sie ausgenommen und gewaschen, so läßt man sie in Salzwasser eine Minute kochen, gießt sie in einen Seiher, thut sie in ein Casserol nebst etwas Salz, Pfeffer, feingehackten Schalotten, Estragon und Thymian, ferner einem Glas rothen Wein, etwas feingehackten Kapern und einem Löffel voll Fleischbrühe, setzt es auf ein Feuer, läßt es bis zur Hälfte einkochen, drückt den Saft von einer Citrone daran und, wenn sie fertig sind, richtet man sie auf eine Platte an.

215. Schleien zu braten.

Wenn die Fische gereinigt sind, werden sie mit Pfeffer, Salz und Salbei eingerieben, in zerlassener Butter umgekehrt und auf dem Rost gebraten; ehe sie ganz fertig sind, drückt man ein wenig Citronensaft darauf. Man kann sie auch in Schmalz backen und in Brod umkehren.

216. Grundeln zu backen.

Die Grundeln werden lebendig in kalte Milch geworfen, damit sie sich vollsaufen; dann gieße sie sammt der Milch in einen Seiher; ist diese rein abgelaufen, so trocknet man sie rein ab, wendet sie in Ei und Gries um und backt sie schnell in heißem Schmalz.

217. Kabeljau mit Kartoffeln.

Der Kabeljau wird gewaschen und mit Wasser und Milch auf's Feuer gesetzt, das Wasser muß aber ganz über den Fisch gehen, man läßt ihn nun so lange auf dem Feuer, bis er kochen will, richtet ihn dann auf einer Platte an und legt rund ausgebohrte, abgekochte Kartoffeln darum, macht dann ein Stück Butter heiß, thut eine Hand voll feingehackte Peter-silie hinein und schüttet es über den Fisch.

218. Kabeljau mit Buttersauce.

Wenn der Kabeljau gewaschen ist, wird er mit kaltem Wasser auf's Feuer gesetzt, bis er kochen will; dann richtet man ihn auf eine Platte an, streut ein wenig Salz darüber und macht folgende Sauce dazu: Man thut 125 Gramm frische Butter in ein Casserol, verrührt 2 Kochlöffel voll Mehl darin nebst Fleischbrühe oder Wasser und Salz, nimmt sie dann auf's Feuer und läßt sie unter beständigem Rühren kochen; ehe man sie anrichtet, rührt man 2 Eiergelb darunter und schüttet sie über den Fisch.

219. Schellfisch.

Wird behandelt wie der Kabeljau, entweder mit Kartoffeln oder in einer Buttersauce. Siehe Kabeljau.

220. Turbot.

Wird ebenfalls so zubereitet, wie der Kabeljau und Schell-fisch. Siehe Kabeljau.

221. Laberdan.

Der Laberdan muß immer einen oder auch zwei Tage in
frischem Wasser gewässert werden, dann wird er mit kaltem
Wasser auf's Feuer gesetzt und so lange darauf gelassen, bis
er kochen will, worauf er vom Feuer genommen wird, bis die
Sauce fertig ist. Man thut nun ein Stück Butter in ein
Casserol und dämpft einen Kochlöffel voll Mehl darin, thut
alsdann eine große feingehackte Zwiebel, Petersilie und 60
Gramm feingehackte Sardellen hinein, läßt es auch ein wenig
dämpfen und löscht es mit etwas Fleischbrühe ab, thut Mus=
katnuß, Salz und ein wenig Ingwer daran, verliest den
Laberdan, legt ihn in die Sauce, läßt ihn ein wenig kochen
und richtet ihn an. Es darf nicht viel Sauce bleiben.

222. Bückinge mit Eiern.

Die Bückinge werden geputzt, von den Gräten gereinigt
und jeder Fisch in zwei Theile getheilt; thue alsdann ein
Stück Butter in eine Pfanne, stelle sie auf's Feuer und lege
die Bückinge hinein, verkleppere alsdann Eier nach Belieben
mit etwas Milch, drehe die Bückinge herum, schütte die Eier
daran und richte sie, wenn sie noch ein wenig weich sind, auf
eine Platte an.

223. Gangfisch mit Eiern.

Diese werden ganz so zubereitet wie die Bückinge; man
kann sie aber auch roh essen.

224. Krebse gut zu kochen.

Wenn 20 bis 30 schöne Krebse ausgewaschen sind, so bringe
sie in ein dazu passendes Geschirr, sammt ⅜ Liter Bier, etlichen
in Scheiben geschnittenen Zwiebeln, einem zusammengebun=
denen Büschel Petersilie, einem Eßlöffel voll ganzen Kümmel,
2 Gläser voll sauerm Rahm, Salz nach Belieben; decke das
Geschirr zu, lasse das darin befindliche eine Viertelstunde
kochen und richte die Krebse recht heiß auf eine Platte und
gib sie zu Tische.

225. Austern auf dem Rost bereitet.

Man bricht die Austern auf, jedoch so, daß kein Saft

herauskommt, zettelt dann ein wenig geriebenes Milchbrod auf jede Auster, nebst Pfeffer und ein wenig zerlassene Butter, stellt dann eine neben die andere auf einen Rost über glühende Kohlen, läßt sie 10 Minuten darauf, gießt auf jede etwas Citronensaft, thut sie dann vom Feuer und richtet sie auf eine Platte an.

226. Sardellen zu backen.

Man wäscht eine große Portion Sardellen gut aus, theilt sie in der Mitte und macht die Gräten heraus, bringt sie dann in ein Geschirr mit einem halben Trinkglas voll gutem Oel, einem Eßlöffel voll feingehackter Petersilie, eben so viel feingehackten Schalottenzwiebeln und dem Saft einer Citrone, mischt alles gut untereinander und läßt es ein paar Stunden stehen. Mache hierauf von etwas weißem Wein und Mehl einen Teig, und ist es Zeit zum Anrichten, dann tauche die Sardellen mit den Kräutern in dem Teig herum und backe sie in heißem Schmalz schön gelb, richte sie dann auf eine Platte und gib gebackene Petersilie darauf.

227. Karpfen in Gelée.

Der Karpfen wird geputzt und rein gewaschen, in Stücke geschnitten und kochender Essig darüber geschüttet, damit der Karpfen hübsch blau wird, und mit Papier zugedeckt; dann thut man etwas Wasser in ein Casserol, nebst Pfeffer, Salz, Lorbeerblatt, Muskatnuß, einer in Scheiben geschnittenen Citrone und einigen ganzen Zwiebeln, thut es auf's Feuer und läßt es eine Zeitlang kochen; dann wird der Karpfen sammt dem Essig hineingethan und weich gekocht; nun nimmt man den Fisch heraus, thut einige Kalbsfüße in die Brühe und läßt sie so lange kochen, bis sie weich sind; laß die Gelée dann langsam durch eine Serviette laufen; sollte sie nicht ganz hell sein, so thue sie noch einmal auf's Feuer nebst einem ver-klepperten Eierweiß und lasse sie noch einmal durchlaufen, gieße alsdann die Gelée in eine Form nebst dem Karpfen.

228. Salmen mit Gelée.

Der Salmen wird zuerst mit etwas Essig, einigen Zwiebeln

Citronenſcheiben, Pfeffer, Salz und Peterſilienkraut weich
gekocht; dann macht man die Gelée auf folgende Art: Man
nimmt 4 Kalbsfüße, ſtellt ſie mit Waſſer auf's Feuer und
ſchäumt ſie rein ab, thut dann Sellerie, gelbe Rüben, Peter=
ſilienwurzel, Zwiebel und Muskatnuß dazu und läßt es ſo
lange kochen, bis das Fleiſch von den Kalbsfüßen wegfällt,
gießt dann die Brühe von dem Salmen auch daran und
ſchüttet alles durch ein Haarſieb, thut dann ¾ Liter guten
weißen Wein nebſt einem Trinkglas voll Weineſſig dazu,
ſchlägt das Weiße von 4 Eiern darunter, nimmt es wieder
auf's Feuer und läßt es kochen, gießt es alsdann langſam
durch ein Tuch, ſchüttet es in eine Form, thut immer eine
Lage Salmen und eine Lage Gelée auf einander und läßt
es geſtehen.

229. Hecht mit Gelée.

Wird ganz auf dieſelbe Art zubereitet, wie der Salmen.

230. Marinirte Häringe.

Die Häringe werden 12 Stunden gewäſſert, der Leib auf=
und der Kopf abgeſchnitten, die Haut abgezogen und im Innern
gereinigt. Die Milch von den Häringen wird klein gehackt,
mit gutem Eſſig verdünnt durch einen Seiher getrieben und
in einen Topf gelaſſen. Hiezu kommen dann feingeſchnittene
Citronenſchalen und Schalotten, geſtoßener Zimmt und Nelken,
(von letzteren nicht viel, weil ſie die Sauce in einigen Tagen
bitter machen), in Scheiben geſchnittene Zwiebeln, Baſilikum,
Kalikoawurzel (beides kann auch wegbleiben), Kapern und kleine
Schwämme. Die Häringe werden in einen Topf ſchichtweiſe
eingelegt und der Milcheſſig darüber gegoſſen. (Man kann auch
etwas kleingeſchnittene ſaure Gurken mit einlegen.) Um viel
Sauce zu erhalten, iſt darauf zu ſehen, daß viele Milchner=
häringe genommen werden. Die Sauce muß die Häringe im
Topf bedecken. 48 Stunden nach dem Einlegen ſind ſie gut.

Ragouts.

231. Feldhühner.

Thue etwas Butter, Speck, Schinken, Zwiebel, gelbe Rüben, Petersilienwurzel, ganzen Pfeffer, ein Lorbeerblatt, zwei Nelken, zwei Citronenscheiben, Thymian, ein wenig Knoblauch und Salz, nebst dem Huhn. auf dessen obern Theil ein Stückchen Speck gebunden wird, in ein Casserol, lasse es ein wenig dämpfen, schütte alsdann ein kleines Glas Wein und etwas Fleischbrühe daran, doch nicht zu viel, damit es nur dämpft; wenn es weich ist, dämpfe ein wenig Mehl daran, lasse es noch mit der Sauce kochen, schneide alsdann den Speck von dem Huhn ab und servire es. Man kann auch Trüffeln zur Sauce nehmen.

232. Wachteln.

Werden wie die Feldhühner zubereitet.

233. Wilde Tauben.

Werden ebenfalls wie die Feldhühner zubereitet.

234. Schnepfen.

Werden auch wie die Feldhühner zugerichtet.

235. Wilde Ente in Sardellen=Sauce.

Man dämpfe die Ente in Butter, Speck. gelben Rüben, Zwiebeln, Petersilienwurzel, Pfeffer und Salz; nachdem die Ente gedämpft ist, wird ein Glas Wein und der Saft einer halben Citrone daran geschüttet; ist es eingekocht, schütte immer ein wenig Fleischbrühe daran, damit sie immer dämpft; wenn sie weich ist, mache folgende Sauce: Hacke den Magen, die Leber und das Herz recht fein, röste alsdann 2 Kochlöffel voll Mehl schön braun, lösche es mit einer feingeschnittenen Zwiebel ab, thue das Gehackte dazu, lösche es mit Fleischbrühe oder Jus ab, schütte die Sauce an die Ente, lasse die Sauce noch mit=kochen, wasche und stoße drei Sardellen und thue sie kurz vor dem Anrichten daran. Man kann auch statt Sardellen Kapern ober Trüffel, oder Häringe, bittere Pommeranzenschalen, Oliven (es müssen aber die Steine herausgenommen werden) in die Sauce thun.

236. Lerchen in Sauce.

Es werden 12 Lerchen geputzt, geflammt, die Füße in den Kopf gesteckt. Lege 125 Gramm Butter in ein Casserol, lasse die Lerchen darin einige Minuten dämpfen, thue eine Hand voll feingehackte Petersilie und Zwiebel nebst Salz, Gewürz und einem Kochlöffell voll Mehl daran, lasse dieses wieder einige Minuten dämpfen; schütte ⅜ Liter Wein, ein Glas Jus oder Fleischbrühe daran, lasse es aufkochen und richte sie schön auf die Platte.

237. Gedämpfter Fasan.

Nachdem der Fasan gerupft, der Kopf jedoch abgeschnitten und bei Seite gelegt ist, zäume ihn auf und spicke ihn mit feinem Speck, der Länge nach geschnitten; nachdem er gespickt, binde ihn mit dünnen Speckbatten ein, lege ihn hierauf in ein Casserol, nebst 125 Gramm Butter, etwas geschnittenem Schinken, Zwiebelscheiben, gelber Rübe, Thymian, Pfeffer, Nelken, Salz, einer Flasche Wein, etwas Fleischbrühe, so daß die Brühe bis an den Fasan geht, decke ihn zu, lasse ihn weich dämpfen; nachdem die Sauce eingekocht ist, streue ein wenig Mehl hinein, gieße ein Glas Jus daran, lasse dieses aufkochen, löse den Speck und richte ihn an.

238. Haselhühner.

Nachdem sie geputzt, ausgenommen und aufgezäumt sind, wird die Brust fein gespickt; stelle sie alsdann mit Butter, Zwiebel, Petersilienwurzel, gelben Rüben, einigen Citronen=scheiben, Salz, Pfeffer, Nelken, einem Glas Wein auf das Feuer, lasse dieses alles mit einander dämpfen; wenn es weich ist, schneide gereinigte fein geschnittene Trüffeln hinein nebst Jus oder Fleischbrühe, lasse dieses recht miteinander kochen und richte es an.

239. Hasenpfeffer.

Hals, Läufe, Bug, Lampen, Lunge und Leber, was man zum

Braten nicht anwenden kann, wird einige Tage in Salz, Essig, Zwiebel, Pfeffer und Lorbeerblatt gelegt, stelle alsdann ein Stück Butter auf's Feuer, lege das gebeizte Fleisch nebst Zwiebeln, Gewürz, gelben Rüben, Citronenscheiben und Speck= schnitten hinein, lasse dieses alles kochen, bis das Fleisch weich ist, gieße etwas Essig von der Beize daran, bis die Sauce sauer genug ist, röste alsdann zwei Löffel voll Mehl braun, schütte von der Sauce daran, lasse es mit dem Pfeffer noch kochen und richte ihn an.

240. Hasen=Ragout.

Man zerschneide den Hasen in beliebige Stücke, häute und spicke solche, zerlasse in einem breiten Geschirr ein Stück Butter, lege die Stückchen hinein, nebst Zwiebeln, Speck, einigen Citronenscheiben, Salz, Pfeffer, Nelken, 1 Lorbeer= blatt, streue ein wenig Mehl darauf, lasse sie auf beiden Seiten gelb werden, schütte hierauf ein Glas Wein nebst Fleischbrühe daran und lasse sie weich dämpfen, richte sie an und rühre drei Eßlöffel voll sauern Rahm an die Sauce. Man kann auch Kapern daran thun.

241. Reh=Ragout.

Man nimmt gewöhnlich Brust und Bug zum Ragout, beizt dieses einige Tage in Essig, Zwiebeln, Salz und Pfeffer; lasse alsdann ein Stück Butter in einem Casserol zergehen, lege die Brust in Stücke geschnitten nebst dem Bug hinein, thue alsdann einige Citronenscheiben, Zwiebeln, Wachholder= beeren, Pfeffer, Nelken, ein Stück Brod, eine gelbe Rübe dazu, lasse dieses mit einander dämpfen, schütte etwas Fleischbrühe und Essig daran, lasse es weich werden, röste 2 Kochlöffel voll Mehl schön braun, lösche es mit Jus oder Fleischbrühe ab und schütte sie an das Fleisch; wenn die Sauce mitge= kocht hat, wird es angerichtet.

242. Schwarzwild.

Nachdem es einige Tage gebeizt war, stelle das Schwarz= wild, von welchem Stück es sei, mit Butter, Zwiebeln, Wach= holderbeeren, gelben Rüben, etwas Speck, Salz, Pfeffer, Nelken auf's Feuer, schütte ein Glas Wein daran, ein wenig Essig von der Beize und lasse es dämpfen; wenn es eingekocht ist, schütte etwas Jus oder Fleischbrühe daran, fahre so fort bis es weich ist, doch nie zu viel auf einmal, damit es immer dämpft; wenn es weich ist, röste 2 Kochlöffel voll Mehl braun, lösche es mit Jus ab und schütte es an das Fleisch, laß die Sauce mitkochen (man kann auch 6 bis 7 Trüffeln dazu schneiden und mitkochen lassen) und richte es alsdann an.

243. Poularde oder Kapaun gedämpft.

Wenn der Kapaun gerupft und geflammt ist, so schneide den Kopf, die Gurgel und den Kragen heraus, nimm hierauf das Eingeweide heraus, alsdann wird er ausgewaschen und mit einer Nadel aufgezäumt, damit er eine schöne Form bekommt, die Füße werden nämlich abgeschnitten und in den Kapaun gesteckt; das Brustbein wird eingebrochen; reibe hierauf den Kapaun mit einer Citrone ein, damit er schön weiß bleibt, binde die Brust mit Speck zu, stelle ihn alsdann mit Butter, 2 geschnittenen Zwiebeln, 2 gelben Rüben, 125 Gramm in dünne Scheiben geschnittenem Schinken, Salz, Pfeffer, Nelken, auf das Feuer, lasse den Kapaun mit ein wenig Fleischbrühe dämpfen, schütte immer ein wenig Fleischbrühe daran, damit er nicht bratet; wenn er weich ist, mache folgende Sauce: Dämpfe 2 Kochlöffel voll Mehl in 125 Gramm Butter, lösche es mit Fleischbrühe ab, schütte ein Glas Wein daran nebst dem Saft einer Citrone, einer Hand voll geputzter Champignons, etwas Salz und Muskatnuß, lasse die Sauce zur Hälfte einkochen; ist sie zu dick, so schütte Bouillon daran, richte den Kapaun an, legire die Sauce mit 3 Eiergelb ab und schütte sie darüber.

244. Kapaun oder Poularde mit Kräuter-Sauce.

Der Kapaun wird gedämpft, wie oben, statt der Champignon-Sauce mache folgende Kräuter-Sauce: Dämpfe eine Hand voll feine Petersilie, eben so viel feine Schalotten in einem Stück Butter weich, thue einen Löffel voll Mehl, wenn es mitgedämpft hat, daran, lösche es mit Fleischbrühe ab, thue den Saft einer Citrone nebst Salz und Pfeffer dazu,

laſſe die Sauce kochen, legire ſie mit 2 Eiergelb und richte
ſie über den Kapaun an.

245. Kapaun oder Poularde mit Gänsleber.

Zu dieſem Ragout muß man 2 ſchöne Poularden oder 2
gemäſtete junge Hühner nehmen; nachdem ſie gepußt, geflammt
und ausgenommen ſind, werden von einer jeden Poularde die
Bruſttheile mit den Flügeln von dem Bruſtbein heruntergelöst
und geſpickt, dann werden die Schlegel und von einem jeden
der Fuß abgeſchnitten, die Knochen herausgemacht, ohne jedoch
die Haut zu zerreißen. Hacke nun eine halbe Gänsleber, 3
große Trüffeln recht fein, rühre das Gelbe von 3 Eiern darunter, nebſt Salz, Pfeffer und Muskatnuß, fülle die Schlegel
damit und nähe ſie gut zu, hierauf thue 125 Gramm Butter,
nebſt fein geſchnittenem Schinken, 2 Zwiebeln, 2 gelben Rüben,
Pfeffer, Nelken, Thymian, Lorbeerblatt in ein Caſſerol, laß
dieſes einige Minuten dämpfen, lege ſodann die Brüſte, die
Schlegel und den übrigen Körper hinein, ſchütte etwas Fleiſchbrühe und ³/₈ Liter Wein daran, decke es mit einem Kohlendeckel zu und laſſe es dämpfen, überſchütte die Brüſte öfters
mit dem untern Saft, damit ſie ſchön gelb werden; wenn
alles weich iſt, mache folgende Champignon-Sauce: Dämpfe
2 Kochlöffel voll Mehl in 125 Gramm Butter, löſche es mit
Fleiſchbrühe ab, ſchütte 1 Glas Wein nebſt dem Saft einer
Citrone daran, eine Hand voll gepußte Champignons, Salz
und Muskatnuß, laſſe die Sauce recht kochen, legire ſie mit
3 Eiergelb ab, und gib ſie über die Schlegel und Brüſte.

246. Junge Hahnen als Ragout.

Es werden zwei junge Hahnen ſauber gepußt, jedes Stück
in 4 Theile geſchnitten oder ſo dreſſirt, daß die Füße in den
Körper geſteckt werden, gut ausgewaſchen, ſtelle ſie mit einem
Stück Butter, etwas Peterſilienwurzel, einigen Scheiben Zwie-
beln, Nelken, Salz, gelben Rüben und Muskatnuß auf's
Feuer, laſſe es dämpfen, ſchütte etwas Fleiſchbrühe daran,
dämpfe alsdann 2 Kochlöffel voll Mehl in einem Stückchen
Butter, löſche es mit 1 Glas Wein und dem Saft einer

Citrone ab, thue etwas Muskatnuß daran und schütte sie an
die Hahnen, laß die Sauce mitkochen, bis die Hahnen weich
sind; beim Anrichten legire sie mit 3 Eiergelb ab.

247. Junge Hühner mit Champignons=Sauce.

Werden wie die vorangehenden gemacht, nur daß eine Hand
voll gereinigte Champignons dazu kommt.

248. Junge Hühner mit Brockelerbsen.

Werden wie die obigen gemacht, nur daß Brockelerbsen dazu
kommen. (Siehe Gemüse: Brockelerbsen.)

249. Junge Hühner mit Krebsen.

Es werden zwei junge Hühner sauber geputzt und ausge=
nommen, in vier Theile geschnitten, in laues Wasser gelegt,
damit sie schön weiß bleiben; dazu werden 20 Krebse abge=
kocht, die Schwänze davon genommen, bei Seite gelegt, die
Schalen werden gestoßen, mit 125 Gramm Butter gedämpft,
schütte einen Schöpflöffel voll Fleischbrühe daran, laß es auf=
kochen, seihe es durch ein Haarsieb, hebe die Butter oben ab
und behalte sie bis zum Anrichten, dämpfe 2 Kochlöffel voll
weißes Mehl in einem Stückchen Butter, schütte die Krebs=
brühe daran, lege die Hühner nebst feiner Petersilie, dem
Saft einer Citrone, einer Hand voll verwallter Morcheln und
Muskatnuß hinein, lasse sie weich kochen, rühre die Krebs=
butter mit 4 Eiergelb untereinander, richte die Hühner an,
rühre die Sauce an die Eiergelb, rühre sie noch ein wenig
auf dem Feuer, laß sie aber ja nicht kochen, schütte sie über
die Hahnen, lege die Krebsschwänze darauf und gib sie zur
Tafel.

250. Junge Hühner in einem Vol-au-vent.

Mache von ½ Kilogramm Butter und ebensoviel Mehl
einen Butterteig (das Mehl muß zuerst mit kaltem Wasser
und etwas Salz zu einem glatten Teig geschafft werden),
walle hierauf die Butter hinein, überschlage ihn öfters, bis
er ganz mit der Butter verarbeitet ist, laß ihn alsdann
½ Stunde ruhen. Walle ihn hierauf zweifingerdick aus in

Form eines großen runden Tellers, streiche ihn mit Eiergelb an, schneide mit einem spitzen Messer in der Mitte einen Kreis, doch so, daß ein dreifingerbreiter Rand bleibt; der Schnitt darf nicht auf den Boden gehen; backe ihn hierauf auf einem mit Butter bestrichenen Kuchenblech im Backofen schön gelb, hebe den Deckel in der Mitte mit einem Messer heraus, daß er aber nicht zerbricht, löse das Speckige heraus, lege den Deckel wieder darauf und stelle ihn in die Wärme, bis kurz vor dem Anrichten. Dämpfe nun zwei geputzte und in 4 Theile geschnittene junge Hahnen in einem Stück Butter mit 1 gelben Rübe, 1 Büschel Petersilie, einigen Scheiben Zwiebel, dem Saft einer Citrone, Salz, Pfeffer, Nelken, bis die Hahnen weich sind, dämpfe alsdann zwei Kochlöffel voll weißes Mehl in einem Stück Butter, lösche es mit heißer Fleischbrühe ab, schütte sie an die Hahnen, laß sie noch ein wenig mitkochen. Koche alsdann 25 Stück große Krebse in Salzwasser ab, schneide die Füße davon nebst den vorderen Zacken der Scheeren, schäle die Schwänze, doch so, daß sie an den Krebsen stehen, und stelle sie auch an die Wärme. Lege hierauf die gedämpften Hahnen in den Vol-au-vent, legire die Sauce mit 3 Eiergelb, 3 Löffel voll sauerm Rahm ab, und schütte sie darüber, lege alsdann in die Mitte der Hühner Fischklöse oder Krebsklöse (siehe Suppenklöse), lege die Krebse darum, decke den Deckel darauf und gib es zur Tafel.

251. Junge Tauben in einem Vol-au-vent.

Werden wie die Hahnen zubereitet, nur statt der Krebse wird eine Hand voll Morcheln zur Sauce gethan und mit-gekocht.

252. Brieslein in einem Vol-au-vent.

Die Brieslein werden zuerst in warmes Wasser gelegt, daß man das Häutige davon lösen kann; im Uebrigen wird ver-fahren wie bei den jungen Tauben.

253. Junge Tauben gedämpft.

Nachdem die Tauben geputzt, in vier Theile geschnitten und gewaschen sind, werden sie mit einem Stück Butter, Sellerie-

wurzel, Peterſilienwurzel, gelben Rüben, 1 Zwiebel, Salz,
Nelken, Muskatnuß und Pfeffer auf's Feuer geſtellt, 1 Glas
Wein daran geſchüttet, zugedeckt und mit Fleiſchbrühe weich-
gedämpft; legire beim Anrichten die Sauce mit Eiergelb,
ſauerm Rahm und dem Saft von ⅛ Citrone.

254. Tauben in brauner Morchel-Sauce.

Man kann die Tauben einige Tage in Eſſig legen, ſchneidet
ſie alsdann in 4 Theile, läßt ein Stück Butter heiß werden,
legt die Tauben hinein, nebſt Zwiebeln, gelben Rüben, Salz
und Gewürze, ſchüttet 1 Glas Wein daran und etwas Eſſig
von der Beize, läßt ſie weich dämpfen, brennt alsdann 2 Kochlöffel voll Mehl ſchön braun, löſcht ſie mit Fleiſchbrühe ab,
ſchüttet ſie an die Tauben nebſt einer Hand voll Morcheln und
Jus, läßt dies alles recht kochen und richtet es an.

255. Enten mit Gurken.

Wenn die Enten gepußt, ausgenommen und gewaſchen ſind,
werden ſie ſchön aufgezäumt, binde ſie mit Speck auf der Bruſt
zu, lege ſie in ein Caſſerol, thue Butter, Zwiebeln, gelbe Rüben,
Peterſilienwurzeln, Thymian, Pfeffer, Salz, Nelken und etwas
Fleiſchbrühe daran, laſſe ſie dämpfen, ſchütte immer etwas
Fleiſchbrühe oder Jus daran, bis ſie weich ſind. Mache folgendes
Gurken-Fricaſſee: Schäle 4 Gurken, ſchneide ſie in 4 Theile,
mache das Mark heraus, koche ſie in Salzwaſſer ab, dämpfe
ſie in Butter und feiner Peterſilie, ſtreue 1 Löffel voll Mehl
daran, ſchütte Fleiſchbrühe dazu, laſſe ſie weich dämpfen, richte
ſie mit ſauerm Rahm und Eiergelb auf die Platte, ziehe den
Faden aus den Enten, ſetze ſie darauf und gib ſie zur Tafel.
Man kann ſie auch auf Mangoldſtiele ſetzen. (Siehe bei den
Gemüſen: M a n g o l d ſ t i e l e.)

256. Gans-Pfeffer.

Die Flügel, der Kragen, die abgeſchälten Füße, der Magen,
das Herz, dies alles wird in Salzwaſſer weichgekocht, alsdann
werden 2 Kochlöffel voll Mehl braun geröſtet, mit der Brühe,
worin erſteres gekocht wurde, abgelöſcht, thue Gewürz, Salz
und Eſſig daran und laſſe die Sauce kochen, thue den Pfeffer

dazu und lasse ihn mitkochen; beim Anrichten rühre Gänse=
blut hinein, seihe die Sauce durch und richte sie darüber an.

257. Eingemachtes Kalbfleisch.

Es wird gewöhnlich von der Brust oder den Rippen genom=
men, in kleine Stücke geschnitten, mit kaltem Wasser hingestellt;
wenn es Blasen hat, nimm es heraus und lege es in kaltes
Wasser. Mache alsdann folgende Sauce: Dämpfe 2 Koch=
löffel voll Mehl in 125 Gramm Butter, thue feingehackte
Zwiebeln und Petersilie dazu, lösche es mit Fleischbrühe ab,
thue ³⁄₈ Liter Wein nebst dem Saft einer halben Citrone,
Nelken, Pfeffer und Salz daran, lege das Fleisch hinein,
lasse es eine Stunde kochen; beim Anrichten legire die Sauce
mit 3 Eiergelb und 3 Löffel voll sauerm Rahm ab.

258. Kalbszunge.

10 bis 12 Kalbszungen werden in Wasser abgekocht, bis
die Haut sich gut losschälen läßt, schneide einige Zwiebeln,
gelbe Rüben, Petersilienwurzel, etwas Schinken, ganzes
Gewürz, Thymian, 1 Lorbeerblatt, dämpfe dies alles in
einem Stück Butter einige Minuten, lege die Zungen hinein,
thue 1 Schöpflöffel voll Fleischbrühe daran und laß die
Zungen weich kochen; nimm die Zungen heraus, schneide sie
der Länge nach auseinander, röste hierauf 2 Kochlöffel voll
Mehl braun, lösche es mit einer Zwiebel und Petersilie ab,
schütte ein Glas voll Wein und ein Glas voll Jus daran,
nebst Pfeffer und Salz, laß die Sauce eine Stunde kochen
und schütte sie über die Zungen.

259. Kalbsohren mit Champignons.

Der obere Lappen der Ohren wird abgeschnitten, doch so,
daß sie eine hübsche Form behalten, dann werden sie aus
mehreren Wassern gewaschen und in Salzwasser recht weich
gekocht, alsdann auf die Platte gerichtet; dämpfe hierauf zwei
Hände voll geputzte Champignons mit einem Stück Butter,
nebst zwei Löffel voll Mehl, lösche es mit 1 Glas Wein und
Fleischbrühe ab, laß es ¼ Stunde kochen, legire die Sauce
mit 3 Eiergelb ab und richte sie über die Ohren an.

260. Kalbskopf mit der Haut gebrüht.

Es wird ein Kalbskopf in halb Wasser, halb Wein und Essig gethan, bis es darüber geht, mit Zwiebeln, gelben Rüben, Sellerie, Petersilienwurzel, etwas Schinken, 250 Gramm Nierenfett, Thymian, Nelken, Pfeffer, Salz, Lorbeerblatt, 1 in Scheiben geschnittenen Citrone auf's Feuer gestellt; man lasse ihn weich kochen, lege ihn auf die Platte, mache einen Kreuzschnitt über den Hirnkasten und gib folgende Sauce dar-über: Dämpfe ein Kochlöffel voll Mehl in 125 Gramm Butter, lösche es mit dem Sud des Kalbskopfes ab, rühre 6 Eiergelb nebst einer Hand voll feinen Kapern hinein, mit etwas Salz und Muskatnuß, lasse die Sauce unter beständigem Rühren heiß werden, aber nicht kochen, und schütte sie darüber.

261. Kalbskopf mit der Haut in rothem Wein gebrüht.

Der Kalbskopf wird ausgebeint bis auf das Hirn, doch darf man die Haut nicht zerreißen, nähe ihn mit der Pack-nadel unten wieder zu, stelle ihn alsdann mit 2 Bouteillen rothem Wein, ¾ bis 1⅛ Liter Jus, Zwiebeln, Petersilien-wurzel, Selleriewurzel, gelben Rüben, 1 Hand voll ge-waschenen Morcheln, ebenso viel gereinigten geschnittenen Trüffeln, Nelken, 1 Stück geschnittenen Schinken, Pfeffer, Thymian und Salz auf's Feuer, lasse den Kopf darin weich kochen; koche nun 10 bis 12 große Krebse in Salzwasser ab, schneide die Füße und die vorderen Spitzen der Scheeren ab, schäle die Schwänze, doch so, daß sie an den Krebsen bleiben, setze den Kopf auf die Platte, garnire ihn mit den Trüffeln, Champignons, Krebsen und Codiveau-Klösen (siehe S u p p e n - K l ö s e), schütte die Sauce, worin der Kopf gekocht wurde, darüber.

262. Abgezogener Kalbskopf.

Derselbe wird gespalten, gewässert, das Hirn herausgenom-men, der Kopf in Salzwasser mit verschiedenen Kräutern weich gekocht, das Hirn mit Citronensaft, Fleischbrühe, Mus-katnuß und Salz gekocht. Nimm den Kopf heraus, lege die Hirnschale bei Seite, schäle die Zunge und schneide sie in

2 Theile, kehre Kopf und Zunge in Butter, feiner Peterſilie
Pfeffer und Salz, auch in geriebenem Brod um und lege es
auf einen mit Butter beſtrichenen Roſt, gebe Gluth darunter;
wenn der Kalbskopf und die Zunge gelb iſt, wird das Hirn
in die Schale gefüllt und hinein gethan, der Kopf auf die
Platte gelegt, die Zunge oben herüber in's Fleiſch geſteckt;
röſte Weißbrod in Butter gelb und ſchütte es darüber.

263. Kalbshirn.

Nimm 3 Kalbshirn, ſchütte kaltes Waſſer daran, ſtelle ſie
an das Feuer, daß ſie ſich gut häuten laſſen; dämpfe alsdann
feine Zwiebeln und Peterſilie nebſt einem Kochlöffel voll Mehl
in einem Stück Butter, löſche es mit Fleiſchbrühe ab, ſchütte
ein Glas Wein, den Saft einer Citrone, nebſt Gewürz und
Salz daran, lege das Hirn hinein, laß es mitkochen, richte es
an und legire die Sauce mit 3 Eiergelb und 2 Löffel voll
ſauerm Rahm ab. Man kann auch eine Hand voll gewaſchene
Morcheln dazu thun.

264. Kalbshirn mit ſchwarzer Butter.

Nachdem das Hirn gehäutet iſt, koche es in 1 Glas Eſſig,
1 Glas Fleiſchbrühe, Zwiebeln, Peterſilie, Citronenſcheiben,
Pfeffer und Salz; wenn es eine Viertelſtunde gekocht hat,
richte es auf eine Platte, laſſe Butter recht heiß werden,
thue geriebenes Brod hinein; wenn es gelb iſt, ſchütte es
darüber.

265. Kalbsfüße in brauner Sauce.

Nachdem die Füße in der Fleiſchbrühe abgekocht ſind, werden
die Beine herausgenommen, in Ei und Brod umgekehrt und
in Schmalz gebacken; mache alsdann folgende Sauce: Es
werden 2 Kochlöffel voll Mehl geröſtet, mit feinen Zwiebeln
und Peterſilie abgelöſcht; wenn die Zwiebeln gelb ſind, ſchütte
1 Glas Wein, den Saft einer Citrone, etwas Eſtragon,
Pfeffer und Salz daran und wenn die Sauce nicht ſauer
genug iſt, auch etwas Eſſig, verdünne ſie mit Jus oder Fleiſchbrühe, laſſe ſie eine Stunde kochen und ſchütte die Sauce
über die Kalbsfüße.

266. Kalbsfüße in weißer Sauce.

Sie werden wie die obigen gebacken; mache folgende weiße Sauce daran: Dämpfe ein Kochlöffel voll Mehl in 60 Gramm Butter, lösche es mit Fleischbrühe ab, thue etwas feine Peter= silie, den Saft einer Citrone, etwas Muskatnuß und Salz hinein; wenn die Sauce gekocht hat, rühre 3 bis 4 Eiergelb dazu und richte sie über die Kalbsfüße an.

267. Kalbs=Gekröse.

Nachdem das Gekröse aus mehreren Wassern gewaschen ist, wird es mit kaltem Wasser und Salz hingestellt und 3 Stunden darin gekocht; nimm es heraus, schneide es in kleine Stücke und mache obige weiße Sauce (siehe Kalbsfüße) dazu, lege das Gekröse hinein, lasse es mitkochen und legire die Sauce mit 3 Eiergelb ab.

268. Kalbs=Brieslein.

Lege die Brieslein in warmes Wasser und mache das Häu= tige davon, lege sie alsdann in eine Buttersauce (siehe Nr. 264), schütte noch ½ Glas Wein daran, lasse sie weich kochen; beim Anrichten legire die Sauce mit 3 Eiergelb ab.

269. Gedämpfte Kalbsleber.

Die Leber wird abgehäutelt und in fingerdicke Stücke ge= schnitten, lasse alsdann in einem breiten Geschirr Schmalz heiß werden, thue die Leber nebst etwas Salz hinein und lasse sie von beiden Seiten Farbe bekommen, nimm sie nun heraus auf eine Platte und thue eine Hand voll feingeschnittene Zwiebeln und Petersilie in das Schmalz. lasse dieses dämpfen, streue eine Hand voll Mehl und ein klein wenig Zucker hinein, wenn dieses etwas Farbe hat, so löscht man es mit ½ Glas Essig und Fleischbrühe ab, thut etwas Pfeffer und Nelken hinein und läßt solches eine Zeitlang kochen, thut nun die gedämpfte Leber hinein, läßt sie noch ein wenig mitkochen, aber nicht zu lange, damit sie nicht hart wird, und richtet sie an.

270. Gespickte Kalbsleber.

Eine große Kalbsleber wird mit Speck gespickt, lasse als=

dann ein Stück Butter heiß werden, lege die Leber hinein,
nebst Zwiebeln und gelben Rüben, etwas feiner Petersilie,
Nelken, Lorbeerblatt, Thymian und Salz und $^3/_8$ Liter Wein,
decke einen Kohlendeckel darauf, überschütte öfters die Leber
mit der untern Sauce, lasse die Leber eine Stunde kochen,
bis sie von oben Farbe bekömmt; mache folgende Sauce
darüber: Röste 2 Löffel voll Mehl, dämpfe einen Löffel voll
Schalotten darin, schütte 3 Trinkgläser voll von der Brühe
daran, worin die Leber gekocht wurde, thue Pfeffer und Salz
daran und richte sie über die Leber an.

271. Kalbsherzen in brauner Sauce.

Koche 2 Kalbsherzen in Salzwasser weich, mache die vor=
hergehende Sauce daran, statt der Brühe schütte ein Glas
Wein, etwas Essig und Fleischbrühe daran.

272. Lungen=Mus.

Die Lunge wird gekocht, alsdann fein gehackt, dämpfe feine
Zwiebeln und Petersilie in einem Stück Butter nebst einem
Kochlöffel voll Mehl, thue die gehackte Lunge hinein, nebst
dem Saft einer Citrone, lasse es einige Minuten dämpfen,
lösche es mit Fleischbrühe ab, lasse es kochen, rühre einiges
Eiergelb hinein, lasse es dick werden, aber nicht kochen, und
richte es an.

273. Sauere Nieren.

Man nimmt einige Schweine=Nieren, schneidet diese aus=
einander, befreit sie von den Häuten und schneidet sie in ganz
feine Blättchen; nun werden feingehackte Zwiebeln in Butter
gedämpft, wenn sie weich sind, kommen die Nieren hinein und
werden auch mitgedämpft, unterdessen hat man 1 Kochlöffel
voll Mehl geröstet, dieses wird mit Fleischbrühe abgelöscht,
etwas Essig und ein klein wenig Zucker daran gethan und
so läßt man die Sauce eine Zeit lang kochen, thut nun die
gedämpften Nieren nebst etwas Salz in die Sauce und läßt
sie noch ein wenig mitkochen, aber nicht zu lange, damit sie
nicht hart werden.

274. Kalbs-Roulade.

Schneide vom Schlegel dünne Batten und klopfe sie, dämpfe alsdann einige Zwiebeln und feingehackte Petersilie in einem großen Stück Butter, bestreiche das Kalbfleisch damit, streue feingeriebenes Weißbrod darauf, rolle die langen Stückchen Fleisch, binde sie mit Bindfaden zu, zerlasse ein Stück Butter, schneide Zwiebeln und gelbe Rüben hinein, lege die Rouladen hinein, schütte Fleischbrühe daran, lasse es eine Stunde dämpfen, beim Anrichten rühre einige Eiergelb und den Saft einer Citrone daran.

375. Ragout von farcirten Ochsengaumen mit Thomat-sauce.

Nimm 4 Stück Ochsengaumen, wasche und koche sie in Salzwasser halb weich, nimm sie heraus und schabe die obere Haut davon ab, nimm dann ½ Laibchen Weißbrod, schneide die Kruste ab und weiche es in Wasser ein, nimm nun einige Hahnenbrüste in den Mörser und stoße sie recht fein, dann das eingeweichte und ausgedrückte Weißbrod nebst 4 Eiergelb, Salz, Muskatnuß und Pfeffer dazu und stoße es recht glatt darunter, nimm nun die Masse und streiche die Ochsengaumen fingerdick damit, rolle und binde sie mit Bindfaden fest zusammen, thue sie alsdann in ein Casserol nebst Butter, Fleischbrühe, ¼ Glas Wein, etwas Salz und lasse sie alsdann vollends weich dämpfen. Gib nun folgende Sauce dazu: Man nimmt 6 Thomat- oder Paradiesäpfel nebst einigen Schalotten, Pfeffer, Salz, Lorbeerblatt, 1 Glas Wein und kocht es gut weich, treibe es durch ein Haarsieb, rühre etwas gute braune Sauce dazu, lasse es auf dem Feuer noch etwas kochen, beim Anrichten nimmt man die Fäden von den Gaumen und gibt die Sauce darüber.

276. Kalbfleisch-Ragout.

Vom Schlegel werden dünne Batten geschnitten, geklopft und gespickt; lasse in einem breiten Geschirr Butter heiß werden, lege die Stücke hinein, lasse sie auf beiden Seiten gelb werden, schütte das Fett davon ab, schütte Wein und Fleischbrühe daran und lasse es langsam kochen. Reibe hierauf ein Milchbrod, hacke 2 Zwiebeln, ein Stückchen Knoblauch, 4 Sardellen, 1 Stückchen Schinken recht klein, lasse alsdann ein Stück Butter zergehen, röste 1 Löffel voll Mehl darin, thue das Gehackte hinein, nebst einer Hand voll verwallter Morcheln oder Trüffeln, schütte dies alles an das Ragout, nebst Muskatnuß, Nelken und Pfeffer; wenn es noch einige Zeit mitgekocht hat, richte es an und belege es mit geschnittenen Pistazien.

277. Granat von Kalbfleisch.

Hacke 1 Kilogramm Kalbfleisch von der Schale, ohne Haut und Bein, nebst ½ Kilogramm Nierenfett, ohne Haut, recht fein, dämpfe alsdann feine Petersilie und Schalotten in einem Stück Butter, rühre einen eingeweichten und wieder ausgedrückten Weck darunter, lasse ihn recht zart dämpfen, rühre alsdann 4 Eier, 1 Ei groß Butter, Salz und Muskatnuß recht dick auf dem Feuer, menge sie unter den Weck, alsdann unter das Fleisch, stoße dies alles recht zart in einem Mörser. Koche alsdann 4 Kalbsbrieslein in Wasser, bis sich das Häutige davon losbringen läßt, schneide sie alsdann in dünne Blättchen und dämpfe sie in Butter und feiner Petersilie, thue eine Hand voll geputzte Champignons, 1 Kochlöffel voll Mehl daran; wenn dies mit einander gedämpft hat, lösche es mit Fleischbrühe ab, thue Salz daran und laß es eine Viertelstunde langsam kochen, daß es dick wird; rühre alsdann 4 Eiergelb nebst dem Saft einer Citrone daran und laß es erkalten; lege hierauf eine mit Butter bestrichene Form mit dünnen Speckbatten aus, fülle von der gestoßenen Kalbfleischmasse hinein, doch lasse in der Mitte zweifingerhoch vom Boden eine Oeffnung, fülle die Brieslein hinein, bedecke es mit der übrigen Farce, bis die Form ganz fest eingedrückt und voll ist, belege es oben mit Speckbatten, stelle es hierauf 2 Stunden in einen heißen Ofen, lasse es backen, bis es von oben schön gelbbraun ist, nimm es alsdann aus dem Ofen, löse es auf den Seiten mit dem Messer, stürze es auf die Platte und mache folgende Sauce darüber: Dämpfe eine Hand voll Schalotten in einem Stück Butter und ein wenig Mehl, schütte ½ Glas Essig, ⅜ Liter Jus nebst Pfeffer

und Salz daran, lasse es zur Hälfte einkochen und schütte
es über den Granat.

278. Gedämpfte Kalbsrippen.

Schneide die obere dicke Haut oder den Abdecker von den
Rippen ab; dann schneide, so viel es lange Beinchen hat, in
gleicher Dicke Rippen davon, streife von den Knochen das
Häutige ab, klopfe mit einem Holze jedes Stück, damit es
mürbe und dünn wird, zerlasse alsdann in einem breiten Ge=
schirr ein Stück Butter, lasse feine Petersilie und Schalotten
darin dämpfen, lege die Rippen in schöner Form hinein, streue
einen Kochlöffel voll Mehl darüber, nebst Salz, Pfeffer und
Nelken; wenn die Zwiebeln gelb werden, schütte ein Glas
Wein und den Saft einer Citrone daran, lasse es langsam
dämpfen, schütte hierauf etwas Jus daran, damit die Sauce
bräunlich wird; nachdem sie eine Stunde gedämpft haben,
richte sie schön auf die Platte an, verdünne die Sauce mit
Fleischbrühe und schütte sie darüber.

279. Kalbsnieren mit Gurkensauce.

Die Rippen werden wie die vorhergehenden zubereitet, nur
bleibt die Sauce zurück und die Rippen werden auf Gurken
gesetzt. (Siehe Gemüse: Gurken.)

280. Kalbfleisch=Ragout mit Spargeln.

Vom Schlegel werden fingerdicke Stücke geschnitten, ge=
häutelt, geklopft und gespickt; lasse ein Stück Butter zergehen,
thue Zwiebeln, Nelken, Muskatnuß, Pfeffer, Salz, gelbe
Rüben, Petersilienwurzeln daran, lasse es dämpfen, schütte
etwas Jus oder Fleischbrühe daran, lasse es weich dämpfen.
Von den Spargeln werden die Köpfe abgeschnitten und in
Salzwasser gekocht, lasse alsdann ein Stück Butter zergehen,
dämpfe einen Kochlöffel voll Mehl darin, lösche es mit Fleisch=
brühe und Spargelbrühe ab, lege die Köpfe der Spargeln
hinein, lasse sie mitkochen, legire die Sauce mit einigen Eier=
gelb ab, richte sie auf die Platte, lasse die Sauce am Ragout
recht einkochen, kehre das Fleisch darin um, lege sie auf die
Spargeln und gib es zur Tafel.

281. Fleischvögel mit Morcheln-Sauce.

Wie bei vorstehender Nummer schneidet und dämpft man Stückchen gespicktes Kalbfleisch, schüttet ½ Glas Essig nebst dem Saft einer Citrone daran; wenn es weich ist, mache eine Morcheln-Sauce daran. (Siehe Saucen.)

282. Fleischvögel anderer Art.

Es werden vierfingerbreite Stückchen Kalbfleisch von einer halben Schale geschnitten, geklopft, an dem einen Ende zweifingerbreit gespickt; nimm 125 Gramm Nierenfett, 2 Schweinsnieren, hacke dies recht fein, dämpfe einen halben Weck, der zuvor eingeweicht und wieder ausgedrückt ist, in Butter, feiner Peterfilie und Zwiebeln, rühre auf dem Feuer 2 Eier daran, daß es dick wird, menge das Gehackte darunter, lasse es erkalten, rühre 2 Eier, Salz, Pfeffer, Muskatnuß daran, bestreiche das Fleisch damit, rolle es so zusammen, daß das Gespickte nach Außen kömmt, binde es mit Fäden zu, lasse in einem breiten Geschirr Butter zergehen, lege die gerollten Stückchen hinein, lasse sie schön gelb dämpfen, schütte die Butter davon ab, thue das übrige Gehackte dazu, nebst dem Saft von ½ Citrone, etwas Fleischbrühe, daß die Sauce dick koche, und richte sie an.

283. Hammelszungen in Sardellen-Sauce.

Die Zungen werden aus mehreren Wassern gewaschen, mit kaltem Wasser auf's Feuer gestellt und gekocht, bis die Haut sich gut loschälen läßt, schneide sie der Länge nach durch, lege sie in die Sardellen-Sauce. (Siehe Saucen beim Rindfleisch.)

284. Hammelszungen in Kräuter-Sauce.

Die Zungen werden abgekocht wie die vorhergehenden und eine Kräuter-Sauce dazu gemacht. (Siehe Saucen.)

285. Hammelshirn.

Wird zubereitet wie Kalbshirn. (Siehe Kalbshirn.)

286. Hammelsbug eingebeizt.

Schneide den Bug in 2 Theile, lege ihn 3 Tage in Essig,

6.

Zwiebeln, Pfeffer, Salz und Knoblauch, stelle alsbann Schmalz
auf's Feuer, lege das Fleisch nebst den Zwiebeln, Knoblauch,
Pfeffer, Salz, Nelken, gelben Rüben und einem Krüstchen
Schwarzbrod hinein; wenn das Fleisch schön gelb ist, schütte
Fleischbrühe daran, bis es weich ist. Röste alsbann 2 Löffel
voll Mehl, lösche es mit seinen Zwiebeln ab, schütte Fleisch=
brühe daran, thue es an das Fleisch nebst etwas Essig von
der Beize; wenn die Sauce recht gekocht hat, richte es an.

287. Hammelsrippen gedämpft.

Nachdem der Abdecker abgeschnitten ist, werden dünne
Rippen, so viel es lange Beinchen hat, geschnitten, mit Salz
und Pfeffer bestreut, lasse alsbann in einem breiten Geschirr
Butter zergehen, thue Zwiebeln und Petersilie hinein, lege
die Rippen dazu, streue 1 Löffel voll Mehl darüber, lasse
alles recht dämpfen, bis die Zwiebeln gelb werden, lösche
es alsbann mit Jus oder Fleischbrühe ab, thue den Saft
einer Citrone daran nebst Muskatblüthe; soll die Sauce
sauer sein, schütte etwas Wein daran; wenn es ½ Stunde
gekocht hat, richte es an.

288. Hammelsrippen in Champignons.

Nachdem die Rippen geschnitten und geklopft sind, werden
sie in Zwiebeln und Petersilie umgekehrt, alsbann in ver=
rührtem Ei und geriebenem Brod; lasse sie dann in Butter
auf beiden Seiten gelb werden, richte sie im Kreis auf die
Platte an und bereite die Champignons auf folgende Art:
Es werden 2 Hände voll geputzte Champignons in einem Stück
Butter und feiner Petersilie nebst 2 Kochlöffeln voll Mehl
gedämpft, lösche es mit Fleischbrühe ab, thue Salz, Pfeffer,
den Saft einer Citrone daran, lasse es recht kochen, bis es
dick ist, richte es in die Mitte der Coteletten an.

289. Hammels= und Schweine=Nieren.

Sie müssen durch viele Wasser gewaschen werden, damit
das Sandige davon kömmt, laß alsbann Zwiebel und Peter=
silie in Butter dämpfen, schneide hierauf die Nieren in kleine
Stückchen, thue sie dazu, lasse sie dämpfen, schütte ein wenig
Fleischbrühe daran und lasse sie weich kochen, röste alsbann

2 Löffel voll Mehl, lösche es mit Fleischbrühe ab, schütte
½ Glas Essig, Nelken, Pfeffer und Salz daran, auch Jus,
wenn man hat; schütte die Sauce an die Nieren, lasse sie recht
einkochen und richte sie über die Nieren an.

290. Ragout von Coteletten à la Nelson.

Nimm ungefähr 3 Kochlöffel voll Mehl in eine Casserol,
rühre es mit Milch glatt, thue 125 Gramm Butter, fein=
gehackte Zwiebeln, Petersilie und etwas Muskatnuß dazu,
rühre es auf dem Feuer, bis es recht steif ist, thue dann 3
bis 4 Eier, Salz und etwas geriebenen Käse daran, nimm
dann schöne Hammelscoteletten, streiche die Masse darauf,
streue noch geriebenen Käse nebst kleinen Stückchen Butter
darauf, setze sie nun in eine mit Speck ausgelegte Pfanne und
mache sie im Ofen fertig, gib dann eine gute Champignons=
Sauce dazu.

291. Froschschenkel.

Die Haut zwischen den Schlegeln muß gelöst und die
Schenkel von einander geschnitten werden. Dämpfe alsdann
etwas feine Petersilie, einen Kochlöffel voll Mehl in einem
Stück Butter, schütte Fleischbrühe, den Saft einer Citrone
nebst Salz und Muskatnuß daran, lege die gewaschenen Frosch=
schenkel hinein, lasse sie ½ Stunde kochen, richte sie mit
3 Eiergelb an.

292. Schnecken in Sauce.

Die Schnecken werden gewaschen, in Salzwasser gekocht;
nimm sie mit einer Gabel heraus, löse die schwarze Haut, die
um die ganze Schnecke geht, schneide das Spitze vorn am Kopfe
ab, reibe sie mit einer Hand voll Salz ab, damit das Schlei=
mige davon kömmt, wasche sie aus 3 bis 4 warmen Wassern
und mache eine Sardellen=Sauce (siehe Ochsenfleisch und
Beilagen) und lasse sie darin kochen.

293. Ragout à la Richelieu.

Nimm 2 Kilogramm Kalbfleisch, häutle es ab, schneide und
hacke es klein nebst 250 Gramm Nierenfett, nimm es in den

Reibstein und stoße es zart, thue dann 4 Eiergelb, Salz, etwas Muskatnuß und Pfeffer daran und stoße alles recht untereinander, bestreiche einen Kupferdeckel mit Butter, nimm die Masse aus dem Reibstein, formire sie zu einem Ring und setze sie auf den Kupferdeckel, setze alsdann ein Casserol mit Wasser und etwas Salz auf's Feuer, bis zum Kochen, lasse den Kupferdeckel warm werden und rutsche den Ring in das Salzwasser, lasse es ½ Stunde kochen, thue es in eine Pfanne mit etwas Butter unten und oben und backe es in einem gelinden Ofen, richte es auf eine runde Platte an und gieße eine braune Trüffel=Sauce darüber.

294. Gänsleber mit Trüffel=Sauce.

Die Gänsleber muß groß sein, damit sie fett ist; diese spicke mit kleingeschnittenen Trüffeln, lasse nun in einem Geschirr etwas Butter zergehen, lege ein Stück Speck auf den Boden, lege die Leber hinein, nebst etwas Schinken, Nelken, Salz, Pfeffer, Muskatnuß, dem Saft einer halben Citrone, etwas Fleischbrühe, decke einen Kohlendeckel darauf und lasse sie dämpfen, lege aber auf die Leber ein Papier, damit sie weiß bleibt, mache alsdann eine Trüffel=Sauce dazu. (Siehe Saucen.)

295. Hammelswürste oder Blunzen.

Jede Wurst muß in vier bis sechs Stückchen geschnitten werden, dämpfe alsdann eine Hand voll feingehackte Zwiebeln und Petersilie in einem Stück Butter, lege die Rädchen hinein, lasse sie anziehen, wende sie um, schütte Milch daran, daß sie alle in der Milch liegen, lasse die Milch zu einer dicken Sauce einkochen und richte es an. Mit gerösteten Kartoffeln ist dies eine angenehme Speise.

296. Lummel oder Beefsteak in Sardellen=Sauce.

Der Lummel wird schön geschnitten, der Knochen und die obere dicke Haut davon gemacht, schneide fingerdicke runde Stücke davon, klopfe sie flach, bestreue sie mit Pfeffer und Salz, wende sie auf beiden Seiten in zerlassener Butter um, setze sie auf den Rost, mache starke Gluth darunter, lasse sie auf beiden Seiten gelbe Farbe bekommen, richte sie auf die

Platte, drücke Citronensaft darauf und gib eine Sardellen=
Sauce dazu. (Siehe Saucen.)

297. Lummel anderer Art.

Der Lummel wird schön geschnitten, der Knochen davon ge=
macht und gespickt, lasse alsdann Butter zergehen, lege den
Lummel hinein, thue gelbe Rüben, Zwiebeln, etwas Schinken,
Speck, Petersilienwurzeln, ein Stückchen Schwarzbrod, Thymian,
Pfeffer, Nelken, Salz, Knoblauch und ein Glas Wein daran,
decke einen Kohlendeckel darauf und lasse es dämpfen; schütte
immer etwas Fleischbrühe daran und lasse es kurz dämpfen;
wenn es weich ist, röste 2 Löffel voll Mehl braun, lösche sie
mit Jus oder Fleischbrühe ab, schütte es an den Lummel, nebst
dem Saft einer Citrone und etwas Essig, lasse die Sauce recht
kochen und richte den Lummel an.

298. Rinds= oder Ochsenzunge.

Wenn die Zunge weich gekocht ist, wird sie geschält und in
Sardellen oder Kapern=Sauce gelegt. (Siehe Saucen.)

Mehl= und Eierspeisen nebst süßen Speisen.

299. Abgeschmälzte Nudeln.

Mache von 6 Eiern und 3 Händen voll Mehl einen glatten
Teig, walle ihn in dünne Kuchen aus, lege sie auf ein reines
Tuch, wenn sie getrocknet sind, schneide sie in fingerbreite
Nudeln, das Abgefallene lasse davon zurück, koche sie in Salz=
wasser einige Minuten, richte sie alsdann an und röste die
zurückgelassenen Nudeln in Butter schön gelb und schütte sie
darüber.

300. Schinken=Nudeln.

Sie werden wie die gewöhnlichen Nudeln gemacht, nur daß
eine Lage Nudeln auf eine Lage gehackten Schinken gelegt
wird, bis die Platte gefüllt ist, alsdann werden sie abgeschmälzt
wie oben.

301. Italienische Nudeln oder Maccaroni.

Man kocht in Salzwasser ½ Kilogramm Maccaroni recht gut weich, thut in ein Casserol 250 Gramm Butter, rührt sie recht schaumig, mengt 125 Gramm feingehackten Schinken, 250 Gramm geriebenen Parmesankäse, ⅜ Liter sauern Rahm, etwas Pfeffer, nebst den abgekochten Maccaroni darunter, bestreicht ein Casserol mit Butter, legt es mit Butterteig aus, füllt alsdann die Masse ganz hinein, daß das Casserol davon voll wird, macht dann von demselben Teig einen Deckel darauf, backt ihn 1½ Stunden in einem heißen Ofen und stürzt ihn auf die Platte. Man kann sie auch ohne Vol-au-vent geben.

302. Trichter-Nudeln.

Nimm 1½ Liter Mehl, 6 Eier, Salz und Milch, rühre damit einen glatten Teig an, doch nicht zu dünn, laß ihn alsdann durch einen Sträublein-Trichter in langsam kochendes Salzwasser laufen, bleibe immer mit dem Trichter nahe auf dem Wasser, lasse sie einige Minuten kochen, richte sie auf eine Platte an und schmälze sie mit schwach geröstetem Weißbrod.

303. Spätzlein.

Werden wie die vorstehenden Trichter-Nudeln gemacht, nur mit dem Unterschied, daß halb Wasser, halb Milch genommen wird; der Teig muß dicker sein und wird mit dem Löffel in's kochende Wasser gelegt.

304. Leberklöße.

Man häutelt und hackt eine Kalbsleber recht zart, weicht 4 Wecke in Wasser ein, wenn sie geweicht, thue ein Stück Butter in das Casserol, dämpfe 1 Zwiebel und Petersilie darin, thue die Wecke hinein, dämpfe sie mit, bis sie ganz glatt sind, thue sie in eine Schüssel, lasse sie erkalten, menge die gehackte Leber darunter, nebst ¾ Liter Mehl, etwas feingeriebenem Majoran, Pfeffer und Salz, rühre diese Masse mit 6 bis 8 Eiern recht zart, setze alsdann mit einem Eßlöffel der Länge nach Klöse in's kochende Salzwasser und laß sie langsam kochen, bis sie fertig sind, richte sie auf eine Platte an und schmälze sie mit geröstetem in Würfel geschnit= tenem Brode.

305. Kartoffelklöse.

Koche 20 Kartoffeln ab, wenn sie erkaltet sind, reibe sie auf dem Reibeisen, menge ³/₄ Liter Weißmehl darunter, dämpfe Zwiebeln und Petersilie in einem Stück Butter, schütte es an die Kartoffeln, mache ³/₈ Liter Milch siedend, schütte sie auch darüber, rühre alsdann 8 bis 9 Eier daran, nebst Salz, schaffe den Teig recht glatt, setze mit dem Löffel lange Klöse in kochendes Salzwasser, lasse sie langsam kochen und schmälze sie mit in Butter geröstetem Brod.

306. Kartoffelklöse auf andere Art.

12 Stück abgekochte kalte Kartoffeln werden geschält und gerieben, dann dämpfe eine Zwiebel und Petersilie in etwas Butter weich, rühre 125 Gramm Butter mit 6 Eiern schäu= mig darunter, nebst etwas Salz und Muskatnuß, rühre die geriebenen Kartoffeln darunter, laß die Masse recht steif werden, formire alsdann in der Größe eines Eies Klöse daraus, lasse sie ¹/₄ Stunde in Salzwasser langsam kochen, richte sie wie die vorstehenden an.

307. Kartoffelklöse noch anderer Art.

Nimm 20 Stück geriebene Kartoffeln in eine Schüssel, weiche 4 Wecke in Wasser weich, drücke sie aus und dämpfe sie nebst Zwiebeln und Petersilie in Butter, bis sie ganz zart sind, menge sie unter die geriebenen Kartoffeln, streue eine Hand voll Mehl darunter nebst gehörigem Salz, rühre die Masse ab mit 8 Eiern und lege sie mit einem Löffel in's kochende Salzwasser, laß sie ¹/₄ Stunde langsam kochen, richte sie an und schmälze sie mit geröstetem Brod ab. Es soll zur Regel dienen, daß alle Klöse zuerst mit einem probirt werden, da= mit man noch nachhelfen kann.

308. Kartoffelknopf.

94 Gramm Butter werden weiß gerührt, dann werden ½ Kilogramm geriebene Kartoffeln, 6 Eigelb und 60 Gramm Mehl nach und nach dazu gerührt; sodann werden Petersilie und Zwiebeln fein gewiegt, gedämpft und nebst etwas Salz ebenfalls dazu gethan, das Weiße der Eier zu Schnee geschlagen und leicht darunter gemengt. Dann wird ein Tuch mit Butter bestrichen, die Masse hineingebunden, ¾ Stunden in Salzwasser gekocht und mit geriebenem Brod abgeschmälzt. Nach Belieben kann etwas Muskatnuß dazu genommen werden.

309. Krautknopf.

Von einem Weißkrautkopf werden die äußeren größeren Blätter gebrüht, die Spitze des Kopfs wird fein gewiegt und gedämpft, 3 Wecke in Wasser eingeweicht, ausgedrückt und mit 3 ganzen Eiern verrührt, etwas Salz dazu gethan und das gedämpfte Kraut. Dann wird ein Tuch (Serviette) mit Butter bestrichen, die gebrühten Blätter darauf gelegt und die Masse der Art hineingebunden, daß sie von den Blättern umgeben wird. Nach Belieben kann etwas Muskatnuß dazu genommen werden

310. Spinatknopf.

Dieser wird auf dieselbe Art wie der Krautknopf gemacht, nur daß statt Kraut Spinat genommen wird, die Blätter um den Knopf aber weggelassen werden.

311. Schupfnudeln.

Nimm 250 Gramm Mehl, 20 Stück abgekochte und heiß geriebene Kartoffeln, 5 bis 6 Eier und etwas Salz, dieses wird auf dem Wirkbrett zu einem glatten Teig geschafft, alsdann fingerdicke und fingerlange Wargeln daraus gemacht, in kochendem Salzwasser einige Minuten gekocht, alsdann in einen Suppenseiher gelegt, damit sie abtropfen und erkalten und hierauf im heißen Schmalz schön gelb gebacken. Man braucht sie aber auch gar nicht abzukochen und nur im schwimmenden Schmalz schön gelb zu backen.

312. Schalotten-Küchlein.

Man läßt ein Stück Butter zergehen, dämpft dann ungefähr 12 feingehackte Schalotten darin, weicht alsdann 3 Wecke in Wasser ein, drückt sie aus und thut sie zu der Butter; nachdem auch dieses angebämpft ist, rührt man die Masse mit 4 Eiern, Petersilie, Salz, Muskatnuß untereinander, und legt mit einem Löffel längliche Küchlein in heißes Schmalz ein und backt sie schön gelb.

313. Laubfrösche.

Die größten Blätter vom Spinat werden rein gewaschen, alsdann mit kochendem Wasser angebrüht und zugedeckt, aber nicht auf dem Feuer stehen gelassen; ist der Spinat gelind geworden, dann thue ihn in kaltes Wasser, nimm die Blätter wieder heraus, lege sie neben einander auf das Nudelbrett und fülle sie mit folgender Fülle: Es werden nach Proportion 3 bis 4 Wecke in Wasser geweicht und wieder ausgedrückt, thue 60 Gramm Butter auf's Feuer, dämpfe darin eine Zwiebel und Petersilie, thue die Wecke dazu, laß sie mitdämpfen, rühre hierauf gehackten Braten darunter, rühre die Masse mit 5 bis 6 Eiern an, thue Salz und Muskatnuß daran, fülle die Blätter mit dieser Fülle, so daß das Blatt die Fülle ganz bedeckt, setze die Laubfrösche in ein Stück zerlassene Butter, schütte etwas Fleischbrühe daran, setze auf das Casserol einen Deckel mit Kohlen und laß sie ½ Stunde kochen, mache alsdann eine Butter-Sauce darüber und gib sie zur Tafel.

314. Gefüllte Fläblein in der Fleischbrühe.

Backe mehrere dünne Omelette oder Fläblein, alsdann dämpfe 1 eingeweichten, wieder ausgedrückten Weck in Zwiebeln und Petersilie, thue rohes gehacktes Kalbfleisch oder Kalbsnieren dazu, thue dies in eine Schüssel, rühre 3 Eßlöffel voll sauern Rahm nebst 3 ganzen Eiern daran, etwas Salz und Muskatnuß, rühre alles wohl untereinander, bestreiche die Fläblein messerrückendick, rolle sie dreifingerbreit zusammen, laß in einem Casserol ein Stück Butter zergehen, lege die gefüllten Fläblein hinein, schütte Fleischbrühe daran, thue einen Kohlendeckel darauf und laß sie gar kochen.

315. Maultaschen.

Mache einige Nudelkuchen und lasse sie ein wenig abtrocknen, doch so, daß sie nicht zu spröde werden, koche alsdann etwas Spinat ab, ziehe ihn durch's kalte Wasser, wiege ihn recht fein, dämpfe alsdann eine Zwiebel in Butter nebst einem Kochlöffel voll Mehl, thue den Spinat dazu und lösche ihn mit ein wenig Fleischbrühe ab, doch nicht zu viel (wenn man übrigens Spinat-Gemüse hat, kann man es auch dazu ver= wenden), thue alsdann 4 eingeweichte und wieder ausge= drückte Wecke darunter, wenn es erkaltet, rühre 5 bis 6 Eier nebst Salz und Muskatnuß recht wohl darunter, schneide die Nudelkuchen in länglichviereckige Stücke, fülle sie damit, drücke rings herum den Teig fest zusammen und lege sie in kochendes gesalzenes Wasser, lasse sie langsam kochen, richte sie an und schmälze sie mit in Butter geröstetem Brod.

316. Fleischklöse von übrigem Fleisch.

Weiche 4 Wecke in Wasser, drücke sie alsdann aus und dämpfe sie in Butter, Zwiebeln und Petersilie recht zart, menge alsdann das gehackte Fleisch (darf auch Schinken sein) darunter, thue eine Hand voll Mehl, 5 bis 6 Eier, nebst Salz und Pfeffer daran, rühre alles recht untereinander und koche sie wie die anderen Klöse im Wasser.

317. Spinat-Pudding

Für 6 Personen werden 2 Hände voll Spinat gebrüht, fein gehackt, in einem Stück Butter mit Zwiebel, Schalotten und Petersilie gedämpft, 1 Weck abgerieben, in mehrere Theile ge= schnitten, in Milch eingeweicht, alles zusammen in eine Schüssel gethan, nebst Salz und Muskatnuß, rühre dies alles mit 6 Eiergelb ab, schlage das Weiße der 6 Eier zu Schnee und rühre ihn darunter. Bestreiche alsdann eine Serviette mit Butter, lege in Eckstein geschnittene Fäblein darüber, fülle die Masse hinein, binde die Serviette fest zu, lasse noch etwas Raum, damit der Pudding aufgehen kann, hänge ihn in kochendes Salzwasser, lasse ihn eine Stunde kochen, stürze ihn auf eine Platte und mache eine Butter-Sauce darüber.

318. Krebs-Pudding.

Koche 25 Krebse in Salzwasser ab, nimm die Schwänze davon, die übrigen Theile stoße und dämpfe in 125 Gramm Butter, gieße 2 Schöpflöffel voll Fleischbrühe daran, lasse es aufkochen, schütte es durch ein Sieb, hebe die Butter davon ab, thue noch 60 Gramm Butter dazu, rühre es mit 6 ganzen und 6 gelben Eiern recht schäumig, feuchte 3 ganze Milchbrode mit 8 Eßlöffeln voll süßem Rahm an, menge sie unter die Butter mit Eiern, thue die feingeschnittenen Krebs-schwänze nebst feiner Petersilie, Salz und Muskatnuß daran, bestreiche eine Serviette mit Butter, fülle die Masse hinein und lasse sie eine Stunde in Salzwasser kochen, mache von der durchgelaufenen Krebsbrühe eine Butter-Sauce, nebst fein-gehackter Petersilie, richte den Pudding auf die Platte, spicke ihn mit Krebsschwänzen und schütte die Sauce darüber.

319. Omeletten auf gewöhnliche Art.

Für 6 Personen nimm 5 bis 6 Eßlöffel voll Mehl in eine Schüssel, thue ein wenig Salz dazu, rühre es mit Milch an, schlage nach und nach 6 Eier daran, verdünne den Teig mit Milch, doch nicht so dünn, wie zu einem Fläbleinteig, thue ein Stück Schmalz in die Pfanne, laß es heiß werden, gieße von dem Teig hinein, lasse ihn durch öfteres Schütteln schön gelb werden, drehe ihn um, lasse ihn wieder gelb werden und richte ihn auf die Platte; die folgenden mache eben so.

320. Französische Omeletten.

Verrühre 6 ganze Eier mit 6 Löffeln voll Milch, etwas Salz und geschnittenem Schnittlauch, lasse ein Stück Butter in der Pfanne zergehen und die Eier hineinlaufen, dann lasse ihn auf einer Seite gelb werden, doch so, daß die Eier saftig bleiben, und richte ihn zusammengerollt auf die Platte.

321. Aufgezogene Omeletten.

Rühre von 4 bis 6 Eiern, 2 Löffeln voll Mehl und süßem Rahm einen Teig, bis er dünn genug ist; das Weiße der Eier wird zu Schnee geschlagen, auch ein wenig Salz hinein

gethan, lasse Butter heiß werden, den Teig hineinlaufen und
stelle einen Deckel mit Kohlen darauf. Man kann auch Zucker
darauf streuen.

322. Omeletten von Fleisch.

Wiege gebratenes Kalbfleisch recht fein, schneide ein Milchbrod in eine Schüssel, schütte lauwarme Milch darüber, lasse
es weichen, drücke es aus, thue es zu dem verwiegten Fleisch,
dämpfe etwas Zwiebeln und Petersilie in einem Stückchen
Butter, menge das Fleisch nebst einem Löffel voll Mehl
darunter, schlage 4 bis 5 Eier dazu, lasse die Omeletten in
einer Omelette-Pfanne auf beiden Seiten schön gelb werden
und richte sie an.

323. Gefüllte Pfannenkuchen.

Man backe 3 dünne Pfannenkuchen, nehme dann 4 Eßlöffel
voll gebratenes feingehacktes Fleisch, rühre es mit 3 Eiern,
gehackter Petersilie und Muskatnuß untereinander, streiche die
Masse auf die Pfannenkuchen, rolle sie zusammen, schneide
fingerlange Stückchen davon, und setze sie auf eine mit Butter
bestrichene Platte. Nimm alsdann das Gelbe von 6 Eiern
in eine Schüssel, menge 1 Glas sauern Rahm darunter,
schlage das Weiße zu Schnee und menge es auch leicht unter
den Rahm, gieße es über die Pfannenkuchen und backe sie
in einem nicht zu heißen Ofen.

324. Gebackene Eier (Ochsenaugen).

Lasse ein Stück Butter in der Größe eines Eies zergehen,
schlage ein Ei nach dem andern hinein, doch so, daß sie nicht
zu nahe auf einander kommen, auch muß man Acht geben,
daß das Gelbe in die Mitte kommt, streue ein wenig Salz
darüber; wenn sie von unten Farbe haben, werden sie auf
die Platte oder das Gemüse gelegt.

325. Weichgesottene Eier.

Wenn das Wasser kocht, lege frische Eier hinein und lasse
sie 3 Minuten kochen, gib sie in Eierbechern mit Salz und
Weckschnitten zur Tafel.

326. Harte und wachsweiche Eier.

Harte müssen eine Viertelstunde kochen, wachsweiche fünf Minuten.

327. Verrührte Eier.

Laffe eine Stückchen Butter zergehen, verrühre 3 Eier mit 2 Löffeln voll Milch, etwas Salz und Schnittlauch, rühre es in die Butter hinein, und fahre so lange mit Rühren fort, bis die Eier gerinnen, aber saftig bleiben.

328. Verlorene Eier.

³⁄₄ Liter Wasser, 1 Trinkglas Essig, eine Hand voll Salz werden in einem Cafferol kochend gemacht, schlage ein Ei auf und thue es schnell in den kochenden Sud und so 3 nacheinander, laffe sie 4 bis 6 Mal auffochen, nimm sie langsam heraus und lege sie in frisches Wasser; hat man auf solche Art 12 bis 16 Eier so gemacht, dann wird das Herumhängende weggenommen, daß sie schön rund bleiben; sie werden bis zum Gebrauche in ein Gefäß mit frischem Wasser gelegt.

329. Gefüllte Eier.

Es werden 8 hartgesottene Eier geschält, der Länge nach zerschnitten, die Dotter herausgenommen, aber das Weiße darf nicht zerreißen; das Gelbe wird gestoßen. ein Milchbrod gerieben, in Milch eingeweicht, dann ein 2 Ei großes Stück Butter, feingehackte Petersilie, Salz, Pfeffer und Muskatnuß unter die Eierdotter und das ausgedrückte Milchbrod vermengt, rühre 2 rohe Eiergelb nebst 2 Eßlöffeln voll sauern Rahm darunter, fülle die halben Eier damit; das Uebrige streiche fingerdick auf die Platte, setze die gefüllten Eier darauf, gib einem jeden noch ein wenig Butter, stelle es in einen gelind heißen Ofen und lasse sie stehen, bis sie eine schöne gelbe Farbe haben.

330. Brochirte Eier, besonders als Beilage zu Hopfen.

Man setzt Wasser mit etwas Essig und Salz auf's Feuer; sobald es kocht, werden langsam die Eier hineingeschlagen und einige Minuten kochen lassen. Das Weiße zieht sich wieder ganz um das Gelbe, so daß das Ei vollständig ganz erscheint; man gießt beim Anrichten etwas Jus daran.

Süße Mehl=Speisen.

331. Eierschnee oder Schneeballen.

Schlage von 8 Eiern das Weiße zu Schnee und rühre 2 Hände voll feingesiebten Zucker darunter; in einem breiten Geschirr setze 1½ Liter Milch auf's Feuer mit etwas Citronen= schale oder Vanille und einem Stück Zucker; wenn die Milch kocht, lege mit einem Eßlöffel den Schnee in die Milch und laffe ihn einige Mal aufkochen, nimm die Ballen heraus, setze sie auf ein Sieb, damit die Milch abtropft, fahre mit dem Schnee so fort, bis er aufgeht, laß die übrige Milch bis zur Hälfte einkochen, rühre alsdann die 8 Eiergelb dar= unter und rühre sie so lange auf dem Feuer, bis die Sauce dick ist, dann seihe sie durch ein Sieb, lege die Schneeballen in eine Salatiere und schütte die kalte Sauce darüber, stelle sie hierauf in den Keller und gib sie als kalte Schale.

332. Reisbrei.

Lese und wasche 250 Gramm Reis, brühe ihn drei Mal mit kochendem Wasser ab, damit er ganz aufquillt, schütte ¾ Liter Milch daran, koche es langsam auf Kohlen, schütte immer ein wenig kochende Milch daran, doch rühre so wenig als möglich darin, denn je langsamer der Brei kocht, desto besser wird er; wenn der Brei weichgekocht ist, thue Zucker, Zimmt und ein wenig Salz daran, dann gib ihn auf die Platte.

333. Sagobrei.

Wird auf dieselbe Art gekocht, nur beim Anrichten rühre 3 Eiergelb daran.

334. Griesbrei.

Lasse ¾ Liter Milch siedend werden, rühre 2 bis 3 Hände voll Gries hinein, lasse ein Stückchen Butter nebst Zucker und etwas Salz mitkochen; wenn er eine halbe Stunde gekocht, richte ihn an.

335. Mandelbrei.

Nimm 2 Kochlöffel voll weißes Mehl, 125 Gramm geschälte gestoßene Mandeln, rühre dies mit ein wenig Milch glatt und thue das Gelbe von 6 Eiern und eine Hand voll gestoßenen Zucker nebst einem Stückchen Butter daran, verdünne es mit ¾ Liter Milch, lasse es auf dem Feuer unter beständigem Rühren kochend werden und lasse ihn eine Viertelstunde so kochen.

336. Citronenbrei.

Wird wie Mandelbrei gekocht, nur statt Mandeln wird an Zucker abgeriebene Citronenschale genommen.

337. Kindsbrei.

Lasse ¾ Liter Milch kochend werden, rühre von 2 Koch= löffeln voll Mehl ein dünnes Teigchen an, rühre es hinein und laß es langsam kochen, bis es eine gute Scharre hat. Man kann auch zu dem Teigchen 2 bis 3 Eier rühren und mitkochen lassen nebst einem Stückchen Zucker und etwas Salz.

338. Apfelbrei.

Schäle und schneide 8 Aepfel, thue sie in ein Geschirr mit etwas Wasser und Zucker auf's Feuer, decke sie zu und lasse sie weich dämpfen, verrühre sie alsdann, rühre von einem Kochlöffel voll Mehl und etwas Milch ein Teigchen hinein und lasse es mitkochen.

339. Zwetschgenbrei.

Wird auf dieselbe Art gekocht.

340. Zibeben-Mus.

Nimm geschälte und gestoßene Mandeln, geschnittene Zibeben und Rosinen, von einem so viel wie vom andern, röste einen Löffel voll weißes Mehl schön gelb, thue das oben Geschnittene dazu, lösche es mit gutem Wein ab, thue Zucker, abgeriebene Citrone dazu und lasse es kochen, bis es dick ist.

341. Apfel-Mus.

Schäle die Aepfel, schneide sie in 4 Theile, dämpfe sie in heißer Butter, gieße ein Glas Wein und ein Glas Wasser darüber, thue Zibeben, Rosinen nebst Zucker und Citronenschale daran; wenn die Aepfel weich sind, wird es zu einem Mus verrührt und angerichtet.

342. Zwieback-Mus.

Röste zwei Stück gestoßenen Zwieback in einem Stück Butter schön gelb, wasche eine Hand voll Rosinen, thue sie dazu, nebst Zucker und Zimmt, lösche es ab mit 1 Glas Wein, ½ Glas Wasser und lasse es dick kochen.

343. Schwarzbrod-Mus.

Wird auf dieselbe Art gemacht wie das bei Zwieback.

344. Apfel-Omeletten.

Mache einen Omelettenteig, schäle einige Backäpfel, schnitze und blättle sie recht fein, thue sie in den Teig und backe Omeletten davon, aber recht langsam, damit die Aepfel weich werden; bestreue sie mit Zucker und Zimmt.

345. Kirschen-Omeletten.

Werden wie die Aepfel-Omeletten bereitet, nur daß die Kirschen ganz hinein kommen.

346. Omeletten-Soufflée.

Zerschlage 6 Eier, rühre unter das Gelbe 4 Eßlöffel voll gestoßenen Zucker nebst abgeriebener Citrone; im Augenblicke, wo man servirt, wird das Weiße zu Schnee geschlagen, menge es unter die Dotter, bestreiche eine Form mit Butter, fülle die Masse hinein, thue einen Deckel mit Kohlen darauf, stelle es auf Kohlen und laß es schnell gelb werden; bestreue es mit Zucker und bringe es in der Form zur Tafel.

347. Omelettes aux confitures.

Zu einer Omelette nimm 4 Eier, zerschlage sie mit ein wenig Milch, Zucker und Salz, thue ein wenig frische Butter in die Pfanne, schütte die Eier hinein und backe sie wie eine französische Omelette; lege nun in die Mitte ein Streifchen Eingemachtes, schlage die Omelette von beiden Seiten darüber, streue auf die obere Seite etwas gesiebten Zucker und brenne sie mit einem glühenden Omeletten-Schäufelchen und servire sie.

348. Nudeln in der Milch.

Es werden Nudeln gewallt und geschnitten, koche sie in Wasser ab, mache alsdann Milch siebend mit Zucker und Zimmt; wenn die Nudeln aus dem Wasser kommen, werden sie in die Milch gelegt; einige Eiergelb daran gerührt und angerichtet.

349. Flädlein in der Milch.

Es werden dünne Flädlein gebacken und fingerbreit geschnitten, alsdann in kochende Milch mit Zucker und Zimmt gelegt, darin aufgekocht, mit Eiergelb angerichtet.

350. Gefüllte Flädlein.

Man backt von 3 bis 4 Eiern Flädlein und füllt sie mit folgendem Guß: Nimm 3 Kochlöffel voll Mehl, ¹/₂ Liter Milch und rühre es glatt, dann lasse 60 Gramm Rosinen in Wasser aufkochen, thue sie nebst 3 Eiern, 1 Ei groß Butter, 60 Gramm Zucker und ein wenig Salz mit der Milch auf's Feuer und rühre darin, bis es dick ist, bestreiche die Flädlein damit, rolle sie zusammen und ziehe sie in Milch, Butter und Zucker auf; decke einen Kohlendeckel darauf und lasse sie schön gelb werden; bestreue sie mit Zucker.

351. Gefüllte Flädlein mit Aepfeln.

Die Aepfel werden wie zu einem Apfelbrei gekocht, die Flädlein damit bestrichen, eine Platte mit Butter bestrichen,

7.

die gerollten Fläblein darauf gelegt, dann etliche Eier mit
etwas süßem Rahm verkleppert, nebst Zucker und Zimmt,
über die Fläblein gegossen und damit aufgezogen.

352. Ulmer Mehlspeise.

Man macht feine Nudeln, läßt sie ein wenig abtrocknen
und schneidet sie in viereckige Stücke in der Größe eines
Doppelthalers, nun stellt man nach Bedarf der Nudeln Milch
auf's Feuer, thut ein Stück Butter und etwas Zucker hinein,
wenn sie kocht, auch die Nudeln, und läßt diese weich kochen,
nimmt sie heraus und läßt die Milch noch etwas einkochen,
rührt, wenn sie abgekühlt ist, 6 Eiergelb daran, bestreicht ein
Auflaufblech mit Butter, thut die Nudeln sammt der Milch
hinein, streut oben darauf Zucker und backt es im Ofen
schön gelb.

353. Rahmstrudeln.

Schaffe von 2 ganzen und 3 gelben Eiern, 1 Ei groß
Butter, etwas süßem Rahm nebst Salz und 1½ Liter Mehl
einen Nudelteig, bis er ohne Mehl losgeht, hierauf werden
in der Größe eines Tellers dünne Kuchen ausgewallt, ver=
rühre ³/₈ Liter sauern Rahm, 3 bis 4 Eiergelb mit Zucker
und Rosinen, schlage das Weiße der Eier zu Schnee, thue
es dazu, bestreiche die Kuchen damit, rolle sie zusammen,
setze sie in eine Pfanne mit zerlassener Butter, oben darauf
wieder ein Stückchen Butter, und stelle sie in den Ofen, oder
thue einen Deckel mit Kohlen darauf und ziehe sie halb auf,
mache ³/₈ Liter Milch siedend nebst Zucker und schütte sie
daran, laß sie vollends fertig werden und richte sie an.

354. Krebsstrudeln.

Man macht eine Krebsbutter, schneidet die Schwänze der
Krebse in kleine Stücke, weicht ein Milchbrod in Milch ein,
rührt die Krebsbutter mit 4 Eierbottern ab, gibt das Milch=
brod ausgedrückt dazu, wie auch 1 Glas süßen Rahm, etwas
Salz, sehr wenig Pfeffer, Zucker und rührt es schäumig;
hierauf wird ein Nudelteig, wie oben gesagt, geschafft; sie
werden wie die obigen vollendet.

355. Gebackene Eiergerste.

Von 4 Eiergelb und Mehl wird ein fester Teig gemacht und auf dem Reibeisen gerieben; wenn sie getrocknet, lasse sie in kochende Milch laufen und recht dick kochen, stecke 125 Gramm Butter hinein, thue es vom Feuer, lasse es erkalten, rühre es mit 6 bis 7 Eiergelb ab, thue Zucker, Zimmt und eine Hand voll Rosinen daran, schlage das Weiße der Eier zu Schnee, menge es darunter, bestreiche ein Kuchenblech mit Butter, bestreue es mit geriebenem Brod, fülle die Masse hinein und backe sie schön gelb, steche sie alsdann aus mit kleinen Ringen und bestreue es mit Zucker und Zimmt.

356. Griesklöse.

Koche ½ Kilogramm Kunstgries in 1½ Liter Milch recht dick nebst 1 Ei groß Butter, wenn er recht dick ist, laß ihn erkalten, rühre 10 bis 12 Eier hinein, doch darf er nicht zu dünn werden, setze alsdann Milch mit Zucker und Butter auf's Feuer; wenn sie kocht, setze mit einem Löffel längliche Klöse hinein, einen Deckel mit Kohlen darauf und laß sie eine halbe Stunde kochen; sorge dafür, daß sie von oben eine schöne gelbe Kruste bekommen.

357. Käsklöse.

Man rührt 94 Gramm Butter weiß, rührt 4 ganze und 3 Eiergelb darunter, alsdann rühre 2 Käschen, von aller Buttermilch befreit, darunter; bis man nichts mehr von den Käsen sieht, reibe 1 altbackenes Milchbrod darunter, abgeriebene Citronenschale, Zucker, Salz, rühre dies alles wohl untereinander, setze mit einem Eßlöffel Klöse in's kochende Wasser, laß sie eine halbe Stunde kochen, richte sie an und mache eine Milchsauce dazu. (Siehe Saucen.)

358. Milch=Nockerln.

250 Gramm Butter wird weiß gerührt, dann werden 8 Eier und zu jedem Ei ein Löffel voll Mehl und das Abgeriebene einer Citrone hineingerührt; man stellt nun ½ Liter Milch auf's Feuer, thut Zucker und Butter hinein, läßt sie

kochend werden und legt die Masse mit dem Eßlöffel hinein, läßt die Milch einkochen, thut alsdann ein Stück Butter in ein Geschirr, nimmt die Nockerln aus der Milch, läßt sie ein wenig abtrocknen und läßt sie nun im Ofen eine schöne Farbe bekommen, bestreut sie mit Zucker und Zimmt und gibt sie zu Tisch.

359. Dampfnudeln.

Nimm 1½ Liter Mehl, 125 Gramm Butter, 2 ganze und 2 gelbe Eier, 1 Glas Milch, etwas Salz, für 10 Pfennig Essighefe, lasse die Butter zergehen, schütte die warme Milch dazu, rühre dies alles untereinander, alsdann in das Mehl und schaffe den Teig so lange, bis er von der Schüssel los= geht, setze mit einem Löffel runde Knöpfchen auf ein mit Mehl bestreutes Blech und lasse sie langsam 3 Stunden gehen, setze sie alsdann in kochende Milch, Butter und Zucker, thue einen Deckel mit Kohlen darauf und lasse sie langsam backen, bis sie eine schöne Farbe haben.

360. Humbes.

1 Glas Milch und 60 Gramm Butter laß kochen, rühre alsdann 6 Kochlöffel voll Mehl, nebst ein wenig Salz hinein, laß es kochen, bis der Teig glänzend wird, laß ihn verkühlen, verdünne ihn mit 8 ganzen Eiern und etwas Milch, daß der Teig wird, wie ein Omelettenteig. Stelle ⅜ Liter Milch auf's Feuer nebst 125 Gramm Butter und etwas Zucker; wenn dies kocht, schütte den Teig hinein, stelle einen Deckel mit Kohlen darauf, daß es Farbe bekommt; in ½ Stunde ist es fertig; man kann eine gelbe Milch=Sauce dazu geben.

361. Wein=Schnitten (Karthäuser Klöse).

Zerschneide Milchbrode in 4 Theile, weiche sie in Wein und Zucker weich, drehe sie in verrührtem Ei herum, mache Schmalz heiß und backe sie auf beiden Seiten schön gelb, bestreue sie mit Zucker und Zimmt oder mache eine Wein= Sauce darüber.

362. Wein-Mocken.

Werden wie die Schnitten gemacht, nur mit dem Unterschied, daß sie in's Kreuz geschnitten werden, statt der Länge nach.

363. Milch-Mocken.

Reibe 2 Milchbrode auf dem Reibeisen ab, schneide sie in 4 Theile, weiche sie in der Milch weich, drücke sie aus, drehe sie in Ei, dann in geriebenem Brod um und backe sie schwimmend in heißem Schmalz, bestreue sie mit Zucker und Zimmt oder mache eine Hägen-Sauce dazu.

364. Milch-Schnitten.

Schneide 2 Milchbrode der Länge nach in 4 Theile und weiche sie in Milch, drehe sie alsdann in verrührtem Ei um und backe sie in Schmalz schön gelb; sie können zu Gemüse gegeben oder mit Zucker und Zimmt bestreut werden.

365. Kaffee-Bröblein.

Nimm 188 Gramm Butter, ebensoviel Wasser und 94 Gramm Zucker, laß es auf dem Feuer kochen, rühre 250 Gramm Mehl hinein, laß es kochen, bis der Teig glänzt; laß ihn erkalten, rühre 7 bis 8 Eier hinein, etwas abgeriebene Citrone, setze mit einem Löffel den Teig nußgroß auf ein mit Mehl bestreutes Blech und lasse die Bröblein langsam backen.

366. Reis mit Merinken.

Man nimmt 125 Gramm Reis, kocht ihn mit Milch, welche zuvor mit Zucker und Vanille ausgekocht ist, recht weich, aber so, daß der Reis ganz bleibt, nimmt ihn vom Feuer, wenn er ganz dick eingekocht ist. Wenn er abgekühlt ist, rührt man 5 Eiergelb hinein, bestreicht dann eine Platte mit Butter, belegt die Platte im Kreis herum mit Aepfel-Compot oder Aprikosen, legt einige aufeinander, so daß es eine Mauer bildet, füllt die Reismasse in die Mitte hinein, schlägt dann 7 Eiweiß zu einem steifen Schnee, mengt dann 250 Gramm Zucker darunter, deckt es mit dem Schnee zu, so daß es einen Berg bildet, und backt es auf Salz im Ofen schön gelb.

367. Reis-Auflauf.

Brühe 250 Gramm Reis drei Mal ab, schütte Milch daran und lasse ihn langsam kochen; schütte nie zu viel Milch daran, auch darf man nicht zu viel darin rühren, damit der Reis ganz bleibt, laß ihn so lange kochen, bis er weich und dick ist. Laß ihn erkalten, rühre 125 Gramm Butter weiß, rühre den Reis hinein, nach und nach auch 10 Eiergelb, mache 125 Gramm Citronat und Pommeranzenschale fein, das Abgeriebene einer Citrone, Salz, Zimmt und Zucker, bis es süß genug ist, schlage das Weiße von 6 bis 7 Eiern zu Schnee und rühre es darunter, bestreiche ein Auflaufblech mit Butter, bestreue es gut mit geriebenem Milchbrod, fülle die Masse hinein und backe sie langsam im Ofen; mache eine Wein- oder Himbeer-Sauce darüber.

368. Käse-Auflauf (Soufflée de fromage).

Zu demselben braucht man ³/₈ Liter gute Milch, 2 starke Eßlöffel voll Weißmehl, 78 Gramm Schweizerkäse, 78 Gramm Parmesankäse und 5 Eier. Man rührt zuerst das Mehl unter die Milch, bringt dies auf das Feuer und rührt dasselbe, bis es zum Kochen kommt. Nachdem die Masse ¼ Stunde gekocht hat, rührt man die beiden Sorten geriebenen Käse darunter so lange, bis dieselben ganz vergangen sind und sich mit der Milch und dem Mehl vollständig vermischt haben. Hierauf werden 5 Eiergelb gerührt und in die Masse gethan. Das Weiße der Eier wird zu Schnee geschlagen, ebenfalls in die Masse gebracht und mit dieser verrührt. Ein hohes Auflaufblech wird mit Butter bestrichen und wenn dieselbe heiß ist, die Masse hineingethan und im Ofen 20 Minuten lang gebacken. Der Auflauf muß, wie er aus dem Ofen kommt, sogleich servirt werden.

369. Reis à la Malta

Nimm 250 Gramm Reis, brühe ihn drei Mal ab, schütte nun etwas Wein, die Schale einer Citrone und Zucker, bis er süß genug ist, daran und lasse ihn unter vielem Umrütteln, damit er ganz bleibt, mit Wein weich kochen; dann schütte ein Glas Madeira dazu, lasse ihn damit dick kochen; schütte ihn auf eine Platte, formire einen Berg daraus, garnire diesen oben mit eingemachten Früchten; um die Platte aber setze Borsdorfer Aepfel, welche in der Mitte ausgestochen sind und sammt ihrer Schale in geläutertem Zucker weich gedämpft worden, und gib die Platte kalt zu Tisch.

370. Reis mit Arac.

125 Gramm Reis wird in der Milch gekocht, rühre 60 Gramm Butter weiß, thue 7 Eiergelb nach und nach daran, den gekochten Reis dazu, Zucker bis es süß genug ist, etwas abgeriebene Citrone und 125 Gramm feingestoßene Mandeln; das Weiße der Eier wird zu Schnee geschlagen, darunter gerührt und nun in eine Form, die mit Butter und Brod bestreut ist, gefüllt und mit einem Kohlendeckel oder im Backofen gebacken; wenn es gebacken ist, so gießt man einige Löffel voll Arac darauf und streut es dick mit Zucker

371. Aepfel-Auflauf.

6 Aepfel werden geschält und in feine Blättlein geschnitten, nimm dann 4 schwache Kochlöffel voll Mehl, rühre es mit Milch glatt, daß es wie ein dicker Omelettenteig wird; dann thue Zucker, Zimmt, Citrone und von 6 Eiern das Gelbe daran, schlage das Weiße davon zu Schnee, menge es nebst den Aepfeln darunter, mache 190 Gramm Butter recht heiß, schütte sie nach dem Schnee darüber, bestreiche eine Form mit Butter, bestreue sie mit Brod, fülle sie und backe es langsam im Ofen gelb.

372. Aepfel-Auflauf anderer Art.

Schäle und schneide 6 bis 8 Aepfel, dämpfe sie in einem Glas Wein und verrühre sie, koche von einer starken Hand voll weißem Mehl mit Milch einen dicken Brei, laß ihn verkühlen, menge die Aepfel nebst 1 Ei groß zerlassener Butter dazu, rühre es mit 6 Eiergelb recht schäumig, thue 125 Gramm

gestoßenen Zucker nebst dem Schnee der 6 Eierweiß und
etwas geriebener Citrone dazu ab; mit dem Uebrigen ver=
fahre wie oben.

373. Aepfel=Auflauf nach anderer Art.

Rühre 60 Gramm Butter weiß, schneide 3 Wecke in Stücke,
lasse sie in etwas Milch weichen, drücke sie aus und thue
sie in die Butter nebst 60 Gramm gestoßenen Mandeln, 125
Gramm Zucker, etwas Zimmt und 8 Eiern; dieses rühre
recht tüchtig, dann schäle und schneide 4 Aepfel recht fein,
thue sie unter die Masse, bestreiche eine Form mit Butter,
bestreue sie mit Weckmehl, fülle sie ein und backe ihn.

374. Aprikosen=Auflauf.

Drücke das Mark von 16 bis 18 Aprikosen durch ein
Sieb, stoße die Kerne davon recht fein und menge sie
darunter; im Uebrigen verfahre wie beim Vorhergehenden.

375. Crême soufflée.

Man nimmt zu einer Form 1 Eßlöffel voll Mehl, rührt
es glatt mit 3/8 Liter Milch, thut 10 Eiergelb, 250 Gramm
Zucker, etwas Vanille oder feingeriebene Citronenschale dazu,
nimmt dieses auf's Feuer und rührt, bis es kochen will, dann
nimmt man es weg und läßt es unter beständigem Rühren
erkalten, schlägt das Weiße von den Eiern zu einem steifen
Schnee, mengt ihn ganz leicht unter die Masse, bestreicht
die Form mit Butter, füllt die Masse hinein und backt sie
eine halbe Stunde in einem nicht zu heißen Ofen.

376. Gries-Auflauf mit Obst.

Koche in 3/4 Liter Milch 250 Gramm Kunstgries recht
weich und dick, laß ihn erkalten, rühre 125 Gramm Butter,
125 Gramm Zucker und 8 bis 9 Eiergelb hinein, nebst einer
abgeriebenen Citrone; das Weiße der Eier wird zu Schnee
geschlagen und darunter gemengt, bestreiche und bestreue als=
dann ein Auflaufblech, fülle ren Boden damit, lege eine Lage

gedämpfte Aepfel, Kirschen oder Aprikosen, dann wieder eine Lage Guß; so fahre fort, bis das Blech gefüllt ist.

377. Sago-Auflauf.

Wasche 250 Gramm Sago drei Mal aus kochendem Wasser, laß ihn alsdann in Milch recht dick und weich kochen, laß ihn erkalten, rühre alsdann 10 Eiergelb nebst 125 Gramm Butter, ebensoviel gestoßenen Zucker hinein nebst einer abgeriebenen Citrone, schlage 7 bis 8 Eierweiß zu Schnee, menge ihn darunter; im Uebrigen verfahre wie bei dem andern Auflauf.

378. Chocolade-Soufflée.

Man reibt vier Täfelchen Chocolade ganz fein, nimmt etwas abgeriebene Citrone, zwei Hände voll Zucker und rührt alles mit 8 Eiergelb recht glatt, schlägt das Weiße von den Eiern zu einem steifen Schnee, mengt ihn unter die Masse, bestreicht alsdann eine Form mit Butter, füllt es hinein und backt es eine halbe Stunde in einem nicht sehr heißen Ofen, damit die Masse recht aufgehen kann.

379. Chocolade-Auflauf.

Nimm 6 Stück abgeriebene Milchbrode, weiche sie in Milch, koche alsdann 125 Gramm Chocolade in ¾ Liter süßem Rahm oder Milch, thue die geweichten Milchbrode dazu und laß sie recht verkochen, treibe dies durch ein Sieb, laß sie erkalten, rühre 125 Gramm Butter weiß, nimm das Durchgetriebene und 125 Gramm feinen Zucker nebst 10 Eiergelb dazu, schlage das Weiße der Eier zu Schnee, menge ihn darunter, fülle ihn in ein Blech und backe ihn ¾ Stunden im Ofen

380. Kartoffel-Auflauf.

125 Gramm Butter wird weiß gerührt, menge 12 geschälte, gekochte und geriebene Kartoffeln darunter, rühre 6 Eiergelb hinein, nebst 125 Gramm feinem Zucker, 3 Löffeln voll süßem Rahm und dem Geschmack einer Citrone, menge

alles wohl untereinander, schlage das Weiße der Eier zu
Schnee und menge ihn darunter, fülle ihn in ein Blech und
backe ihn ¾ Stunden im Ofen.

381. Mandel-Auflauf.

Rühre 125 Gramm Butter weiß, 190 Gramm geschälte
und zartgestoßene Mandeln, 125 Gramm feinen Zucker,
den Geschmack einer Citrone, nebst zwei eingeweichten und
wieder ausgedrückten Milchbroden mit 9 Eiergelb; wenn die
Masse leicht gerührt ist, schlage das Weiße von 5 Eiern zu
einem steifen Schnee, menge ihn darunter und backe ihn ¾
Stunden im Ofen.

382. Mandelkranz mit Crême.

8 Eierweiß werden zu einem steifen Schnee geschlagen,
menge 375 Gramm gesiebten Zucker nebst 125 Gramm ge=
schälte und länglicht geschnittene Mandeln darunter; dann
wird die Masse in Form eines Kranzes auf ein Papier ge=
setzt, dieses auf ein Blech gethan und in einem gelinden Ofen
gebacken; wenn er kalt ist, mit einer beliebigen Crême ge=
füllt und zur Tafel gegeben.

383. Citronat-Auflauf.

Lasse 1 Glas Milch nebst 1 Ei groß Butter kochend
werden, rühre eine Hand voll weißes Mehl hinein, laß es
kochen, bis der Teig glänzt, und dann erkalten, rühre 125
Gramm Butter weiß, thue die Mehlmasse dazu, rühre dies
mit 8 bis 9 Eiergelb ab, menge das Abgeriebene einer Citrone,
60 Gramm kleingeschnittenen Citronat, 94 Gramm Zucker
darunter und rühre es leicht, schlage hierauf das Weiße von
6 Eiern zu Schnee, menge es darunter und backe es wie
die andern.

384. Schwarzbrod-Auflauf.

Rühre 125 Gramm Butter weiß, reibe 190 Gramm Schwarz=
brod und thue es dazu, nimm 125 Gramm feinen Zucker,
das Abgeriebene einer Citrone, Zimmt und Nelken, rühre
dies mit 9 Eiergelb recht leicht, schlage die 9 Eierweiß zu

Schnee, menge ihn leicht darunter, fülle es in ein Blech einige backe es schön gelb; man kann eine Kirschen-Sauce darüber am machen.

385. Süßer Pomeranzen-Auflauf.

Lasse ⅜ Liter Milch und 125 Gramm Butter kochend werden, rühre 7 Kochlöffel voll weißes Mehl hinein, laß es kochen, bis es ganz dick ist, laß es erkalten und rühre das Gelbe von 6 Eiern hinein; reibe alsdann von 3 Orangen das Gelbe an einem Ei groß Zucker ab, zerstoße dies und menge es darunter nebst dem Saft der 3 Orangen; verrühre dies alles recht leicht, schlage hierauf das Weiße der Eier zu einem steifen Schnee, menge ihn darunter und backe ihn gar wie die andern.

386. Flädlein-Auflauf.

Backe von 3 bis 4 Eiern dünne Flädlein, schneide sie in fingerbreite Riemen, bestreiche eine Auflaufform mit Butter, lege eine Lage Flädlein und streue Rosinen, Zucker und Zimmt darauf, dann wieder eine Lage Flädlein, so fahre fort, bis das Blech gefüllt ist; verrühre alsdann 6 Eier, 2 Löffel voll sauern Rahm, ⅜ Liter Milch und schütte es darauf herum, und backe es eine halbe Stunde im Ofen.

387. Flädlein mit einer Zimmtkruste.

Backe dünne Flädlein in der Größe eines Tellers und mache folgende Fülle: 125 Gramm gestoßene Mandeln, 94 Gramm gestoßenen Zucker, 3 ganze Eier, 3 Eiergelb; weiche das Innere eines Wecks in Milch, drücke ihn wieder aus, rühre ihn zu obigem, schneide 30 Gramm Citronat und eine halbe Citronenschale, menge es darunter, bestreiche ein Blech mit Butter, lege ein Flädlein darauf, streiche einen Löffel voll Fülle darauf, wieder ein Flädlein und fahre so fort, bis alles vertheilt ist; mache folgende Zimmtkruste darauf: Schlage 2 Eierweiß zu Schnee, rühre 60 Gramm Zucker hinein, rühre es, bis es dick ist, 60 Gramm gehackte Mandeln, 8 Gramm gestoßenen Zimmt, rühre alles untereinander, bestreiche die Flädlein oben und zur Seite einen Finger dick

schön gelb. Man kann eine Hägen=
arüber machen. (Siehe Saucen.)

8. Kartoffel=Törtlein.

en roh geschält und nicht ganz weich ge=
latte gelegt; wenn sie erkaltet sind, auf dem
ven; rühre 125 Gramm Butter weiß und 6
Ei...   , 60 Gramm geschälte und gestoßene Mandeln,
95 Gram.. gestoßenen Zucker nebst 125 Gramm geriebenen
Kartoffeln, etwas Citronenschale und Zimmt; schlage das
Weiße von 5 Eiern zu Schnee, menge ihn darunter, bestreiche
kleine Förmchen mit Butter, bestreue sie dick mit gestoßenen
Mandeln, fülle und backe sie.

389. Weck=Auflauf.

Nimm 2 Wecke, schneide die untere Kruste davon, brühe
sie mit siedender Milch an, stoße 125 Gramm geschälte
Mandeln zart, drücke die Wecke aus, nimm sie und die
Mandeln in eine Schüssel, thue 60 Gramm Butter, Zucker,
Zimmt, Citrone und Citronat nebst 125 Gramm Rosinen
daran, rühre dies alles mit 6 Eiergelb recht schaumig, schlage
6 Eierweiß zu Schnee, thue es vor dem Einfüllen hinein
und backe ihn.

390. Aepfel=Charlotten.

Schäle und schneide 12 Aepfel ganz fein, thue 125 Gramm
feinen Zucker, etwas Zimmt, die Schale einer Citrone recht
fein geschnitten, nebst dem Saft einer Citrone, 2 Eßlöffel
voll Kirschenwasser recht wohl gemengt unter die Aepfel,
lasse dies eine halbe Stunde stehen, bestreiche eine Form mit
Butter, schneide Schnitten von Weck oder Weißbrod in der
Dicke, wie man sie zum Bähen schneidet, wende sie in zer=
lassener Butter um, lege das Geschirr damit so aus, daß der
Boden und die Seiten ganz bedeckt sind (man darf nichts
mehr von der Form sehen), lege die Aepfel hinein, schütte den Saft
darüber; drücke es fest zusammen, decke es wieder mit in Butter
umgedrehten Schnitten zu, stelle es eine Stunde in einen heißen

Ofen, nimm alsdann die Form aus dem Ofen, laß sie einige
Minuten stehen, mache die Charlotten mit einem Messer am
Rande los, stürze sie auf eine Platte und gib sie zur Tafel.

391. Nudeln à la Demidoff.

Es werden Nudeln von einem Ei gemacht, schwimmend in
Schmalz gebacken, alsdann von Milch und 2 Kochlöffeln
voll Mehl ein Brei gekocht, mit 4 Eiergelb abgerührt, nimm
eine Salatiere, mache eine Lage Brei, streue Zucker und Zimmt
darauf, eine Lage Nudeln, wieder Zucker und Zimmt, fahre so
fort, bis die Salatiere gefüllt ist; lege kleine Stückchen Butter
darauf und stelle es auf Salz in einen gelinden Ofen, bis es
eine schöne gelbe Farbe hat, bestreue es mit Zucker und Zimmt
und gib es zur Tafel.

392. Schnitten mit rothem Wein.

Schneide 2 Milchbrode der Länge nach in mehrere Theile,
lasse ein Stück Zucker in ⅜ Liter rothem Wein zergehen,
schütte ihn darüber; wenn sie geweicht sind, drehe sie in
Mehl um und backe sie in heißem Schmalz schön gelb, lege sie
auf eine Platte, bestreue sie mit Zucker und Zimmt, stelle sie
in einen gelinden Backofen, bis sie glasirt sind; man kann
eine Kirschen=Sauce dazu geben.

393. Gebackene Crême.

Verrühre 125 Gramm Butter, 1 Löffel voll Mehl, ⅜
Liter Milch, 5 Eiergelb, Zucker bis es süß genug ist, thue
dies alles in ein Casserol auf's Fener, rühre darin, bis es
dick genug ist, schlage das Weiße zu Schnee, menge es dar=
unter nebst etwas Vanille, schütte es auf eine Platte, streue
Mandeln darauf, backe sie schön gelb im Ofen.

394. Wein=Crême.

Nimm 12 Eiergelb, einen Kochlöffel voll Mehl, das Abge=
riebene von 2 Citronen, 250 Gramm Zucker, rühre es mit
Wein glatt, lasse es unter beständigem Rühren kochend wer=
den; wenn es gekocht ist, rühre von 12 Eiern den Schnee
hinein und richte es an.

394. Warme Milch=Crême.

³/₄ Liter Milch werden mit der Schale von zwei Citronen oder etwas Vanille und einem Stück Zucker, bis sie süß genug ist, auf das Feuer gesetzt bis zum Kochen; dann zerschlage 8 ganze und 4 gelbe Eier, rühre die Milch, wenn sie abgekühlt ist, daran, lasse alles durch ein Haarsieb laufen und fülle es in Crêmetöpfchen, stelle diese in ein Casserol mit heißem Wasser auf den Herd, decke einige Minuten einen Deckel mit Kohlen darauf, daß es aber nicht braun wird; wenn sie gestanden sind, ist es fertig.

396. Flan renversé.

Nimm 10 Eier, schlage diese schaumig, thue dann 125 Gramm Zucker hinein und rühre 1 Liter Milch darunter. Röste nun 125 Gramm Zucker dunkelgelb und lasse ihn in der Casserol herumlaufen, damit der Rand ganz voll wird, nun lasse ihn erkalten, stelle dann ein größeres Geschirr halb voll mit Wasser zum Feuer; wenn es kocht, so schütte die Crême in die Casserol mit dem gebrannten Zucker, stelle diese in das kochende Wasser, daß aber kein Wasser in die Crême laufen kann, decke es mit einem flachen Deckel zu und lasse es auf gelindem Kohlenfeuer ³/₄ Stunden kochen; wenn sie satt ist, so stürzt man es auf eine Platte und stellt es an einen kühlen Ort. Die braune Brühe muß mit einem Löffel wieder über die Crême gegossen werden, damit sie eine schöne Farbe behält.

397. Kaiserkuchen.

Rühre 125 Gramm Butter leicht, weiche 2 Wecke in Milch ein, schneide zuerst die untere Kruste davon; wenn sie geweicht sind, drücke sie aus und rühre sie mit der Butter, stoße 125 Gramm geschälte Mandeln, menge sie darunter, rühre 6 ganze Eier nebst einer Hand voll Rosinen, einer Hand voll Zibeben, Zucker, Zimmt, abgeriebener Citrone nach Belieben daran; wenn dies alles gut gerührt ist, streiche eine Form mit Butter, bestreue sie mit Brod, fülle die Masse hinein und laß ihn backen; spicke ihn alsdann mit Mandeln und mache eine Hägen=Sauce darüber.

398. Himbeer-Auflauf.

Nimm 3 Eßlöffel voll eingemachte Himbeeren, 3 Eßlöffel voll gestoßenen Zucker, rühre dies mit 2 Eierweiß, schlage 5 Eierweiß zu Schnee, menge ihn darunter, fülle die Masse in eine Schüssel, thue unten und oben Kohlen, lasse ihn auf= ziehen und gib ihn in der Schüssel zur Tafel.

399. Kachelmus.

1 Kochlöffel Mehl wird mit 4 Eiern, etwas Salz und Zucker und ³/₈ Liter Milch glatt gerührt, in eine mit Butter bestrichene Form gefüllt und im Ofen oder mit einem Kohlen= deckel aufgezogen.

400. Weinmus.

Röste eine Hand voll geriebenes Schwarzbrod und ein klein wenig Mehl in ein Nuß groß Butter schön gelb, lösche es mit ³/₈ Liter Wein ab, thue Rosinen, Zucker, Zimmt und Citrone daran und lasse es noch ein wenig aufkochen.

401. Kirschenmus.

Röste einen Kochlöffel voll Mehl in einem Stückchen Butter schön gelb, thue abgezopfte schwarze Kirschen hinein, dämpfe es ein wenig, lösche es alsdann mit ¹/₂ Glas Wasser ab, schütte ein Glas Wein nebst Zucker und Zimmt daran, laß es kochen, bis die Kirchen weich sind, richte es an und schütte in Schmalz geröstete Weckbröcklein darauf.

402. Rahm-Sulz.

Nimm einen Kochlöffel voll Mehl, rühre es mit süßem Rahm glatt, verdünne es mit ³/₈ Liter Rahm oder Milch, schlage 6 Eierweiß zu Schnee, menge ihn nebst Zucker und Rosenwasser darunter, stelle es unter beständigem Rühren auf's Feuer, laß es kochend werden und richte es auf eine Platte; es kann warm oder kalt gegeben werden.

403. Saurer Rahm-Auflauf.

125 Gramm Butter werden mit 6 Eiergelb nach und nach glatt gerührt, dazu kommen 60 Gramm gestoßener Zucker

und ein Eßlöffel voll weißes Mehl, dann 6 Eßlöffel voll
sauerer Rahm und der Schnee von 6 Eiern. Die Masse wird
in einem Auflaufblech gebacken, muß aber, wie sie gebacken
ist, welches man mit einer Gabel probiren kann, gestürzt
werden und gleich zu Tisch, sonst zieht sie Wasser; der Ofen
darf nicht zu heiß sein. Er braucht eine halbe Stunde, bis
er gebacken ist.

404. Warmer Quittenschaum.

Lege 8 Quitten in heißes Wasser, bis sie Sprünge bekommen,
schäle sie und laß sie erkalten; alsdann werden sie geschabt in
eine Schüssel gethan, eine Viertelstunde zart gerührt, schlage
10 Eierweiß zu einem steifen Schnee, rühre immer einen
Eßlöffel voll Schnee unter die Quitten, bis er aufgeht, rühre
es bis es weiß ist, menge 188 Gramm feinen Zucker nebst
einer feingeschnittenen Citronenschale darunter, bestreiche eine
Platte mit Butter, schütte die Masse darauf, laß es in gelindem Ofen gelb backen, bis es Risse bekommt.

405. Mandel-Schnitten.

250 Gramm geschälte und gestoßene Mandeln, 2 altge-
backene Wecke werden gerieben mit siedender Milch angebrüht
und zugedeckt, alsdann unter die Mandeln gemengt, nebst
Zucker, Zimmt, Citronen- und Pomeranzenschale; rühre diese
Masse mit 4 Eiern ab, schneide Wecke in Schnitten, bestreiche
sie mit obiger Masse und backe sie in Schmalz schön gelb;
mache eine Sauce darüber.

406. Pfannenkuchen von Rosinen.

Weiche ein Milchbrod in Milch ein, rühre 125 Gramm
Butter weiß, menge das ausgedrückte Milchbrod darunter,
nebst 125 Gramm geschälten und gestoßenen Mandeln, rühre
dies mit 8 Eiergelb ab, schlage das Weiße zu Schnee, menge
diesen darunter, nebst 30 Gramm Rosinen und dem Abgeriebenen einer Citrone, gieße den Teig in heiße Butter, decke
einen Kohlendeckel darauf; wenn er schön gebacken ist, wird
er mit Zucker und Zimmt bestreut zur Tafel gegeben.

407. Gefüllte Wecke.

Von 4 Wecken schneidet man die obere Rinde ab, höhlt die Wecke aus und weicht sie in Milch ein, drückt sie wieder aus, rührt daran 60 Gramm geschälte und gestoßene Mandeln, eine Hand voll Zucker, 3 Eier, etwas Zimmt, 60 Gramm große und kleine Rosinen, rührt dies alles wohl untereinander, fülle die gehöhlten Wecke damit, lege die obere Rinde wieder darauf, binde sie mit einem Faden zu, verrühre 3 Eier mit etwas süßem Rahm, kehre sie darin um, bis sie weich sind, und backe sie in Schmalz, mache eine Wein-Sauce dazu und lasse sie noch ein Mal darin aufkochen; man kann sie auch mit Zucker und Zimmt bestreut geben.

408. Milchspeise von Makronen.

Man stoßt 100 Gramm Makronen, bestreicht eine Form mit Butter, streut den halben Theil von den gestoßenen Makronen darein, nimmt die andere Hälfte mit 2 Löffeln voll gestoßenem Zucker in eine Schüssel und rührt dieses mit $\frac{3}{8}$ Liter süßem Rahm, 8 Eiern, wovon das Weiße zu Schnee geschlagen wird; ist die Masse wohl gerührt, so thut man sie in die gestreute Form, setzt diese in siedendes Wasser und gibt einen Deckel mit Kohlen darauf. Das Wasser muß beständig sieden, auch darf die Form nicht zu voll sein, damit kein Wasser in dieselbe dringt; sobald die Speise fest ist, wird sie auf eine Platte gestürzt und eine Wein- oder Mandel-Sauce darüber gemacht; wenn das Wasser beständig siedet, ist die Masse in $\frac{1}{2}$ Stunde fertig.

409. Cabinets-Pudding.

Man nimmt mürbes Brod, zerschneidet es in Scheibchen, legt unten in die Form etwas Papier, bestreicht dieselbe gut mit Butter und Reibbrod, legt dann die Scheibchen ein, und immer nach einer Lage Brod etwas geschnittene Mandeln und kleine Rosinen, auch etwas Citronat, bis die Form voll ist. Hierauf nimmt man $\frac{1}{2}$ Liter Milch, 6 ganze Eier, 125 Gramm Zucker, dies wird tüchtig geschlagen, dann in die Form über das andere gegossen und in den Ofen gebracht.

8.

Man kann diesen Pudding auch kalt, in Eis gestellt, serviren, dazu etwas Gelatine zur Milch. Man gibt dann eine kalte Vanille=Sauce mit geschnittenen Mandeln und Rosinen dazu.

410. Pudding à la Cölestine.

250 Gramm Butter werden schäumig gerührt, dann 150 Gramm Mehl, 8 Eiergelb, etwas gestoßene Vanille, 188 Gramm Zucker nach und nach dazu, das Weiße von den Eiern zu Schnee geschlagen, in Formen gefüllt und gebacken. Dann löst man 2 Tafeln Chocolade in Wasser zu einem leichten Brei auf. Wenn der Pudding gebacken ist, dann wird die Chocolade darüber gestrichen und geschlagener Rahm mit Zucker und Vanille gemischt dazu servirt.

411. Holländischer Pudding.

Rühre 375 Gramm Butter recht schäumig, dann rühre ebensoviel gestoßenen Zucker eine Zeitlang recht damit, nimm 11 ganze und 4 gelbe Eier, das Abgeriebene einer Citrone und 375 Gramm Mehl dazu, bestreiche eine Form mit Butter, bestreue sie mit Weckmehl, fülle die Masse hinein; nun kann man die Masse entweder im Ofen backen oder im Wasser kochen.

412. Plumpudding.

1½ Kilogramm Nierenfett wird abgehäutet, fein gehackt, in eine Schüssel gethan, dann werden ½ Kilogramm Rosinen, 250 Gramm Zibeben in ¾ Liter Wein gekocht, auf ein Sieb gestellt und 375 Gramm Mehl, 125 Gramm feiner Zucker, 4 ganze und 4 gelbe Eier, 2 Glas Rosenwasser mit dem Fett untereinander gerührt, bestreue eine doppelte Serviette mit Mehl, fülle die Masse hinein, binde sie gut zu und hänge die Serviette in einen Kessel mit kochendem Wasser, lasse sie 5 bis 6 Stunden kochen. Mache eine Wein=Sauce dazu, zu dieser kann ein Glas Rum gegeben werden.

413. Englischer Pudding. (Plumpudding.)

375 Gramm Nierenfett wird gehäutet und fein gehackt 250 Gramm Mehl darunter gemengt, thue dies nebst 125

Gramm Zucker, 5 Eiern, 1 Glas Rum oder Branntwein, ⅛ geriebenen Muskatnuß, der abgeriebenen Schale einer Citrone, ½ Kilogramm Rosinen und Zibeben, etwas Salz in eine Schüssel, rühre es gut untereinander, bestreiche eine doppelte Serviette stark mit Butter, bestreue sie mit Mehl, schütte die Masse hinein, binde die Serviette zu und koche die Masse 6 Stunden in kochendem Wasser, wende sie öfters um. Mache folgende Sauce dazu: 188 Gramm frische Butter werden mit 1 Eßlöffel voll Mehl gerührt, nebst 6 Eiergelb, Zucker, etwas Salz, einer Bouteille Madeirawein, laß es auf dem Feuer unter beständigem Rühren heiß werden, aber nicht kochen. Man kann auch nur Zucker und Rum dazu geben.

414. Ein anderer Plumpudding.

Nimm ½ Kilogramm Rindsnierenfett, das am Lummel steht, löse die Haut davon ab und schneide es in kleine Würfel, thue 250 Gramm Mehl, ebensoviel Zibeben oder Sultaninen dazu, brühe diese Masse mit einem Glas kochender Milch an, thue Zucker, bis es süß ist, daran und verrühre die Masse mit 4 Eiern und ein wenig Salz; bestreiche eine Serviette stark mit Butter, fülle die Masse hinein und binde es fest zu, jedoch muß man der Masse zum Aufgehen Raum lassen, nun wird sie im kochenden Wasser 3 bis 4 Stunden gekocht und eine Schottto-Sauce darüber gegeben.

415. National-Pudding.

Mische Rindsfett, Rosinen, Korinthen, von jedem ⅛ Kilogramm, 250 Gramm Mehl, 124 Gramm Zucker, 1 Eßlöffel voll geriebene Eitronenschale, eine halbe geriebene Muskatnuß, ein kleines Blättchen Muskatblüthe, 1 Theelöffel voll Ingwer und 6 verrührte Eier untereinander. Laß ihn wie die obigen Puddings 5 Stunden kochen.

416. National-Pudding anderer Art.

Nimm 1 Stück Butter in ein Casserol, lasse es zerlaufen, thue 4 Kochlöffel voll Mehl hinein, lasse es ein wenig dämpfen, lösche es nach und nach mit ¾ Liter Milch ab,

thue es vom Feuer und lasse es abkühlen, thue das Abge=
riebene von einer Citrone, 12 Eiergelb und Zucker dazu,
schlage das Weiße der Eier zu Schnee, menge ihn darunter,
theile die Masse in 3 Theile, jedes in ein Geschirr; nimm dann
2 Täfelchen Chocolade, reibe sie und thue sie zu dem ersten
Theil und menge sie darunter, bestreiche eine Form mit Butter,
bestreue sie mit Weckmehl, thue die Chocolademasse hinein und
lasse sie ein wenig ankochen, nimm den zweiten Theil, thue für
1 Kreuzer Cochenille dazu und rühre sie darunter, fülle nun
den zweiten Theil in die Form, der erste muß aber so viel an=
gekocht sein, daß sich die beiden Theile nicht vermengen, dann
laß dieses auch wieder ein wenig ankochen und thue den
dritten Theil darauf, und lasse ihn in einer Stunde gar
kochen. Die Masse ist eigentlich für zwei Formen berechnet.

417. Mandel=Pudding.

Koche von 125 Gramm Butter, 125 Gramm Mehl, ³/₈
Liter Milch einen dicken Brei, laß ihn erkalten, rühre ihn ab
mit 9 Eiergelb, menge 94 Gramm geschälte und gestoßene
Mandeln, etwas abgeriebene Citrone, Zimmt, Zucker, bis es
süß genug ist, schlage das Weiße der Eier zu Schnee, menge
ihn darunter, bestreiche eine Form mit Butter und geriebenem
Brod, fülle die Masse hinein und koche sie 1½ Stunden.
Mache eine beliebige Sauce dazu.

418. Schwarzbrod=Pudding.

Rühre 125 Gramm Butter weiß, reibe 188 Gramm
Schwarzbrod darunter, 125 Gramm feinen Zucker, 1 abge=
riebene Citrone, Zimmt, Nelken; rühre dies mit 9 Eiergelb
recht lange, schlage das Weiße zu Schnee, menge ihn da=
runter, fülle die Form und vollende ihn wie den Mandel=
Pudding.

419. Weck=Pudding.

Man weicht 6 Wecke in so viel kochende Milch ein, daß
sie über das Brod geht; von denselben muß aber die Kruste

fein abgeschnitten sein und in Schnitten geschnitten; unter=
dessen rührt man 125 Gramm Butter recht schäumig, hin=
reichend Zucker für 2 Pudding, 125 Gramm Rosinen, 60
Gramm ausgesteinte Zibeben, etwas Citronat und 10 Eier=
gelb und dies wird alles zur Butter gerührt; wenn die
Wecke weich sind, werden sie ausgedrückt, wenn sie kalt sind,
zu der Masse gethan und recht verrührt, das Weiße von
den 10 Eiern zu Schnee geschlagen und darunter gethan.
Die Masse wird dann in zwei Formen gegossen, die mit
Butter bestrichen sind, und eine Stunde gekocht.

420. Biscuit=Pudding.

125 Gramm Zucker rühre mit 5 Eiergelb eine halbe
Stunde, dazu den Geschmack einer Citrone nebst dem Saft
einer Citrone, schlage das Weiße der Eier zu Schnee, menge
ihn darunter nebst 2 Eßlöffeln voll feinem Mehl, fülle dies
in eine Form und koche es ¾ Stunden. Mache einen Schotto
darüber.

421. Reis=Pudding bester Art.

Man brüht 125 Gramm Reis drei Mal ab, thut ¾ Liter
Milch nebst einer Nuß groß Butter daran, läßt ihn ganz
weich und dick kochen, nimmt dann 60 Gramm Butter an's
Feuer, dämpft einen starken Kochlöffel voll Mehl darin, rührt
es mit Milch glatt, bis es die Dicke eines Spätzleinteiges
hat, thut es vom Feuer, läßt es erkalten, rührt 10 Eiergelb
daran nebst etwas abgeriebener Citrone, Zucker, bis es süß genug
ist, verrührt den Reis mit dem Teig. schlägt das Weiße von
10 Eiern zu Schnee, mengt es darunter, bestreicht eine Form
mit Butter, füllt die Masse hinein, stellt es mit kochendem
Wasser an's Feuer und läßt es 1½ Stunden langsam
kochen.

422. Pudding von Aepfeln.

Nimm 125 Gramm Butter, rühre sie schäumig, rühre dann
6 Eiergelb und 156 Gramm Zucker darein, blättle nun 3
schöne Aepfel recht fein, thue sie nebst etwas abgeriebener
Citronenschale und Zimmt dazu, nimm nun das Geriebene

von 4 Milchbroden, schlage das Weiße der Eier zu Schnee, menge ihn nebst dem Brodmehl darunter, bestreiche eine Form mit Butter, bestreue sie mit Brodmehl, fülle die Masse ein und koche sie in 1½ Stunden fertig.

423. Nudel-Pudding.

Man macht von 2 Eiern Nudelkuchen, schneidet sie in schmale Streifen und kocht sie dann in ½ Liter Milch so lange, bis letztere ganz eingekocht ist. Dann nimmt man ein Stückchen Butter wie eine Nuß groß in ein Casserol, dämpft 1 Kochlöffel voll Mehl darin und füllt dann mit Milch auf, daß es ein dicker Brei wird; dann rührt man das Gelbe von 6 Eiern nebst Zucker und dem Abgeriebenen einer halben Citrone dazu, schlagt das Weiße der Eier zu einem steifen Schnee. Nachdem die Nudeln erkaltet sind, werden sie mit dieser Masse angerührt, fülle es dann in eine mit Butter bestrichene Form und lasse es 1½ Stunden kochen. Man gibt eine Vanille-Sauce dazu.

424. Gries-Pudding mit Kirschen

Lasse 1⅛ Liter süßen Rahm oder Milch kochend werden, rühre 188 Gramm Kunstgries hinein, laß ihn dick und weich kochen, lege 188 Gramm Butter dazu, laß es erkalten, rühre 8 Eiergelb hinein, nebst 125 Gramm Zucker, etwas abgeriebener Citrone, schlage das Weiße zu Schnee, menge ihn nebst ½ Kilogramm ausgesteinten Kirschen darunter und behandle ihn wie den vorhergehenden.

425. Brand-Pudding.

Lasse 125 Gramm Butter, ⅜ Liter Milch kochend werden, rühre 250 Gramm Mehl hinein, laß es kochen, bis der Teig glänzend und dick ist, laß ihn erkalten; rühre alsdann 10 Eiergelb darunter, den Saft von 2 Citronen, 1 Glas Arac, Zucker, bis es süß genug ist, rühre dies alles 1 Stunde lang, bestreiche eine Form mit Butter, koche ihn wie die andern. Als Sauce werden 125 Gramm Zucker mit 1 Glas Wasser kochend gemacht, darüber geschüttet, mit Arac angezündet und so brennend servirt.

426. Pudding von gefüllten Fläbchen.

Backe ganz dünne Fläbchen, bestreiche ein jedes mit etwas Confiture von Himbeeren oder Johannisbeeren, rolle sie zusammen und schneide sie in fingerlange Stückchen; bestreiche eine Form mit Butter, setze die Stückchen hinein, bis die Form voll ist; schlage dann 8 ganze Eier mit ⅜ Liter Milch und gehörigem Zucker in einem Topf recht untereinander, schütte es über die Fläbchen, stelle die Form in Wasser und lasse es 1 Stunde kochen.

427. Kartoffel-Pudding.

Rühre 250 Gramm Butter weiß, menge 625 Gramm gekochte geriebene Kartoffeln darunter, nebst 60 Gramm feinem Mehl, 250 Gramm feinem Zucker, von 2 Citronen die Schale, Zimmt, rühre dies alles mit 12 Eiergelb recht glatt, schlage das Weiße der Eier zu Schnee, menge ihn darunter und koche ihn wie die andern. Mache eine Kirschen-, Sago- oder Wein-Sauce dazu.

428. Kartoffel-Pudding mit Mandeln.

Nimm 375 Gramm gekochte und geriebene Kartoffeln, 125 Gramm Zucker, 60 Gramm gestoßene Mandeln, 4 Löffel voll Rahm, Zimmt, Citrone, rühre dies alles mit 8 Eiergelb, schlage das Weiße der Eier zu Schnee, menge ihn darunter und koche ihn wie die andern; mache eine beliebige Sauce dazu.

429. Chocolade-Pudding.

Reibe drei Täfelchen Chocolade am Reibeisen, menge einen starken Eßlöffel voll Mehl darunter, rühre dies mit ⅜ Liter süßem Rahm recht glatt, rühre es auf dem Feuer zu einem dicken Brei, rühre 125 Gramm Butter weiß, und nach und nach 5 bis 6 Eier hinein, menge es unter den Brei nebst Zucker und Vanille; wenn Alles recht gerührt ist, fülle es in die Form und koche den Pudding 1½ Stunden; mache folgende Sauce: Ein Täfelchen geriebene Chocolade lasse in ⅜ Liter süßem Rahm kochen, rühre alsdann 3 Eiergelb, ein

Stückchen Zucker und Vanille hinein, laß es unter beständigem Rühren dick werden. Richte den Pudding an und schütte die Sauce darüber.

430. Mehl-Pudding.

Nimm 125 Gramm Butter, lasse sie auf dem Feuer verlaufen, dämpfe 125 Gramm Mehl ein wenig darin, verarbeite es mit Milch auf dem Feuer, bis zu einem steifen Teig; nimm es weg, lasse die Masse erkalten, rühre es mit 6 Eiergelb, etwas abgeriebener Citrone recht glatt, schlage das Weiße der Eier zu Schnee, rühre ihn darunter, fülle die Masse in eine Form und lasse sie 1¼ Stunde kochen.

431. Pudding au Citron zu 2 Formen.

220 Gramm Zucker, ebensoviel Butter, 14 Eiergelb werden auf dem Feuer zusammen gerührt, nebst dem am Zucker Abgeriebenen von zwei Citronen, bis es dick ist; dann muß beständig darin gerührt werden, bis es kalt ist. Thue den Saft von 2 Citronen daran, schlage das Weiße von den 14 Eiern zu einem steifen Schnee und menge ihn unter die Masse; ehe der Schnee aber hinein kommt, rührt man 130 Gramm Kartoffelmehl darunter, bestreicht die Form mit Butter, füllt die Masse hinein, stellt sie in kochendes Wasser in den Backofen und läßt sie 1 Stunde kochen, sie muß aber auch von oben Hitze haben.

432. Zwieback-Pudding.

Man reibt Zwieback und nimmt gut 8 Eßlöffel voll davon, schüttet 3 bis 4 Kaffeelöffel Milch daran und verrührt dieses ganz glatt; schlägt 8 Eiergelb nach und nach daran, rührt dann 125 Gramm Butter oder Nierenfett weiß, thut obige Masse hinein nebst dem Abgeriebenen von 1 Citrone und 125 Gramm gestoßenem Zucker, 30 Gramm feingeschnittenem Citronat, 60 Gramm großen und ebensoviel kleinen Rosinen, 125 Gramm geschälten und gestoßenen Mandeln, thut dieses nebst 1 Glas Arac hinein, verrührt alles wohl mit einander, schlägt das Weiße von 8 Eiern zu Schnee, bestreicht eine Form mit Butter, bestreut sie mit Weckmehl, füllt die Masse hinein, stellt sie bis zur Hälfte in kochendes Wasser, läßt sie 2 bis 3 Stunden kochen; zu diesem Pudding kann jede geistige Sauce gegeben werden; er ist für 10 bis 12 Personen.

433. Scheiterhaufen.

Man schneidet sechs Milchbrode in Scheiben und legt sie auf eine Platte, verrührt sechs Eier mit Milch und gestoßenem Zucker und etwas süßem Rahm recht stark, gießt sie über die Brode und wendet sie darin um, daß sie auf beiden Seiten weich werden; nun nimmt man eine Hand voll gestoßene Mandeln, vermengt sie mit Zucker, Zimmt und Rosinen, bestreicht ein Auflaufbleich mit Butter, gibt eine Lage Milchbrod darauf und bestreut sie mit dem Vermengten, und fährt so fort, bis es zu Ende ist, thut nun einige Stückchen Butter dazwischen, gießt die übrigen Eier nebst einigen Stückchen Butter darauf, überstreut es mit Weckmehl und backt es im Ofen gelb; wenn es fertig ist, kann man eine beliebige süße Sauce dazu geben.

434. Pfitzauf.

Man nimmt 250 Gramm Mehl in eine Schüssel, rührt es mit ⅜ Liter Milch etwas glatt, dann 5 Eier daran und 125 Gramm zerlassene Butter, von der man so viel zurückbehält, um die Förmchen bestreichen zu können, rührt die Masse mit der übrig gelassenen Milch vollends an, füllt die bestrichenen Förmchen halb voll, backt sie in frischer Hitze und überstreut sie vor dem Auftragen mit Zucker und Zimmt.

Süße Saucen.

435. Schotto.

Thue 8 Eiergelb, 30 Gramm gestoßenen Zucker, ⅜ Liter guten Wein, ein wenig Citronenschale in ein Casserol, verrühre es recht schäumig, nimm es auf's Feuer, strudle darin, bis es dick ist; es darf aber nicht kochen.

436. Citronen-Sauce.

3 Eiergelb werden in ein Casserol gethan, ein Glas Milch, 30 Gramm gestoßener Zucker und eine Citronenschale daran gerührt; nimm dies auf's Feuer, laß es dick werden, aber ja nicht kochen.

437. Hägen-Sauce.

Röste einen halben Kochlöffel voll Mehl schön braun, lösche es mit ³⁄₈ Liter Wein ab, thue 2 Eßlöffel voll Hägen= mark, Zucker, Citronenschale dazu und laß es kochen. Man kann auch frische Hägen in Wasser abkochen und durch ein Haarsieb treiben.

438. Kirschen-Sauce.

Wasche 2 bis 3 Hände voll dürre Kirschen, alsdann wer= den sie grob gestoßen, mit ³⁄₄ Liter Wasser gekocht, bis sie dick sind und mit einer Bouteille Wein durch ein Haarsieb getrieben; röste 1 Kochlöffel voll Mehl schön braun, die durch= getriebenen Kirschen thue dazu, nebst Zucker, Citronenschale, Zimmt, Nelken; laß die Sauce kochen und richte sie an. Es können auch ¹⁄₂ Kilogramm schwarze und ¹⁄₂ Kilogramm saure frische Kirschen dazu genommen werden.

439. Citronen-Sauce anderer Art.

Röste einen Kochlöffel voll Mehl in einem Stückchen Butter schön gelb, gieße ³⁄₈ Liter Wasser und ebensoviel Wein daran, nebst dem Abgeriebenen und dem Saft einer Citrone, Zucker, bis es süß genug ist; laß es kochen, rühre alsdann 8 Eier= gelb daran und laß sie unter beständigem Rühren heiß wer= den, aber ja nicht kochen.

440. Mandel-Sauce.

60 Gramm geschälte und gestoßene Mandeln werden in ein Casserol gethan nebst einem Kochlöffel voll Mehl, rühre dies mit ein wenig Milch glatt, thue 5 bis 6 Eiergelb daran, nebst Zucker, verdünne es mit Milch, setze sie auf's

Feuer und lasse sie unter beständigem Rühren kochend werden. Man kann auch bittere Mandeln dazu nehmen.

441. Vanille = Sauce.

Koche ein Stück Vanille in ³/₈ Liter Milch, rühre 3 bis 4 Eiergelb mit kalter Milch ab, nebst Zucker und etwas Mehl, rühre die Vanillenmilch daran und lasse die Sauce unter beständigem Rühren heiß werden.

442. Sago=Sauce.

125 Gramm Sago wird drei Mal aus kochendem Wasser gewaschen; schütte alsdann rothen oder weißen Wein daran, nebst Zucker, Zimmt, Citronenschale, und lasse den Sago langsam zugedeckt kochen, bis er weich ist; verdünne ihn als= dann mit Wein und gib ihn als Sauce.

443. Himbeer=Sauce.

Nimm ³/₄ Liter Himbeeren und drücke den Saft durch ein Tuch, röste einen Kochlöffel voll Mehl gelb, lösche es ab mit ³/₈ Liter Wein, schütte den Saft dazu, nebst Zucker, Zimmt und Citronenschale, und lasse die Sauce kochen; ist sie zu dick, verdünne sie mit etwas Wasser. Man kann auch ge= kochten Himbeersaft nehmen.

444. Johannisbeer=Sauce.

Wird wie die vorstehende gemacht, nur daß ³/₈ Liter Johannisbeeren genommen werden.

445. Braune Wein=Sauce.

Röste 1 Kochlöffel voll Mehl schön braun, lösche es mit ½ Liter Wein ab, thue Zucker und Citrone daran und lasse sie kochen.

Sauere Saucen.

446. Maître d'hôtel lié.

Man thut in ein Casserol 125 Gramm frische Butter, einen Kochlöffel voll Weißmehl, feingehackte Petersilie, Kerbelkraut, etwas Pimpinell und Estragon, etwas groben Pfeffer, zwei Anrichtlöffel voll frisches Wasser, etwas Salz; setze die Sauce erst dann zum Feuer, wenn man anrichten will, rühre darin, bis sie kocht, thue alsdann den Saft von 2 Citronen daran; sie soll fast so dick sein, wie eine Butter=Sauce; ist sie zu dick, so wird noch Wasser daran gethan.

447. Kräuter=Sauce.

Es wird ein Kochlöffel voll Mehl in einem Stückchen Butter gedämpft, alsdann Petersilienkraut, Selleriekraut, Lauch, Sauerampfer, Thymian, Basilikum, alles fein gewiegt und dazu gethan, wenn dies mitgedämpft hat, wird es mit Fleisch= brühe und Weinessig aufgefüllt; thue etwas Pfeffer, Salz und Muskatnuß daran, lasse die Sauce dick kochen und richte sie an.

448. Butter=Sauce.

125 Gramm Butter lasse auf dem Feuer zergehen, rühre 2 Eßlöffel voll Mehl hinein, lasse es dämpfen, doch so, daß es weiß bleibt, lösche es mit guter Bouillon und etwas Salz ab und lasse sie kochen. Hebe das Fett wieder oben ab.

449. Oliven=Sauce.

Schäle eine Hand voll Oliven von den Steinen, doch so, daß das Geschälte an einem Stücke bleibt; rolle es wieder zusammen, wie sie vorher ausgesehen, die Steine werden weggeworfen; schütte nun 2 Gläser voll Jus nebst Salz daran, lasse es einige Minuten aufkochen und richte sie an.

450. Gurken=Sauce.

Schneide 3 bis 4 Gurken in runde Stückchen, salze sie ein wenig ein und lasse sie eine Viertelstunde stehen, röste einen

Kochlöffel voll Mehl schön braun, lösche es mit einer feinge=
schnittenen Zwiebel ab, dämpfe sie mit den ausgedrückten
Gurken, thue einen Schöpflöffel voll Fleischbrühe daran, ½
Glas Essig, Pfeffer, Salz und Jus, lasse sie 1 bis 2 Stun=
den kochen; diese Sauce kann zu übrig gebliebenem Fleisch
gegeben werden.

451. Morcheln=Sauce.

Die Morcheln werden, nachdem die Stiele abgeschnitten sind,
abgequellt, wieder in kaltes Wasser gelegt und ausgedrückt;
schneide sie fein, röste einen Kochlöffel voll Mehl in einem
Stückchen Butter gelb, dämpfe eine Hand voll feine Petersilie
darin, schütte einen Schöpflöffel voll Fleischbrühe daran, nebst
Salz und Muskatnuß, lasse sie mit den Morcheln kochen
und richte sie zu einem beliebigen Ragout an.

452. Trüffeln=Sauce.

30 Gramm Trüffeln werden geputzt und in einem Glas
Wein gekocht, röste einen Kochlöffel voll Mehl, dämpfe ein
paar Schalottenzwiebeln darin, thue die Trüffeln nebst dem
Wein an das Mehl, schütte Fleischbrühe daran, den Saft
einer Citrone, Muskatnuß, Pfeffer, Nelken und Jus, lasse sie
kochen und richte sie an.

453. Sardellen=Sauce mit Kapern.

Nimm eine Hand voll Kapern, ein paar gewaschene Sar=
dellen, eine Zwiebel, Petersilie, Basilikum, hacke alles recht
fein, dämpfe dies in einem Stückchen Butter nebst einem
Kochlöffel voll Mehl, fülle es mit Fleischbrühe und Essig auf,
lasse die Sauce kochen und gib sie zu warmen Pasteten.

454. Andere Saucen zu Pasteten.

Eine Hand voll Petersilienwurzeln, ein paar Zwiebeln und
einige Weckschnitten werden in guter Fleischbrühe und einem
Stückchen Butter gekocht; wasche 4 Sardellen, stoße sie mit
Butter fein, lasse Alles durch ein Sieb laufen; lasse die Sauce
wieder kochend werden, drücke den Saft einer Citrone dazu;
beim Anrichten legire die Sauce mit 2 Eiergelb ab.

455. Kalte Saucen.

Es werden 2 Milchner Häringe geputzt, die Milchen bei Seite gelegt und die Häringe in kleine Stücke geschnitten, siede alsdann 3 bis 4 Eier hart, nimm das Gelbe heraus, menge die Häringsmilchen mit einer Hand voll kleingehackter Petersilie, ebensoviel feingehackten Kapern, etwas Pfeffer, verrühre alles recht zart, gieße 4 Eßlöffel voll Provenceröl und ebensoviel Essig dazu, so daß es eine dicke Sauce giebt, rühre die kleingeschnittenen Häringe darunter, richte sie an; man kann sie zu jedem kalten Braten geben.

456. Borasch=Sauce.

Eine Hand voll Borasch wird gewaschen und fein geschnitten, dann mit Essig, Oel, Salz und Pfeffer angemacht.

457. Mandel=Sauce.

Eine Hand voll geschälte Mandeln werden mit etwas Zucker, 6 hartgesottenen Eidottern im Mörser fein gestoßen, alsdann in eine Sauciere gethan, nebst etwas feinem Schnitt= lauch und Petersilie, mit Essig und Oel angemacht, doch so, daß die Sauce dick bleibt.

458. Kalte Saucen zu Feldhühnern.

Das Gelbe von 6 Eiern wird mit einem Trinkglas Pro= venceröl, 3 Eßlöffeln voll Senf, einer Messerspitze feinem Pfeffer, etwas Salz, langsam dick gerührt, dann ein Nuß großes Stückchen Zucker auf einer Pomeranze abgerieben, dazu gethan, nebst dem Saft einer Pomeranze.

459. Grüne Remulade.

Nimm eine Hand voll Kerbelkraut, halb so viel Pimpinell und Estragon, grüne Zwiebeln und Schnittlauch, brühe dieses in kochendem Wasser ab, thue es gleich wieder in kaltes Wasser, damit es schön grün bleibt; thue groben Pfeffer und ein gutes Glas voll Senf daran, stoße dies alles mit einander in einem Mörser; wenn es fein ist, thue es heraus, rühre nach und nach ½ Glas voll Baumöl hinein, thue alsdann 2 bis 3 rohe

Eidotter dazu, treibe alles durch ein Haarsieb mit 5 bis 6 Löffeln voll Essig, es muß aber gut dick sein, wie ein Purée; wäre es nicht grün genug, so thue man einen Spinatapparat dazu.

460. Majonais für Fisch und Geflügel.

Um 2 Platten zu decken, nimmt man 4 rohe Eiergelb, rührt gutes Provenceröl tropfenweise daran, damit es nicht gerinnt; man rechnet ungefähr $3/16$ Liter Oel, es muß aber immer geschlagen oder gerührt werden, bis es ganz dick ist. Thue dann etwas Salz, etwas saure Gelee hinzu, welche man zuerst vergehen läßt, doch darf es nicht warm sein. Dann gießt man etwas feinen Essig daran, doch muß es die Dicke behalten, um die Speise zu decken, ohne daß es abläuft. Stelle es dann auf Eis, damit es recht dick bleibt; eine halbe Stunde, ehe man es braucht, richtet man es zu. Man deckt die Fische oder das Geflügel ganz damit zu. Die Garnitur kann man nach Belieben machen, man nimmt gewöhnlich Gelee in zweierlei Farben, hartgesottene Eier und Salat und garnirt es schön damit; man kann auch noch Kapern, Sardellen, rothe Rüben, Trüffeln und Krebse zur Garnitur nehmen.

461. Ordinäre Remulade.

Man nimmt ein Glas voll Senf in eine Schüssel, 4 hart= gesottene Eidotter verrührt man mit dem Senf, backe einen guten Theil Schalotten, Petersilie, Kerbelkraut, Estragon und Pimpinell, auch etwas Kapern und Sardellen; wenn dies alles fein ist, thue $1/2$ Glas Baumöl, ebensoviel Estragon=Essig, Pfeffer und Salz daran, rühre es wohl untereinander und gib sie zu kaltem Geflügel oder Fischen.

462. Kalte Sauce zum Rindfleisch.

Einige hartgesottene Eiergelb werden durch ein Haarsieb gedrückt und mit etwas Senf glatt gerührt, dann werden Sardellen, Kapern, Schnittlauch, Petersilie, grüne eingemachte Gurken und ein wenig Eierweiß und Rothrüben, jedes be= sonders rein gemacht und dazu genommen, wieder recht gerührt und mit Essig, Oel, Zucker, Salz, Pfeffer und noch etwas Senf angemacht.

Braten.

463. Auerhahn gebraten.

Der Hahn wird bis an den Kopf gerupft, ausgenommen, die Brustknochen nach Innen hineingebogen, damit er eine hübsche Form erhält, gut ausgewaschen, innen mit Salz und Pfeffer ausgerieben, die Brust mit kleingeschnittenem Speck stark bespickt, mit einer Speckscheibe überbunden und dressirt. Nachdem nun dies geschehen und der Kopf mit Papier umbunden ist, wird er in ein schickliches Geschirr gethan, nebst Butter, Speck, Schinken, Citronenräbchen, Zwiebeln, Gewürz, mit Salz eingerieben, mit ³/₈ Liter Wein und nöthiger Fleischbrühe weich gedämpft, jedoch nie zu viel auf ein Mal, dann läßt man ihm Farbe geben, hebt das Fett von der Sauce ab, nimmt die Speckscheibe von der Brust, läßt die Sauce durch ein Haarsieb laufen und servirt ihn; der Hahn kann auch einen Tag vorher in Essig gebeizt werden.

464. Fasan gebraten.

Der Fasan wird bis an den Kopf gerupft, und dieser sammt den Federn abgeschnitten und bis zum Serviren bei Seite gelegt, dann wird er wieder auf den Hahn gesteckt und dient als Zierde auf dem Tisch. Nachdem er also geputzt ist, wird er ausgenommen, die Klauen abgehauen, sauber gewaschen, inwendig mit Salz und Pfeffer ausgerieben, die Brust mit geschnittenem Speck gespickt, in eine dünne Speckscheibe eingewickelt und in ein passendes Geschirr gethan, nebst etwas Butter, Schinken, Zwiebeln, gelben Rüben, Petersilienwurzeln, Gewürz, Salz und ein klein wenig Knoblauch); so wird er mit ³/₈ Liter Wein, Bouillon und etwas Jus weich gedämpft, doch muß es nach und nach daran geschüttet werden und darf nie zu viel Brühe haben, dann läßt man die Sauce einbraten, treibt sie durch ein Haartuch und servirt den Fasan.

465. Wilde Gans gebraten.

Nachdem die Gans rein geputzt, ausgenommen, gewaschen und dressirt ist, wird sie in einem passenden Geschirr mit

Butter, Speck, Zwiebeln, Petersilienwurzeln, gelben Rüben, Pfeffer, Nelken, Citronenscheiben, Thymian, Lorbeerblatt, Salz und Bouillon weich gedämpft. Wenn sie nun halb weich ist, wird 1 Glas Wein daran geschüttet und vollends weich ge= dämpft; kurz vor dem Anrichten werden 2 Eßlöffel voll saurer Rahm daran gerührt, die Sauce durch ein Haarsieb getrieben und der Braten servirt.

466. Feldhühner mit Trüffeln gefüllt.

Die Hühner werden, nachdem sie geputzt und ausgenommen, unten wieder zugenähet und nachstehende Farce dazu gemacht: Dämpfe etwas feingehackte Schalotten, Petersilie und Speck, einige würflicht geschnittene Trüffeln, Pfeffer und Salz in einem Stück Butter einige Minuten auf dem Feuer, fülle dann alles oben in die Hühner und nähe sie wieder zu und binde ihnen eine dünne Speckscheibe auf die Brust, dämpfe sie in einem Stück Butter nebst Zwiebeln, gelben Rüben, Lorbeer= blatt, Gewürz, Salz, Citrone, Thymian, mit guter Bouillon und 1 Glas Wein weich; ¼ Stunde vor dem Anrichten, wenn die Sauce durchgetrieben ist, lege einige Trüffeln hinein, lasse sie noch ein wenig mitdämpfen und richte nun die Sauce über die Hühner mit den Trüffeln an.

467. Krammetsvögel gebraten.

Nachdem sie geputzt und ausgenommen sind, werden die gerupften Köpfe um die Flügel geschränkt und so vollends dressirt, dann werden sie mit etwas Butter, Zwiebeln, Pfeffer, Salz und einigen Wachholderbeeren saftig gebraten. Hierauf röstet man eine Hand voll geriebenes Weißbrod in Butter gelb, und gibt, wenn die Vögel angerichtet sind, auf jeden einen Eßlöffel voll von dem Brod und garnirt die Platte mit in Schmalz gebackener Petersilie.

468. Becassinen gebraten.

Wenn die Vögel gerupft und ausgenommen sind, wird der Schnabel durch die Brust gesteckt, die Füße übereinanderge= schränkt und so dressirt, eine Speckscheibe auf die Brust ge= bunden und in Butter mit Zwiebeln, Pfeffer, Salz, Nelken faſtig gebraten, dann etwas Jus daran gethan und ſo mit dem Speck ſervirt.

469. Haſelhühner gebraten.

Dieſe werden wie die Feldhühner zubereitet, nur wird der Kopf nicht gerupft, ſondern abgeſchnitten und, wenn ſie ge= braten ſind, wieder hingeſteckt; auch muß man recht Acht geben, daß ſie ſchön weiß bleiben.

470. Schnepfen zu braten.

Sind die Schnepfen ſammt dem Kopf gerupft, ausgenom= men und das Eingeweide zur Verwendung der Crouton zurück= gelegt, dann wird die Schnepfe dreſſirt, nämlich der Schnabel durch beide Schlägel geſteckt, mit Speck umbunden, dann mit Butter und etwas Salz in einem paſſenden Geſchirr ſchön hellgelb gebraten.

471. Crouton zu Schnepfen.

Von Weißbrod vom zweiten Tag wird die Kruſte genom= men und beliebige Crouton davon geſchnitten und folgende Farce darauf gemacht: Feine Schalotten werden in einem Stückchen Butter gedämpft, dann hackt man das Eingeweide der Schnepfe ein bischen, thut es nebſt etwas Gänſeleber, Wachholderbeeren, weißem Pfeffer, Lorbeerblatt, Muskatnuß, etwas Thymian zu ſeinem Gewürz gemacht, darunter, nebſt 2 Stück Sardellen. Alles wird etwas gedämpft, dann durch ein Haarſieb getrieben, auf die Crouton geſtrichen und dann auf einem mit Butter beſtrichenen Blech im Ofen gebacken und die Schnepfen damit garnirt.

472. Wachteln zu braten.

Nachdem die Wachteln bis an den Kopf gerupft und dieſer in Papier eingewickelt iſt, werden ſie ausgenommen, gewaſchen und dreſſirt, mit Speck umbunden, in ein Caſſerol mit Butter gethan, ſammt Zwiebeln, Lorbeerblatt, Salz und Pfeffer, und ſo mit etwas Wein und Bouillon weich gedämpft und dann gebraten.

473. Lerchen zu braten.

Wenn die Lerchen schön gerupft und die Füße eingeschränkt sind, wird der Kopf an die Füße gesteckt. Sie werden nicht ausgenommen, in heiße Butter gelegt, schön gelb gebraten, mit geriebenem Brod und Salz bestreut und so zur Tafel gegeben.

474. Welscher Hahn gebraten.

Obwohl die Hennen kleiner, sind sie den Hähnen doch weit vorzuziehen; sie müssen jedenfalls 1 bis 2 Tage vorher ge= schlachtet sein, damit sie mürbe werden. Sie müssen ganz ge= rupft werden; der Kopf bleibt stehen, das Brustbein wird ein= gedrückt, der vordere Fuß abgehauen, der Kopf in die Flügel gelegt, die Brust mit Speck umbunden und so zurecht gemacht; inwendig wird er ausgewaschen, 1 Weck in die Kropfhöhle gethan, damit sie nicht einfällt, ein Stückchen Butter mit Salz und Pfeffer verknetet, in den Körper gesteckt, außen mit Pfeffer und Salz eingerieben, und mit Butter, Zwiebelscheiben, gelben Rüben und Speck hübsch gebraten, dann ein wenig Jus zugegossen, das Fett von der Sauce abgenommen, durch= getrieben und so beim Anrichten über den Hahn gegossen.

475. Welscher Hahn mit Trüffeln gefüllt.

Der Hahn wird auf dieselbe Art gebraten, wie der vorher= gehende, und dazu gib folgende Farce: Dämpfe 1 Hand voll feingehackte Schalottenzwiebeln und Petersilie nebst geschabtem Speck, rund abgedrehten Trüffeln, Pfeffer, Salz und der fein gehackten Leber des Hahns in einem Stück Butter einige Minuten auf dem Feuer, lasse es dann verkühlen, fülle zuerst die Kropfhöhle damit und thue dann das Uebrige in den Körper, nähe ihn zu, lasse ihn schön braten und servire ihn.

476. Warme Farce zu Welschhahn und Kapaun.

Nimm ⅓ Kilogramm Schweinefleisch (vom Schooß), schneide es in Stückchen und hacke es fein, dann nimmt man es mit Gänsleber in den Mörser und stößt es fein nebst 1 Eiergelb und dem Gewürz. Dann wird es durch ein Haar= sieb getrieben; man nimmt 1 Stück Butter in ein Casserol, thut einige feingeschnittene Schalotten hinein, läßt sie ein wenig dämpfen, thut dann 2 bis 3 geschälte Trüffeln nebst etwas Jus daran, läßt es noch ein wenig auf dem Feuer ziehen, mengt es unter die Farce nebst etwas Salz und füllt das Geflügel damit.

Zubereitung des Gewürzes: Eine halbe Muskatnuß wird in kleine Stückchen geschnitten, ein Lorbeerblatt, 6 weiße Pfeffer- körner, etwas Thymian wird im Backofen gedörrt und fein gestoßen.

477. Welscher Hahn mit Kartoffeln gefüllt.

Rund gebohrte, rohe Kartoffeln werden nebst feingehackten Schalotten, Petersilie und der Leber einige Minuten in Butter, nebst Salz und Pfeffer gedämpft, der Hahn damit gefüllt, zu- genäht und wie ersterer gebraten.

478. Gebratene Gans mit Kastanien gefüllt.

Nachdem die Gans gebrüht und ausgenommen ist, läßt man sie 1 oder 2 Tage liegen, damit sie recht mürbe wird, mache dann folgende Farce und fülle sie damit: Dämpfe eine Hand voll feingehackte Schalotten und Petersilie in einem Stück Butter weich, nimm es vom Feuer, rühre 4 bis 5 Eier nebst Salz, Pfeffer und die gehackte Gansleber hinein, koche ¾ Liter Kastanien weich, schäle sie, menge sie auch unter die Fülle, gib nun alles in die Gans, nähe sie gut zu, haue die Flügel davon ab und stelle die Gans mit 2 Schöpflöffeln voll Fleischbrühe oder Wasser, in Scheiben geschnittenen Zwiebeln, 1 gelben Rübe und Salz auf's Feuer und lasse sie so weich kochen und zuletzt im eigenen Fett braten.

Anmerkung. Man kann die Gänse auf diese Weise auch mit Kartoffeln füllen.

479. Zahme Enten mit Kastanien gefüllt.

Diese werden ganz auf dieselbe Art wie die Gänse gebraten.

480. Wilde Enten gebraten.

Die Ente wird gerupft, ausgenommen, gewaschen und dres- sirt, die Brust mit Speck umbunden, inwendig mit Salz und Pfeffer ausgerieben, in ein Casserol gethan, mit Butter, Speck,

Zwiebeln, gelben Rüben, Lorbeerblatt, Nelken, Citronenräbchen, ganzem Pfeffer und Salz gedämpft, dann etwas Bouillon zugegossen und so schön gelb gebraten.

481. Kapaun gebraten.

Wenn der Kapaun rein gemacht ist, wird er dressirt, in Speck eingebunden und mit Butter, Zwiebeln, gelben Rüben, Salz und ganzem Pfeffer schön gelb gebraten.

482. Junge Hühner gebraten.

Diese werden ganz auf dieselbe Art bereitet wie die Kapaunen.

483. Junge Hühner gefüllt.

Die Hühner werden, wenn sie rein geputzt sind, ausgenom=
men, gewaschen und folgende Farce von Krebsen gemacht: Man siedet 25 Krebse, schält die Krebsschwänze davon, schneidet diese klein, dämpft etwas feingehackte Schalotten und Petersilie in einem Stück Butter weich, rührt drei Eier darein, bis es dick ist, dann nimm es vom Feuer weg, rühre die Krebsschwänze nebst einem halben eingeweichten und wieder ausgedrückten Weck hinein, rühre es mit Pfeffer, Salz, Muskatnuß, einem ganzen und drei gelben Eiern wohl durcheinander, fülle die Hühner damit, nähe sie zu und umbinde sie auf der Brust mit Speck und brate sie in Butter mit Zwiebeln und gelben Rüben schön gelb.

484. Gefüllte Tauben.

Nachdem die Tauben rein gerupft, ausgenommen und ge=
waschen sind, werden etwas feingehackte Schalotten und Peter=
silie in einem Stück Butter weich gedämpft, dann wird ein eingeweichter und wieder ausgedrückter Weck auch mitgedämpft, vom Feuer weggenommen, etwas Salz, Muskatnuß und Pfef=
fer dazu gethan, mit einigen Eiern abgerührt, in die Tauben gefüllt, diese zugenäht, mit Zwiebeln, gelben Rüben, Lorbeer=
blatt, ganzem Pfeffer, Salz und zwei Nelken in Butter weich gedämpft, immer etwas Bouillon zugegossen und zuletzt hübsch gelb gebraten.

485. Hammelsschlägel gedämpft.

Der Hammelsschlägel wird gut geklopft und gewaschen, nachdem er schon 1 bis 2 Tage gelegen hat, mit Knoblauch gespickt, mit Salz eingerieben und in einer Bratpfanne im Ofen, nebst Butter, etwas Wasser und Zwiebeln schön gelb gebraten; das öftere Uebergießen darf aber dabei nicht versäumt werden

486. Hammelsschlägel gebeizt.

Wenn der Schlägel 2 Tage in Essig gelegen hat, wird er geklopft, mit Knoblauch gespickt, in einer Pfanne mit Butter, Zwiebeln, gelben Rüben, Lorbeerblatt, Nelken, Pfeffer, Salz und etwas Beizbrühe und Salbei gebraten, dabei öfters übergossen, etwas Bouillon daran gethan und so im Backofen fertig gebraten.

487. Kalbsschlägel gebraten.

Der Schlägel wird geklopft, in eine Bratpfanne mit Butter, Zwiebeln, gelben Rüben, Pfeffer, Salz und etwas Bouillon gethan, im Backofen gebraten, dabei öfters mit der Sauce übergossen und so fertig gemacht.

488. Kalbsschlägel gebeizt.

Dieser wird wie der gebeizte Hammelsschlägel gebraten, nur mit der Ausnahme, daß er mit Speck gespickt wird.

489. Schweineschlägel gebraten.

Man stellt den Schlägel mit etwas Zwiebeln, Salz, Pfeffer und Wasser in einer Pfanne in den Ofen und läßt ihn so bei öfterem Uebergießen schön gelb braten.

490. Rehschlägel gebeizt.

Man beizt einen Schlägel 2 Tage vorher in Essig, häutet ihn ab und spickt ihn, stellt ihn dann mit Butter, Zwiebeln, gelben Rüben, Nelken, Pfeffer, Lorbeerblatt, Speck, ein wenig Knoblauch, Salz und Citrone und ein wenig Beizbrühe in einer Pfanne in den Bratofen und läßt ihn so unter öfterem Uebergießen der Sauce fertig braten, hebt dann das Fett von der

Sauce ab, rührt 2 Eßlöffel voll sauern Rahm hinein und richtet sie über den Braten an.

491. Rehziemer gebraten.

Wird ganz auf dieselbe Weise zubereitet wie der Rehschlägel.

492. Hirschziemer mit einer Kruste und Kirschen-Sauce.

Der Ziemer wird abgehäutet, jedoch das Fett daran ge= lassen, in eine Bratpfanne gethan, mit etwas Wasser, Wein und Essig (doch darf die Brühe nicht zu weit am Ziemer herauf gehen), Butter, Zimmt, Nelken, Pfeffer, Salz, Lor= beerblatt, Citrone und einigen Wachholderbeeren im Bratofen weich gedämpft, man läßt ihn ein wenig erkalten, nimmt als= dann 2 Hände voll Schwarzbrodbrosamen, feuchtet sie mit 125 Gramm zerlassener Butter an, reibt von einer Citrone die Schale nebst 8 Gramm Zimmt, ein klein wenig gestoßenen Nelken, mengt dies nebst einer Hand voll Zucker und dem Saft einer Citrone unter das Brod, streicht den obern Theil des Ziemers mit Eiweiß an, gibt von der Masse darauf, schlägt es mit der Haub darauf, daß es eine gleichmäßige Kruste bildet, gibt kleine Stückchen Butter darauf, stellt ihn wieder in den Ofen, schüttet ein klein wenig von der Sauce in die Pfanne, damit er nicht anbrennt, und läßt ihn oben schön gelb werden. Kirschen-Sauce dazu: Man nimmt 2 bis 3 Hände voll dürre Kirschen, stößt sie in einem Mörser fein, kocht sie mit Wasser und der Kruste von 2 Wecken weich, treibt sie mit ¾ Liter Wein durch ein Haarsieb, thut ein wenig gestoßenen Zimmt, etwas Nelken, Citronenschale, eine Hand voll gestoßenen Zucker hinein und läßt sie so noch ein wenig kochen, dann wird der Ziemer trocken auf den Tisch gegeben und die Sauce besonders servirt.

493. Hasen zu braten.

Nach dem Abstreifen wird der Hase ausgenommen, das Schlußbein von einander gehauen, daß die Schlägel auseinan= der glatt da liegen, die Lampen, nebst Bug, Hals und Kopf abgeschnitten, der Ziemer und die Schlägel gehäutet und ge= spickt, und so 1 bis 2 Tage in Essig gelegt, das Uebrige aber

als Ragout gegeben; dann wird er in eine Bratpfanne gethan, mit Butter, Zwiebeln, gelben Rüben, Lorbeerblatt,
Knoblauch, Speck, Pfeffer, Citrone, Salz, einigen ganzen
Nelken und etwas Beizbrühe im Bratofen weich gedämpft,
öfters überschüttet, dann das Fett von der Sauce abgenom=
men, einige Löffel voll jauerer Rahm daran gethan, durch=
getrieben und so über den Braten servirt.

494. Fricando von Kalbfleisch.

Schneide aus einer halben Schale ein Fricando, häute es
ab, spicke es mit Speck, lege es in ein Casserol mit Butter,
Speck, ein wenig Schinken, Zwiebeln, gelben Rüben, einigen
Nelken, Salz, Pfeffer, nebst etwas Bouillon, lasse die Brühe
immer kurz kochen, übergieße es öfter mit der Sauce, decke
es mit einem Kohlendeckel zu und lasse es so schön gelb und
weich dämpfen, hebe das Fett ab und servire es.

495. Nierenbraten.

Ein schöner Nierenbraten wird am Rücken gespickt, in ein
Casserol gethan und mit Butter, Zwiebeln, gelben Rüben,
Salz und Pfeffer schön gelb gebraten, dann etwas Jus zu=
gegossen, vollends fertig gemacht, das Fett abgenommen, die
Sauce über den Braten geschüttet und dann servirt.

496. Gefüllte Kalbsbrust.

Die Brust wird mit einem Messer aufgestochen, damit die
Höhle recht groß wird, und dann folgende Fülle dazu gemacht:
2 bis 3 eingeweichte und wieder ausgedrückte Wecke werden
nebst etwas feingehackten Schalottenzwiebeln und Petersilie
in Butter weich gedämpft, etwas Salz, Pfeffer und Muskat=
nuß hinein gethan und mit 4 bis 5 Eiern abgerührt; dann
wird die Brust damit gefüllt, wieder zugenäht, in Wasser ein
wenig abgebleicht und mit Butter, Zwiebeln und Salz gebraten.

497. Gefülltes Spanferkel.

Wenn das Spanferkel geputzt ist, so wird nachstehende
Fülle dazu gemacht: Man hackt Lunge, Leber und Herz recht
fein, dämpft etwas feine Zwiebeln und Petersilie in einem

Stück Butter nebst einem ausgedrückten Weck, Pfeffer, Salz,
Muskatnuß und ein wenig Thymian, thut die gehackte Lunge ꝛc.
dazu, rührt es mit 2 Eiern ab und füllt das Spanferkel
damit, näht es zu, setzt es in eine Bratpfanne, thut unter die
Vorder- und Hinterfüße ein Stück Holz, damit das Spanferkel
eine hübsche Form bekommt, bestreut es mit Salz, gibt ein
wenig Wasser in die Pfanne, damit es nicht anbrennt, streicht
es, so oft es trocken ist, mit einem Pinsel mit Oel an und
läßt es so im Bratofen fertig braten.

Anmerkung. Wenn die Spanferkel gefüllt sind, werden sie nie
so rösch, als ohne Fülle; sie werden aber auf dieselbe Art gemacht.

498. Lummelbraten.

Nachdem der Lummel abgehäutet ist, wird er gespickt, mit
Butter, Zwiebeln, Petersilienwurzeln, Speck, Pfeffer und Salz
gebraten, etwas Jus zugegossen und so in einer Bratpfanne
im Backofen oder in einem Casserol mit einem Kohlendeckel
fertig gemacht.

499. Lendenbraten.

Das Lendenstück liegt oberhalb dem Lummel beim Ochsen;
es ist gut, wenn es einige Tage alt ist, bis es gebraten wird.
Schneide den Knochen heraus, klopfe es gut, salze und pfeffere
es, lege es in eine Bratpfanne mit Butter, Nierenfett und
Wasser und lasse es so im Backofen weich braten; es wird
öfters auch am Spieß gebraten.

500. Gedämpfte Rindsrippen.

Ungefähr 3 bis 4 Kilogramm vom Rippenstück werden,
nachdem die Beine abgelöst, mit fingerdickem Speck, der in
gehackten Schalotten, Petersilie, Salz und Pfeffer umgewendet
ist, gespickt, jedoch so, daß man von Außen nichts davon
sieht, bindet es mit Bindfaden zusammen, damit es eine hübsche
Form behält, thut nun in ein schickliches Geschirr auf den
Boden einige Speckbatten, thut das Rippenstück sammt Zwiebeln,
gelben Rüben, Petersilienwurzeln, Citrone, Gewürz, Thymian,
Salz und etwas Schinken hinein, gießt etliche Suppenlöffel

voll Fleischbrühe auf, gibt oben und unten Kohlen und läßt es so einige Stunden dämpfen; wenn die Brühe eingekocht ist, gieße sie mit ³/₈ Liter Wein auf, lasse sie schön gelb braten, hebe dann das Fett davon ab, treibe die Sauce durch und richte sie nun über das Rippenstück an.

501. Rindsrippen auf dem Rost gebraten.

Wenn das Rippenstück einige Tage gelegen, werden die Rippen zerschnitten, die Beine davon abgelöst, jedes recht mit dem Klopfer breit geschlagen, mit feingehackten Schalotten, Petersilie, ein klein wenig Knoblauch, nebst Pfeffer und Salz bestreut, in Provenceröl umgewendet und auf dem Rost fertig gebraten, dann wird etwas Jus mit Citronensaft und gestoße= nen Sardellen vermengt, die Rippen bis zum Anrichten darin warm gehalten und so beim Anrichten über die Rippen geschüttet.

Salat zu Braten und Rindfleisch.

502. Salat à l'Italien.

Es werden Kartoffeln, so viel als nöthig, abgekocht und ge= blättelt, dann 2 Häringe, 125 Gramm Sardellen, 2 Bricken gepußt und geschnitten, 125 Gramm Kapern, 6 hartgesottene Eier nebst etwas feingehackten rothen Rüben, Schalotten und Hühnerfleisch, mit Essig, Oel, Pfeffer und Oliven angemacht; man kann auch die Kartoffeln unten in die Salatiere legen und mit den gehackten Kräutern den Salat garniren, ihn als Zierde auf den Tisch stellen und dann erst anmachen.

503. Kartoffelsalat mit Häring.

Die abgekochten Kartoffeln werden geschnitten, desgleichen auch einige Häringe, mit Essig und Oel angemacht und servirt.

504. Gurkensalat mit Speck.

Die Gurken werden geschnitten, eingesalzen und wieder aus= gedrückt, dann würflich geschnittener Speck gelb gebraten, mit

Essig abgelöscht, an den Salat geschüttet, einige saurer Rahm daran gethan und mit etwas Pfeffer untereinander gemacht.

505. Englischer Salat.

Man verschlägt 3 ganze Eier, rührt 4 Eßlöffel voll Oel und 3 Löffel voll Essig, nebst einem Löffel voll Senf, Pfeffer und Salz hinein, rührt diese Sauce eine Zeitlang, schüttet sie an den gewaschenen Kopfsalat, mengt ihn untereinander, legt hartgesottene Eier in 4 Theile geschnitten in die Mitte darauf, und außen herum zerschnittene gebratene Hühner.

506. Hopfen=Salat.

Das Harte wird von den Hopfen gebrochen, diese in Büschel gebunden und in Salzwasser weich gekocht, in frischem Wasser abgeschwengt, in kurze Stückchen geschnitten und mit Essig, Oel, Pfeffer, Salz und Schnittlauch angemacht.

507. Schnecken=Salat.

Nachdem die Schnecken in Salzwasser weich gekocht sind, werden sie herausgenommen, gereinigt, dann ein Häring in Stückchen geschnitten, etwas feingehackte Schalotten, rothe Rüben, Schnittlauch und Kapern darunter gethan und mit Essig, Oel, Pfeffer und Salz angemacht.

508. Russischer Salat.

Das Gelbe von 3 hartgesottenen Eiern wird mit ein wenig Wasser glatt gerührt, 4 Eßlöffel voll Oel nebst Essig, Pfeffer und Salz dazu gethan; dann schneidet man gebratenes Kalb= fleisch, gesalzene Zunge und gekochte Kartoffeln in kleine Stück= chen, macht es mit dem schon Zubereiteten an, garnirt den Salat mit Oliven, Kapern, Sardellen, Krebsschwänzen und hartgesottenen Eiern und gießt folgende Sauce darüber: Man verrührt das Gelbe von 3 hartgesottenen Eiern mit etwas Oel, thut einen Eßlöffel voll geriebenen grünen Käse nebst einigen Löffeln voll Senf und einem Eßlöffel voll sauern Rahm dazu, wenn es nöthig ist auch noch etwas Oel und Essig, und begießt den Salat damit.

509. Spargel=Salat.

Nachdem die Spargeln in Salzwasser weich gekocht sind, wird das Grüne davon in kleine Stückchen geschnitten und mit Essig, Oel, Pfeffer und Salz, auch etwas Schnittlauch angemacht.

510. Bohnen=Salat.

Die geschnittenen Bohnen werden in Salzwasser abgekocht, dann läßt man das Wasser ablaufen und kalt werden, macht sie mit feingehackten Zwiebeln, Pfeffer, Salz, Essig und Oel an, läßt sie einige Stunden stehen und gibt sie zu Tisch.

511. Kraut=Salat.

Ein Krautkopf wird auf einem Hobel geschnitten und etwas gesalzen in eine Schüssel gethan, zugedeckt und so zur Wärme gestellt, damit es ein wenig dünstet, dann wird das Wasser davon gedrückt, etwas grüner Speck würflich geschnitten und auf dem Feuer gelb geröstet, dann mit Essig abgelöscht und der Salat nebst Pfeffer und Salz warm damit angemacht.

512. Gelbe Rüben=Salat.

Einige gelbe Rüben werden in Salzwasser weich gekocht und dann geblättelt; darauf läßt man sie kalt werden und macht sie mit Pfeffer, Salz, Essig und Oel an.

513. Rothe Rüben=Salat.

Mehrere rothe Rüben werden abgekocht, dann geschält, ge= blättelt und mit gestoßenem Coriander, Pfeffer, Salz und Essig angemacht, dann einige Zeit stehen gelassen und kalt zu Tisch gegeben.

514. Rettig=Salat.

Ein geputzter Rettig wird gewaschen, in dünne Blättchen geschnitten und so mit Pfeffer, Salz, Essig und Oel ange= macht; man kann den Rettig statt in Blättchen zu schneiden auch reiben und auf dieselbe Weise anmachen.

515. Rübenkeim-Salat.

Wenn die weißen Rüben Keime bekommen, was gewöhnlich im Frühjahr geschieht, werden solche abgenommen, mit kochendem Wasser in einer Schüssel abgebrüht, damit sie den bittern Geschmack verlieren; man läßt das Wasser alsdann wieder ablaufen und macht sie mit feingehackten Zwiebeln, nebst Oel, Essig, Pfeffer und Salz an.

516. Sellerie-Salat.

Die Wurzeln, so viel als nöthig, werden geputzt und in Salzwasser halbweich gesotten, dann in dünne Blättchen geschnitten und mit Pfeffer, Salz, Essig und Oel angemacht; die rohen Selleriewurzeln werden auf dieselbe Weise angemacht.

517. Ochsenmaul-Salat.

Das Ochsenmaul wird in Salzwasser weich gekocht, die Beinchen herausgenommen und recht zart geschnitten, dann mit feingehackten Zwiebeln, Pfeffer, Salz, Oel und Essig angemacht.

518. Brunnenkressen-Salat.

Die Kresse wird sauber gelesen und gewaschen, dann mit Pfeffer, Salz, Oel und Essig angemacht.

519. Blumenkohl-Salat.

Nachdem der Kohl sauber geputzt und gewaschen ist, wird er in Salzwasser weich gekocht, dann in ein Geschirr gelegt, damit er nicht zerbricht; unterdessen wird das Gelbe von einigen hartgesottenen Eiern, Pfeffer und Salz mit einigen Löffeln voll Oel glatt verrührt, so viel als nöthig Essig beigegossen und so über den Kohl etliche Mal geschüttet.

520. Rosenkohl-Salat.

Wenn der Kohl gereinigt ist, koche man ihn in Salzwasser weich, lasse das Wasser rein davon ablaufen, rühre dann einige Löffel voll Senf mit Essig, Oel, Pfeffer und Salz daran und menge den Salat darunter.

Warme und kalte Pasteten.

521. Warme Pastete von Stockfisch.

Mache von ½ Kilogramm Mehl und ½ Kilogramm Butter einen Butterteig; das Mehl und etwas Salz muß zuerst mit dem Wasser etwas geschafft werden, dann wird die Butter hineingewellt und so öfter überschlagen, bis der Teig und die Butter sich ganz angenommen haben; hierauf läßt man ihn eine Stunde ruhen. Dann welle ihn zweifinger= dick aus in Form eines runden Tellers, streiche es mit Ei an, schneide mit einem spitzen Messer in der Mitte einen Kreis, doch darf der Schnitt nicht durchgehen und muß ein dreifingerbreiter Rand bleiben; backe sie hierauf auf einem mit Mehl bestreuten Blech schön gelb, hebe den Deckel mit einem Messer heraus, nimm das Speckige heraus, lege den Deckel wieder darauf und halte sie bis zum Anrichten warm. Man nehme 3 bis 4 Stückchen Stockfisch, koche sie ab, löse die Gräten ab und zerschneide ihn in kleine Stückchen, dämpfe einige feingehackte Zwiebeln in einem Stückchen Butter, thue die Stockfische nebst Muskatnuß, Ingwer und Salz hinein, verschlage 5 Eiergelb mit ⅜ Liter süßem Rahm, rühre es an die Stockfische, fülle sie in die Pastete und gib sie warm zu Tische.

522. Warme Pastete von Fleisch.

Dazu wird ein geriebener Teig gemacht (siehe Butterteig), ein Auflaufblech mit Butter bestrichen, der Teig hineingelegt, so daß die Form von allen Seiten belegt ist; dann wird fol= gende Farce dazu gemacht: 1 Kilogramm Fleisch vom Nieren= braten, etwas Nierenfett, eine Zwiebel und 50 Gramm Sar= dellen werden recht fein gehackt, thue dieses in eine Schüssel, drücke den Saft einer Citrone daran und rühre es mit 2 Eiergelb, Salz, Pfeffer und Muskatnuß wohl untereinander; nun legt man von der Farce einen Finger dick in die Form, legt eine Lage in Scheiben geschnittenen Kalbs= braten oder auch gebratene Hühner darauf, gibt die Farce vollends darauf, macht nun von dem übrigen Teig

einen Deckel darauf, streicht ihn mit Eiergelb an und backt
sie im Ofen schön gelb; dann wird sie umgestürzt und folgende
Sauce dazu servirt: Es wird ein Kochlöffel voll Mehl mit
einem Stück Butter braun geröstet, etwas Zwiebeln mitge=
dämpft, mit Jus abgelöscht, etwas Wein, Citronensaft, Nelken
und Salz daran gethan und so kochen lassen; nun kann man
die Sauce in die Pastete hineingießen oder auch besonders
dazu geben.

523. Warme Pastete von Fischotter.

Nachdem die Fischotter abgezogen und ausgenommen ist,
wird sie einen Tag in Essig gelegt und Zwiebeln, Citrone,
Gewürz, Lorbeerblatt und Salz daran gethan; dann wird so
viel Fischotter als nöthig in ein Casserol mit Butter gethan
und die Kräuter aus dem Essig nebst einem Glas rothen Wein
dazu genommen; nun läßt man dieses zusammen dämpfen, bis
die Sauce eingekocht ist. Dann nimmt man das Fleisch von
einem Hecht im Gewicht von 1 Kilogramm ohne Haut und
Gräten, läßt dieses mit Butter, feingehackten Zwiebeln, Peter=
silie, Gewürz, etlichen Champignons und Salz einige Minuten
auf dem Feuer dämpfen, hackt nun alles auf einem Brett recht
fein, gibt dann den Saft von einer Citrone nebst einigen Eier=
gelb daran und verarbeitet es wohl mit einander. Dann wird
von geriebenem Butterteig ein Boden ausgewallt, von der
Farce fingerdick darauf gethan, dann ein Lage Fischotter, und
dann die Farce vollends darauf. Man muß suchen, der Pastete
eine hübsche Form zu geben; dann wird von Butterteig ein
Deckel darüber gemacht, außen herum ein Rand gelegt und
oben an der Pastete eine Oeffnung gemacht, diese wird nun
mit Ei angestrichen, auf einem mit Butter bestrichenen Papier
auf ein Blech gesetzt und im Ofen schön gelb gebacken; nun
wird etwas Jus mit Citronensaft und Salz vermengt und
entweder in die Oeffnung der Pastete gegossen oder auch
besonders dazu servirt.

524. Kalte Pastete von Gansleber.

Zu einer mittelgroßen Pastete werden 5 bis 6 Ganslebern
genommen, dann wird 1 Kilogramm Trüffeln geschält und

gewaschen und 3 in Stücke geschnittene Lebern damit gespickt, gesalzen und in Butter ein wenig auf beiden Seiten gedämpft, der andere Theil der Trüffeln wird nebst 2 geschabten Gäns= lebern, ½ Kilogramm Kalbfleisch, 250 Gramm rohem Speck und einigen Sardellen zuerst etwas gehackt und dann in einem steinernen Mörser nebst Muskatnuß, Nelken, Pfeffer, Salz und Thymian recht fein gestoßen. Dann bereite folgen= den Teig: Nimm 1½ Kilogramm Mehl, ½ Kilogramm But= ter, 2 ganze und 4 gelbe Eier, nebst Salz, schaffe dieses mit 1 Glas Wasser zu einem festen Nudelteig, dann walle einen ovalen Boden fingerdick aus, lege ihn in der Mitte mit dün= nen Speckbatten aus, thue von der Farce darauf, dann eine Lage Gänsleber und so fort, bis alles vertheilt ist, doch muß obenauf eine Lage Farce kommen; das Ganze wird nun wieder mit Speck überdeckt, mit einem Deckel von Teig zugedeckt und dieser mit dem Boden fest umwickelt, damit sie im Ofen nicht aufspringt. Dann wird oben im Deckel eine Oeffnung gemacht, die Pastete mit Ei bestrichen (man kann auch ein Netz, von Teig geflochten, oder Verzierungen ande= rer Art anbringen), lege nun ein Papier darauf und lasse sie im Ofen 2 Stunden schön backen; wenn sie von innen kocht, so ist sie fertig; dann wird sie herausgenommen, das Papier weggenommen und die obere Oeffnung verstopft, da= mit der Dunst nicht herausgeht. Ist sie kalt, so kann man Aspic hineingießen. (Siehe Aspic.)

525. Kalte Pastete von Wildpret.

Ungefähr 2 bis 2½ Kilogramm Wildpret vom Schlägel wird in zweifingerdicke Riemen geschnitten, mit ¾ Kilogramm Speck gespickt, daß der Speck aufgeht; man nimmt dann ein Stück Butter und dämpft das Wildpret nebst feingehackten Schalotten, Petersilie, Knoblauch, Thymian, Muskatnuß, Pfeffer, Nelken, der Schale von 1 Citrone, 1 Glas Essig und Wein nebst Salz und läßt dieses auf beiden Seiten et= was andämpfen, alsbann bereite man folgende Farce: 1 Kilo= gramm Wildpret, ½ Kilogramm rohes Kalbfleisch, ½ Kilo= gramm Speck, 125 Gramm Sardellen, 1 Hand voll Scha= lotten, Petersilie, Trüffeln, Kapern, Gewürznelken, Pfeffer

und Salz werden fein gehackt und in einem steinernen Mör=
ser fein gestoßen; dann wird auf dieselbe Weise verfahren
wie bei der Gansleber=Pastete.

526. Kalte Pastete von Feldhühnern.

3 Feldhühner werden gerupft und ausgenommen, Kopf und
Flügel abgeschnitten, dann ausgebeint, daß kein Bein darin
bleibt; nun werden einige fingerlange Stückchen Speck und
Schinken hineingethan, mit nachstehender Farce ausgefüllt,
hierauf in Butter, Zwiebeln, Gewürz und Salz etwas ange=
dämpft und folgende Farce dazu gemacht: 1 Kilogramm
rohes Kalbfleisch, ½ Kilogramm Schinken und ½ Kilo=
gramm Speck, 60 Gramm Sardellen, 60 Gramm Kapern, 1
Hand voll Schalotten, Petersilie, Trüffeln, die Schale von
einer Citrone, Pfeffer, Muskatnuß, Nelken, Thymian, Rocam=
bol, wird alles zusammen gehackt, in einem Mörser gestoßen;
dann wird von Pastetenteig ein ovaler Boden ausgewallt,
auf einem mit Butter bestrichenen Papier auf ein Backblech
gelegt, mit Speck belegt, gib von der Farce darauf, lege die
gefüllten Feldhühner auf die Brust hinein und die übrige
Farce oben darauf; hierauf wird von dem übrigen Theil
ein Deckel gewallt, darüber geschlagen und damit zugedeckt
und mit der Hand in die Höhe getrieben, mit dem Boden
gut verbunden, mit Ei bestrichen, in der Mitte oben eine
Oeffnung herausgestochen, damit der Dampf heraus kann
und sie im Backen nicht zerspringt; dann kann man sie
auf jede Art von Außen verzieren und läßt sie im Ofen 2
Stunden backen; wenn sie von Innen kocht, ist sie fertig,
und wenn sie kalt ist, gießt man Aspic hinein.

527. Kalte Pastete von Kapaun.

Wird auf dieselbe Art verfertigt wie die Pastete von
Feldhühnern.

528. Kalte Pastete von Hasen.

Wird wie die Wildpretpastete gemacht.

529. Kalte Pastete von Fasan.

Wird auf gleiche Art wie die Feldhühnerpastete bereitet.

Kalte Fleisch=Speisen.

530. Gansleber=Purée.

2 schöne Ganslebern werden mit Butter, etwas Speck, Schinken, Petersilienwurzeln und gelben Rüben, etwas Zwie= beln, ganzen Nelken, Pfeffer, Salz und etwas Fleischbrühe gedämpft, bis sie nicht mehr blutig sind; sie müssen aber schön weiß bleiben; dann legt man sie auf ein Sieb, damit das Fett abläuft, und stößt sie in einem Mörser recht zart. Alsdann werden 1 Kilogramm Kalbsfüße, 1½ Kilogramm Kalbfleisch, 1 altes Huhn, etwas Schinken und Gewürz zu einer guten Glace eingekocht und diese gute Brühe mit den Ganslebern durch ein Haarsieb getrieben; dann wird eine Form mit Butter bestrichen, das Purée hineingefüllt und so an einem kalten Ort stehen gelassen; beim Anrichten wird die Form in laues Wasser gethan, dann auf eine Platte gestürzt und der Rand derselben mit Aspic belegt.

531. Gansleber=Pastete zu 2 Terrinen.

Nimm 4 schöne Ganslebern, 1¼ Kilogramm Schweinefleisch vom Schooß mit dem Fett, ½ Kilogramm Trüffeln, ein halbes Glas Madeira. Schneide jede Leber in 4 Theile, thue das Häutige weg und gib der Leber eine hübsche runde Form, spicke sie dann mit Trüffeln, in jede 3 bis 4 Stücke, salze und würze dies, bis es recht ist, und gieße die Hälfte des Madeira daran. Mache dann folgende Farce dazu: Nimm das Abgeschnittene der Lebern, schabe etwas von dem Speck des Fleisches und dämpfe es mit etwas Gelberüben, Scha= lotten, Zwiebeln, Lorbeerblatt, Thymian, Nelken, weißem Pfeffer, Salz; wenn alles gedämpft ist, thue die Zwiebeln und Gelberüben heraus, lasse es erkalten, treibe es dann durch ein Haarsieb. Dann schneidet man den Speck von dem Fleisch

weg und stoßt ihn recht fein, theile dann das Fleisch von
den Knochen und Nerven, hacke und stoße es recht fein,
nimm alles zusammen noch einmal in den Mörser, das heißt
die gedämpfte Leber, das Fleisch und den Speck, nebst einigen
Trüffeln, gieße dann den Madeira von den zugerichteten Lebern
und Trüffeln ab und auch dazu, nebst Salz und obigem Gewürz, bis es im Geschmacke gut ist, stoße es noch ein Mal
recht fein, nimm es heraus und verarbeite es noch recht in
einer Schüssel, dann nimmt man etwas Farce und legt die
Terrinen damit aus, lege an verschiedene Stellen Trüffeln,
dann eine Leber, bedecke die Leber wieder mit Farce; es muß
aber ganz fest ausgefüllt sein, damit es gar keine Lücken gibt,
sodann wieder etliche Trüffeln, und so fährt man fort, bis die
Terrine gefüllt ist; dann legt man eine Scheibe frischen Speck
darüber und ein mit Butter bestrichenes Papier oben auf,
thue den Deckel darauf und klebe ihn mit Wasserteig zu.
Dann stellt man die Terrinen in eine Pfanne mit heißem
Wasser, welches bis an die Hälfte der Terrinen gehen muß,
stellt sie in einen rechten heißen Backofen und läßt sie zwei
Stunden darin stehen, dann nimmt man sie heraus und läßt
sie bis zum andern Morgen ruhig stehen, nimmt dann die
Deckel herunter mit dem Papier und Speck, nimmt dann
250 Gramm Gänseschmalz und ebensoviel recht reines Schweineschmalz, läßt es verschleichen und gießt es über die Pasteten,
damit sie ganz bedeckt sind; thue den Deckel darauf und klebe
sie mit Papier fest zu. Vor dem Gebrauch der Pasteten
nimmt man das Fett rein herunter.

Anmerkung. Die Trüffeln, welche man nicht zum Spicken der
Leber braucht, werden auch in die andere Hälfte des Madeira eingeweicht und dann der Madeira an die Farce zum Stoßen genommen.

532. Wild-Schweinskopf farcirt.

Wenn der Kopf gebrannt ist, wird er am untern Theil
der Länge nach aufgeschnitten und die Knochen herausgelöst,
jedoch die Haut nicht verletzt, dann wird er innen mit Pfeffer und Salz ausgerieben und folgende Farce dazu gemacht:
2 Kilogramm Schweinefleisch werden mit dem Fett ganz
fein gehackt und gesalzen, Pfeffer, Nelken und Allerhandgewürz

daran gethan, dann schneidet man eine gesalzene und gekochte
Rindszunge und ½ Kilogramm Speck, ½ Kilogramm Trüffeln in lange würflichte Stückchen nebst ½ Kilogramm gesalzene und abgekochte Schweinsohren, und mengt alles
unter das gehackte Fleisch, füllt den ausgebeinten Schweinskopf damit recht fest, nähet ihn wieder zu, nähet hinten am
Kopf die Haut von dem Schweinefleisch darauf, oder statt
dessen eine Schweineblase, wickle eine Serviette darum, binde
ihn mit Bindfaden zusammen und koche ihn in einem Geschirr
mit Zwiebeln, Petersilienwurzeln, gelben Rüben, Lorbeerblatt,
Thymian, Citronenscheiben, ganzem Gewürz, Salz, etlichen
Kalbsfüßen, 1½ Liter Wein, ⅜ Liter Essig, einigen Löffeln
voll Jus und ¾ Liter Wasser, so daß die Brühe handhoch
darüber geht, und lasse ihn so 9 Stunden langsam fortkochen, der Deckel muß aber fest darauf bleiben; dann lasse
ihn in der Brühe verkühlen, nimm ihn heraus, thue die
Serviette davon ab; wenn er kalt ist, wird er in Tranchen
geschnitten, auf eine Platte gelegt und mit der gestandenen
Brühe garnirt; wenn nämlich der Kopf aus der Brühe
genommen ist, läßt man die Brühe bis den andern Tag
stehen, hebt das Fett davon ab, kocht es mit 6 verschla-
genen Eierweiß hell, läßt es durch eine Serviette laufen,
und wenn es gestanden ist, wird die Platte damit garnirt.

533. Kapaun farcirt.

Wenn der Kapaun rein geputzt ist, wird er mit einem
Tuch schön abgerieben, auf dem Rücken der Länge nach aufgeschnitten, das Eingeweide sammt allen Knochen herausgelöst und folgende Farce dazu bereitet: 3 Hände voll geschälte
Trüffeln, ebensoviel Schalotten, 2 Gänselebern und ½ Kilogramm Speck wird zusammengehackt, dann wird das Gelbe
von 6 Eiern nebst etwas Allerhandgewürz, Pfeffer und
Salz dazu genommen und fein gestoßen, dann werden 250
Gramm Speck, 1 Hand voll geschälte Trüffeln, 1 geräucherte und abgekochte Rindszunge in fingerlange Würfel geschnitten und mit dem Gestoßenen vermengt; dann wird der
Kapaun mit der Farce gefüllt, zugenähet, die Füße aber ab-

geschnitten, mit dünnem Speck belegt, in eine Serviette ein=
gebunden und in ein schickliches Geschirr sammt Zwiebeln,
gelben Rüben, Schinken, Thymian, Lorbeerblättern, 1 Citronen=
schale, Pfeffer, Nelken, Salz, 1 Bouteille Wein, 4 Suppenlöffeln
voll Fleischbrühe und den Knochen von dem Kapaun gethan;
decke ihn gut zu und laß ihn 2 Stunden langsam kochen,
laß ihn dann in der Brühe erkalten, nimm ihn heraus, löse
den Speck nebst der Serviette davon ab, schneide ihn in
Stücke und lege Aspic darum. (Siehe Aspic.)

534. Welscher Hahn farcirt.

Wird auf dieselbe Weise bereitet wie der Kapaun.

535. Schwarzwildpret mit Aspic.

Nimm dazu ein Stück von der Brust, nachdem es gebeizt
ist, thue es in schickliches Casserol, dazu einige Kalbsfüße,
Pfeffer, Nelken, Wachholderbeeren, Citrone, Salz, Lorbeer=
blätter, einige Zwiebeln, gelbe Rüben und Petersilienwurzeln,
$3/4$ Liter Wasser, ebensoviel Wein, 1 Glas Essig, einige Löffel
Jus, lasse es darin langsam weich kochen. Alsdann nimm
das Wildpret heraus, lasse den Sud durch ein Sieb laufen,
lasse ihn gestehen, hebe das Fett davon ab, zerschlage einige
Eierweiß, lasse es auf dem Feuer einige Mal damit auf=
kochen, lasse es durch eine Serviette laufen, das Aspic kalt
werden und garnire das Schwarzwild damit; man kann auch,
so lange es noch warm ist, etwas in eine Form gießen, dies
gestehen lassen, dann das in Scheiben geschnittene Wildpret
darauf thun und mit der Aspic vollends aufgießen; dann
läßt man es gestehen, hält es ein wenig in warmes Wasser
und stürzt es auf eine Platte um.

536. Preßkopf mit Aspic.

Ein Ochsenmaul, ein halber Schweinskopf, 4 Schweins=
ohren, 2 Schweinszungen und eine geräucherte Rindszunge
werden mit Zwiebeln, gelben Rüben, Petersilienwurzeln, Ci=
trone, Lorbeerblatt, ganzen Nelken, Pfeffer, Salz und Wasser,
daß es darüber geht, beinahe weich gekocht; dann wird es
herausgenommen, die Beine sauber abgenommen und nudel=

artig geschnitten; dann nimmt man ³/₄ Liter Wein, ³/₈ Liter
Essig, einige Löffel voll Jus und läßt das geschnittene Fleisch
vollends darin weich kochen. Dann nimmt man das ge=
schnittene Fleisch heraus, bindet es in eine Serviette und
beschwert es, läßt den Weinsud gestehen, hebt dann das
Fett ab, verrührt einige Eierweiß und stellt die Brühe wieder
damit auf's Feuer, läßt sie einige Mal damit aufkochen und
die Brühe, wenn sie in Salz und Säure recht ist, durch eine
Serviette laufen; wenn sie gestanden ist, wird der in Schei=
ben geschnittene Preßkopf damit garnirt.

537. Schinken zu sieden.

Ein geräucherter Schinken wird zwei Tage in frisches Was=
ser eingeweicht und dann in einem tiefen Hafen, worin der
Schinken ganz hineingeht, mit Zwiebeln, gelben Rüben, Peter=
silienwurzeln, Lorbeerblatt, Gewürz und kaltem Wasser zum
Feuer gestellt, bis er anfängt zu kochen, dann gieße kaltes Wasser
nach, so daß er nie zum Strudeln kommt, und laß ihn einen
halben Tag am Feuer, bis sich die Haut losschälen und auch
mit dem Finger leicht durchdrücken läßt; dann nimmt man
ihn aus dem Wasser, läßt ihn erkalten und schneidet ihn
kalt auf.

538. Geräucherte Zunge zu sieden.

Die Zungen werden auf dieselbe Art gekocht, wie der Schinken.
Die Zungen sind weich, sobald sie sich schälen lassen.

539. Pöckelfleisch zu machen.

Das Fleisch muß entweder vom Gansspitzen oder der Schwanz=
feder sein und muß in Dicke einer Rindszunge geschnitten
werden; dann werden zu 5 bis 6 Kilogramm 3 Hände
voll Salz, 1 starke Hand voll Salpeter, ebensoviel Wach=
holderbeeren, etwas gestoßener Pfeffer, Gewürznelken, Aller=
handgewürz, 4 Zinken Knoblauch, etwas Rosmarin, etliche
Lorbeerblätter, 1 Löffel voll Koriander, Estragon, Basilikum
untereinander gemischt und das Fleisch recht damit eingerieben;
hierauf wird es in ein passendes Geschirr gethan, zugedeckt, mit
einem Stein beschwert und 14 Tage liegen gelassen; während

dieser Zeit muß es öfters umgewendet werden, dann kann davon gekocht werden und das Uebrige wird in Rauch gehängt. Das Fleisch wird in klarem Wasser gekocht und kann entweder warm oder kalt aufgeschnitten zu Tisch gegeben werden.

540. Eier mit Aspic.

In 8 bis 10 Stück Eier werden oben und unten kleine Oeffnungen gemacht und ausgeblasen, dann werden sie in heiße Asche gelegt, damit sie von Innen ganz trocknen; nun muß man suchen, sie aufrecht zu stellen und die untere Oeffnung mit Teig zu verwahren; alsdann wird etwas Schinken, Hühnerfleisch und in Ermangelung dessen auch gebratenes Kalbfleisch, Gurken in Essig und das Gelbe von einigen hartgesottenen Eiern in ganz kleine Würfel geschnitten und in die obere Oeffnung der Eier gethan, bis sie voll sind; dann wird Aspic (siehe Aspic) hinein gegossen; alsdann läßt man die Eier gestehen, bricht die Schale davon ab und garnirt kalte Fleischspeisen damit.

541. Aspic oder sauere Gelée.

Es werden 6 Kalbsfüße in Stücke zerhauen und in ein Geschirr gethan, nebst 1 Kilogramm Kalbfleisch, ebensoviel Rindfleisch, einer Bouteille Wein, ⅜ Liter Essig und 2¼ Liter Wasser (damit es eine schöne Farbe bekommt, gieße 2 Schöpflöffel Jus daran; man kann auch etwas Zucker daran brennen), Zwiebeln, gelben Rüben, Petersilienwurzeln, Citrone, Lorbeerblatt, ganzen Nelken, Pfeffer, nöthigem Salz und Thymian einige Stunden langsam gekocht, bis das Fleisch weich ist; dann wird die Brühe, wenn sie im Geschmack recht ist, durch ein Haarsieb geschüttet und stehen gelassen, das Fett abgenommen, einige Eiweiß verkleppert und mit der Brühe noch einige Mal auf dem Feuer aufgekocht: dann wird eine Serviette an die Beine eines umgekehrten Stuhles gebunden, die Aspic hindurch geschüttet und gestehen gelassen; dann kann jede kalte Platte damit garnirt oder es auch sonst zu allem Beliebigen gebracht werden.

542. Krammetsvögel mit Aspic.

Wenn die Vögel gerupft und ausgenommen sind, werden

sie der Länge nach auf dem Rücken aufgeschnitten und ausgebeint, dann folgende Farce dazu gemacht: Eine Hand voll Trüffeln und Schalotten, eine Gansleber, 125 Gramm Speck wird zusammen gehackt und dann mit 3 Eiergelb, Allerhandgewürz, Pfeffer und Salz in einem Mörser feingestoßen; mit dieser Farce werden nun die Krammetsvögel gefüllt und wieder zugenäht, die Vögel sammt Flügeln, Köpfen und Füßen hübsch dressirt und in Butter mit Zwiebeln, gelben Rüben, Gewürz, Salat und etwas Wein weich gedämpft, wenn sie kalt sind, in eine Form gesetzt, mit saurem Gelée übergossen und, wenn dieses gestanden ist, auf eine Platte gestürzt.

Compots.

543. Compot von gelben Rüben.

Man nimmt einen Teller voll nudelartig geschnittener gelber Rüben und die Schale von einer Citrone, ebenso geschnitten, stellt sie dann mit Wasser hin und läßt sie kochen, bis sie weich sind; hernach nimm 250 Gramm Zucker, ³/₈ Liter Wein und den Saft von einer Citrone und koche es ganz kurz ein, schütte die gelben Rüben durch einen Seiher, thue sie an den Wein, und koche sie, bis der Saft daran eingekocht ist; wenn sie kalt sind, gibt man sie zu Tisch.

544. Compot von Aprikosen.

Man schneidet die Aprikosen in der Mitte entzwei und nimmt die Steine heraus, thut sie alsdann in ein Casserol, eine neben die andere, schüttet Wein, Wasser und 100 Gramm Zucker daran, bis es darüber geht, thut auch etwas Citronenschale, Zimmt und Nelken daran, und läßt sie schnell kochen, bis sie weich sind, nimmt dann eine um die andere mit einem Löffel heraus in ein Geschirr, welches man zu Tische gibt; läßt den Saft noch kochen, bis er dick ist, und schüttet ihn alsdann über die Aprikosen.

545. Compot von Pfirsichen.

Man schält und schneidet sie in 2 Theile, läutert 125 Gramm Zucker mit 1 Glas Wasser und dem Saft von einer Citrone, schäumt es ab, thut alsdann kleingeschnittene Citronenschalen hinein, hierauf die Pfirsiche, läßt sie kochen, bis sie weich sind, dann werden sie auf eine Salatiere gelegt; sollte der Saft nicht dick genug sein, so läßt man ihn noch eine Zeitlang kochen und schüttet ihn alsdann über das Compot.

546. Compot von Kirschen.

Man nimmt die Hälfte sauere und die Hälfte süße Kirschen und steint sie aus; zu 1 Kilogramm nimmt man 125 Gramm Zucker in ein Casserol, thut die ausgesteinten Kirschen nebst dem Saft dazu, läßt sie langsam auf Kohlen kochen und schöpft das Schäumige mit einem Löffel fleißig ab. Wenn sie kurz eingekocht sind, richtet man sie auf einem Teller an, streut ein wenig Zimmt darüber und gibt sie kalt zu Tisch.

547. Compot von Aepfeln.

Dazu sind Borstorfer Aepfel die besten; man nimmt unge= fähr 18 Stück und schält sie schön, schneidet sie in der Mitte durch und nimmt die Butzen heraus, kocht alsdann die Schälzicht von den Aepfeln nebst der Schale von einer Citrone mit ³⁄₄ Liter Wasser weich, seiht sie durch ein Sieb, thut 250 Gramm Zucker nebst den Aepfeln hinein und läßt sie weich kochen, thut sie hierauf vom Feuer und läßt den Saft ganz dick einkochen; ist dies geschehen, dann drücke man den Saft einer Citrone dazu, gieße ihn auf einen Teller und lasse ihn gestehen, dann richtet man die Aepfel auf eine Salatiere an und gibt das Gelée über die Aepfel.

548. Compot von gefüllten Aepfeln.

10 schöne, gleich große und runde Aepfel werden, ehe man sie schält, mit einem fingerdicken Ausstecher von dem Butzen bis zum Stil ausgestochen, hierauf schön rund und gleich ge=

schält, alsdann in runde papierdünne Scheiben geschnitten
(wobei aber keine halben Scheiben sein dürfen) und auf eine
Platte gelegt. So wie ein ganzer Apfel geschnitten ist, wird
eine Hand voll feingestoßener Zucker und Zimmt darüber ge=
streut und dann und wann etwas Citronensaft darauf gedrückt;
man setzt dann die Scheiben alle, wie sie gehören, wieder aufeinan=
der, macht es alsdann mit jedem Apfel so, bestreut sie dann
oben darauf wieder stark mit Zucker und Zimmt, läßt sie einige
Stunden so stehen, füllt sie mit Hegenmark oder sonstigem
Eingemachten. Nun werden sie auf ein flaches Geschirr gesetzt,
der Saft von den Aepfeln darüber geschüttet und in einen
gelinden Backofen gestellt, bis sie weich sind; hierauf, wenn
sie kalt sind, zu Tisch gegeben.

549. Compot von Birnen.

Gute Kochbirnen werden hübsch geschält, die Stiele müssen
daran bleiben; dann setzt man sie in ein Casserol, doch so, daß
die Stiele in die Höhe stehen und eine Birne neben der an=
dern (sie dürfen nicht aufeinander liegen), schüttet eine Bouteille
Wein darüber, je nachdem es viel oder wenig Birnen sind,
thut ein großes Stück Zucker, etwas Zimmt, Nelken und Ci=
tronenschale daran, setzt dies alles zusammen auf Kohlen, deckt
es zu und kocht es so lange, bis die Birnen weich sind, als=
dann stellt man die Birnen aufrecht auf eine Compotiere, läßt
den Saft noch ein wenig kochen, bis er recht dick eingekocht
ist, und schüttet ihn alsdann über die Birnen. Wenn es
große Birnen sind, kann man sie auch in Theile schneiden,
den Butzen heraus thun und auf dieselbe Art kochen, und
als Compot geben.

550. Compot von Prünellen.

Man wäscht die Prünellen rein, stellt sie mit halb Wein
und Wasser, nebst einem Stück Zucker, ganzem Zimmt, Nelken
und Citronenschale auf's Feuer, läßt sie kochen, bis sie weich
sind und die Sauce kurz eingekocht ist.

551. Compot von Zwetschgen.

Man thut die frischen Zwetschgen, um sie besser schälen zu

können, in heißes Wasser, zieht alsdann die Häute ab, drückt
die Steine heraus, und kocht die Zwetschgen in einem Casserol
mit Wein, Zucker und Zimmt ¼ Stunde lang, legt sie in
ein Sieb zum Ablaufen und dann auf eine Compotiere; den
Saft läßt man noch mit einem Stück Zucker einkochen, bis er
dick ist, und schüttet ihn über die Zwetschgen.

552. Compot von Quitten.

Die Quitten werden geschält, in 4 Theile geschnitten und
von ihren steinigen Bestandtheilen befreit, dann koche man sie
in Wasser halb weich), nimm sie dann wieder heraus und
mache in einem Casserol rothen Wein mit Zucker, Zimmt
und Nelken kochend, lege die Quitten hinein und laß sie
noch ein wenig damit kochen, richte sie hernach auf eine
Platte an, laß den Saft noch ein wenig kochen und schütte
ihn dann auf die Quitten.

553. Compot von Ananas.

Nachdem die Schale gelöst, schneide sie in dicke Räbchen,
ordne diese auf einer Compotiere und bestreue sie mit Zucker,
koche alsdann 100 Gramm Zucker mit einem Glas Wasser,
schäume ihn ab und menge den Saft von 2 Pomeranzen
darunter, gieße es kochend über die Ananas und lasse sie
erkalten.

554. Orangen=Compot.

Man nehme nach Belieben Orangen, löse die Schale und
Haut rein ab und zertheile sie in Schnitze, lege solche auf
ein passendes Geschirr; alsdann koche nach Anzahl der
Orangen Zucker mit etwas Wein recht dick, schütte dieses
über die Orangen, lasse sie erkalten und gib sie zu Tisch.

555. Compot von süßen Pomeranzen.

Man nimmt ungefähr 8 bis 10 schöne Pomeranzen und
schält sie gehörig, daß heißt: erst wird die gelbe Schale ganz
dünn heruntergenommen, dann ist noch eine weiße Haut darunter,
die ebenfalls abzuschälen ist; letztere wird weggeworfen, wo=
hingegen die gelbe Schale wie Nudeln ganz fein geschnitten

wird. Hierauf werden die Pomeranzen in messerrückendicke
Scheiben geschnitten und im Kreis herum auf eine Compotiere
gelegt und über jede Lage Pomeranzenscheiben wird eine
Hand voll feingestoßener Zucker gestreut und so fortgefahren,
bis alle die Scheiben aufgeschichtet sind; die feingeschnittene
gelbe Schale wird mit einem Glas Wein und einem Stück
Zucker so lange gekocht, bis der Zucker ganz dick wie Syrup
geworden ist, worauf man ihn erkalten läßt und darüber gießt.

556. Compot von Traubenbeeren.

Man nimmt ⅜ Liter schwarze Traubenbeeren, kocht sie
in ⅜ Liter rothen Wein, einem Glas Wasser und 125 Gramm
Zucker auf; sobald die Traubenbeeren welken, sind sie fertig,
dann richte sie an.

557. Compot von Reineclaudes und Mirabellen.

Man nimmt schöne reife Reineclaudes und kocht sie mit
Wein, Wasser, Zucker und ganzem Zimmt, bis sie weich
sind; schüttet sie dann durch ein Sieb, läßt die Sauce davon
dick einkochen, thut die Reineclaudes auf eine Compotiere
und schüttet den Saft darüber. Mirabellen werden auf
dieselbe Art bereitet.

Crêmes.

558. Crème mit Vanille und Chocolade.

Man kocht 50 Gramm Hausenblase mit ⅜ Liter Wasser
ganz kurz, schneidet sie vorher in kleine Stücke und weicht
sie über Nacht ein; koche alsdann 2 Tafeln Chocolade mit
Zucker und Wasser kurz, thue ¼ von der gekochten Hausenblase, welche vorher durchgeseiht wird, hinein, fülle den Boden
einer Form damit und laß es gestehen; koche alsdann ½
Liter süßen Rahm oder Milch mit Zucker und Vanille,
welche in ein Tüchelchen gebunden wird, thue sie dann vom
Feuer und laß sie erkalten, rühre alsdann 15 Eiergelb an
die Milch, nimm sie dann wieder auf's Feuer und rühre

darin, bis es dick ist; menge dann die übrige Hausenblase
darunter, thue es wieder vom Feuer und laß es erkalten,
schlage ³/₈ Liter Doppelrahm zu Schnee, menge ihn unter
die erkaltete Masse, fülle die Form damit auf und laß es
an einem kalten Ort stehen; beim Anrichten wird die Form
in heißes Wasser getaucht und dann auf eine Platte ge=
stürzt.

559. Vanille=Crême.

Man nimmt 1 Kochlöffel voll Mehl, rührt es mit 1¹/₈
Liter Milch und 12 Eiergelb an, thut auch 1 Stück Vanille
und 250 Gramm Zucker hinein, schlägt es auf dem Feuer
recht schäumig, bis es an das Kochen kommt; wenn es
etwas abgekühlt ist, kann man Stand von Kalbsfüßen
hinein thun oder 100 Gramm Gelatine. Dann schlage man
³/₄ Liter Schlagrahm zu einem steifen Schnee, menge ihn
unter die abgekühlte Masse und fülle es in Formen. Man
kann die Formen auch mit Provenceröl leicht ausreiben,
damit die Crême besser herausgeht.

560. Crême von Chocolade.

Man nehme 125 Gramm geriebene Chocolade und 50
Gramm Zucker, koche es mit ³/₈ Liter Wasser bis zu 1 Glas,
thue dann 50 Gramm Hausenblase, welche zuvor mit 1 Glas
Wasser bis zu ¹/₂ Glas eingekocht und durchgeseiht ist,
darunter, nehme hierauf ³/₈ Liter süßen Rahm, schlage ihn
mit dem Schneebesen zu Schaum, menge ihn unter die
Hausenblase und Chocolade, fülle die Masse in eine Form,
stelle sie in Eis oder an einen kalten Ort und stürze ihn
auf eine Platte.

561. Crême mit Mandeln.

Man stößt 2 Hände voll geschälte Mandeln mit ein
wenig Milch, rührt dann 12 Eiergelb, 2 Löffel voll Rosen=
wasser und ³/₄ Liter süßen Rahm daran, nebst 125 Gramm
Zucker, an welchem eine Citrone abgerieben wird, stellt
es in einem Casserol auf's Feuer und rührt beständig darin,

bis es dick ist, schüttet es alsdann in eine Compotiere und läßt es gestehen.

562. Crème mit Karmel.

Nimm 125 Gramm Zucker in ein Casserol, gib dazu etwas Wasser und lasse ihn zum Karmel brennen, das heißt schön dunkelgelb. Ist dies geschehen, so gieße man 50 Gramm vorher klar gekochte Hausenblase dazu und lasse das Karmel sich wieder damit auflösen; ist es etwas verkühlt, so wird ³/₈ Liter geschlagener süßer Rahm darunter gemengt, in eine Form gefüllt, in Eis gesetzt und, wenn es gestanden ist, die Form in heißes Wasser getaucht, gestürzt und servirt.

563. Warme Karmel-Crème zu einer Form.

Man nimmt 8 ganze Eier und 4 Eiergelb, zerschlägt sie mit dem Schneebesen, rührt dann ½ Liter lauwarme Milch nebst Zucker und etwas Vanille darunter, bestreicht dann eine Form mit Butter, begießt den Boden mit Karmel, füllt obige Masse hinein, stellt die Form mit heißem Wasser in ein Casserol, thut sie in den Backofen und läßt es 2½ Stunden im Ofen langsam kochen. Ehe man es anrichtet, muß es zuvor eine starke ¼ Stunde vom Feuer gestellt werden, dann stürzt man es auf eine Platte und servirt es. Man kann es auch auf dem Herd kochen, doch muß dann ein Kohlendeckel darauf.

564. Crème von Kaffee.

Zu ³/₄ Liter Milch nimmt man 125 Gramm guten Kaffee, welcher aber hell gebrannt sein muß, stößt ihn im Mörser grob, thut ihn in die siedende Milch nebst einem Stück ganzen Zimmt, Citronenschale und so viel Zucker dazu, wie man es in der Süße haben will, läßt es ½ Stunde kochen, seiht es dann durch ein Haarsieb; wenn es kalt ist, rührt man 8 Eiergelb hinein, seiht es wieder durch ein Haarsieb, schüttet es dann in eine Salatiere oder Compotiere, setzt das Geschirr in kochendes Wasser, thut einen Deckel mit Kohlen darauf und kocht es schnell; wenn die Crème fest ist, wird sie kalt aufgetragen.

565. Crème von Thee.

Man nimmt 30 Gramm grünen Thee, kocht dann 1⅛ Liter Milch mit ein wenig Zimmt, Citronenschale, Zucker, bis es süß genug ist, ¼ Stunde und brüht den Thee damit an, läßt ihn dann ½ Stunde stehen und seiht es durch ein Haarsieb, rührt dann von 10 Eiern das Gelbe daran, gießt es in eine Salatiere, stellt es in kochendes Wasser und thut einen Kohlendeckel darauf; wenn es fest ist, läßt man es kalt werden und gibt es zu Tische.

566. Crème von Kirschen.

Man nimmt 1 Kilogramm schwarze Kirschen, steint sie aus und kocht sie mit einem Stück Zucker und etwas Zimmt auf schwachen Kohlen, bis der Saft ganz eingekocht ist. (Außer der Kirschenzeit müssen es eingemachte Kirschen sein, wobei man den Zucker wegläßt.) Dann nimmt man 40 Gramm klargekochte Hausenblase, welche zu ½ Glas ein= gekocht sein muß, darunter, nebst ⅜ Liter geschlagenem süßem Rahm, füllt dies alles in eine Form und stellt es an einen kalten Ort; wenn es gestanden ist, taucht man es in heißes Wasser und stürzt es auf eine Platte.

567. Erdbeer=Crème zu einer Form.

Man nimmt einen Kaffeelöffel Mehl, rühre es mit ½ Glas Milch und 3 Eiergelb glatt, thue es unter bestän= digem Rühren auf's Feuer, bis zum Kochen; rühre es dann, bis es wieder erkaltet ist. Nimm dann 1⅛ Liter Erdbeeren, treibe sie durch ein Haarsieb, thue Zucker daran, bis es süß genug ist, nebst dem Saft von ½ Citrone, dem Stand von 1½ Kalbsfüßen oder 30 Gramm Gelatine, rühre es nebst obiger Crème recht untereinander, schlage dann ⅜ Liter Schlagrahm zu einem recht steifen Schnee; lasse dann obige Masse unter beständigem Schlagen in den Schnee laufen und schlage es dann noch 10 Minuten fort, fülle es in die zuvor mit Provenceröl bestrichene Form und stelle die Form in Eis; beim Anrichten taucht man die Form zuerst in warmes Wasser und stürzt den Inhalt auf eine

Platte. Wenn man der Crême eine schöne rothe Farbe geben will, thut man ein bischen Cochenille daran.

568. Crême von Himbeeren.

Wird bereitet wie Crême von Erdbeeren.

569. Crême von Punsch.

Man nimmt 47 Gramm klargekochte Hausenblase, kocht dann ¾ Liter weißen Wein mit einem Stück Zucker, thut ihn nebst dem Saft einer Citrone und der Schale derselben auf Zucker abgerieben zu der Hausenblase; dieses wird nun zusammen aufgekocht und mit 12 Eiergelb legirt, wobei man es recht stark mit einem hölzernen Schneebesen schlägt, bis es kocht; dann nimmt man es vom Feuer, thut ein Glas Arac hinein, läßt es durch ein Haarsieb laufen, füllt es in eine Form und stellt es in Eis; wenn es gestanden ist, taucht man es ein wenig in heißes Wasser und stürzt es auf eine Platte.

570. Orangen-Crême.

Man nimmt 10 Eiergelb, rührt sie mit ⅜ Liter Milch glatt, nimmt dazu den Saft einer Orange und die Schale der Orange an Zucker abgerieben und 187 Gramm Zucker, stellt es unter beständigem Rühren auf's Feuer, bis es kocht, thut es dann vom Feuer weg und läßt es wieder unter beständigem Rühren erkalten; dann schlägt man von ⅜ Liter Schlagrahm einen recht steifen Schnee und mengt ihn leicht darunter. Man läßt die Masse alsdann gefrieren und garnirt sie mit Früchten oder thut Gelatine daran, läßt sie gestehen und stürzt sie.

571. Citronen-Crême.

Nimm ½ Liter Wein, die Schale und den Saft von 2 Citronen, 16 Eiergelb, Zucker, bis es süß genug ist, bringe dieses in einem Casserol auf das Feuer, bis es dick ist, lasse es durch ein Haarsieb laufen und erkalten, rühre alsdann den Stand von zwei Kalbsfüßen dazu, schlage das Weiße von 8 Eiern zu Schnee, menge in darunter, bestreiche eine Form mit Provenceröl, fülle die Crême hinein und stelle sie in Eis; dann umschlage sie mit einem heißen Tuch und stürze sie.

572. Franco-Belge.

Man nimmt ³⁄₈ Liter Milch, 125 Gramm Reis, etwas Vanille, ½ Kilogramm Zucker, 8 Eiergelb, 1 Kilogramm Aprikosen, 2 Gläser Madeira, Kirschen, Angelique, Trauben, Erdbeeren. Man wäscht den Reis, feuchtet ihn mit der Milch und läßt ihn mit der Vanille ganz verkochen, dann läßt man ihn abtropfen, rührt die Eiergelb daran, glacirt es und thut einen Teller Schlagrahm dazu, schlägt es, ehe man die Form richtet, mengt die Aprikosen mit dem Madeira und 2 Löffeln von dem Reis und thut dieses mitten in die Form. Wenn der Reis gut geschlagen ist, gießt man ihn in die Form, welche zuvor mit Papier umgeben und mit Erd= beeren oder Kirschen garnirt ist, die Aprikosen in die Mitte, stellt es in's Eis und servirt es; dann gibt man eine Sauce darum, 2 Löffel voll obiger Reismasse mit Madeira und Aprikosen. Das Ganze wird lagenweise eingefüllt, immer nachdem eine Lage eingefroren ist.

573. Crême von Reis.

Man nimmt 125 Gramm Reis, brüht ihn 3 Mal mit Wasser ab, kocht ihn dann mit Milch weich, es darf aber nicht stark darin gerührt werden, damit der Reis ganz bleibt, dann werden 2 Gramm Vanille mit 1 Glas kochen= der Milch angebrüht, durchgeseiht und an den Reis ge= schüttet, läßt es dann noch ein wenig damit kochen. Der Reis muß, so lange er kocht, immer mit Milch aufgegossen werden, wenn er weich ist, muß er so dick wie ein Reis= brei sein; thue alsdann Zucker nach Belieben daran und laß in kalt werden, koche 40 Gramm feingeschnittene Hausen= blase mit ³⁄₈ Liter Wasser, bis es zu ½ Glas eingekocht ist, seihe es durch und schütte es an den Reis, menge dann ³⁄₈ Liter süßen geschlagenen Rahm leicht darunter, fülle es in eine Form und stelle es an einen kalten Ort; wenn es gestanden ist, taucht man es in heißes Wasser

und stürzt es auf eine Platte. Mache dann folgende Sauce
darüber: Man kocht ³/₈ Liter Himbeersaft mit 1 Trinkglas
voll Wein und einem Stück Zucker recht dick ein, läßt sie
kalt werden und schüttet sie dann über den Crême.

574. Reis=Crême anderer Art.

Nimm 375 Gramm Reis, brühe in drei Mal ab, schütte
ihn auf ein Haarsieb, daß das Wasser abläuft, thue nun
³/₄ Liter Milch und ein Stückchen Butter dazu, stelle ihn
wieder auf's Feuer und lasse ihn so lange kochen, bis er
dick und weich ist, thue ihn vom Feuer, treibe ihn durch
ein Haarsieb in eine Schüssel, lasse ihn abkühlen, thue
dazu das Abgeriebene von einer Citrone und 8 ganze und
4 gelbe Eier und Zucker mit ein wenig Vanille, bis es
süß genug ist, rühre alles recht untereinander, bestreiche
2 Formen mit Butter, fülle die Masse ein, stelle die
Formen in kochendes Wasser und lasse es 2 Stunden langsam kochen.

575. Reis mit Marasquino.

187 Gramm schöner Reis werden 3 Mal abgebrüht,
mit 250 Gramm Zucker, einer Stange Vanille und ³/₄
Liter süßem Rahm dick gekocht; wenn die Masse erkaltet ist,
fügt man den Schnee von 1 Glas Schlagrahm bei; doch
zuerst für 70 Pfennig Marasquino, 16 Gramm aufgelöste
Hausenblase oder für 25 Pfennig Gelatine; hierauf wird
die Masse in eine Form gefüllt, einige Stunden stehen
gelassen, am besten auf Eis; kurz vor dem Serviren stürze
sie und gib eine Himbeersauce dazu.

576. Charlotte russe.

Nimm 6 Eiergelb in ein Casserol, ein wenig Mehl, rühre
es mit ³/₈ Liter Milch und einer in Stückchen geschnittenen
Stange Vanille auf dem Feuer, bis es kochen will; nimm es
schnell weg und passire es durch ein Haarsieb, thue Zucker
daran, bis es süß genug ist. Nimm dann zu einer Form 30
Gramm Gelatine, stelle sie mit 1 Glas Wasser auf's Feuer
und lasse sie bis auf ½ Glas einkochen, wenn sie abgekühlt ist,

schütte sie unter die Masse; schlage hierauf ¼ Schlagrahm steif (besser ist es, wenn man den Schlagrahm vom Conditor nimmt) und rühre ihn darunter, lege die Form mit breiten Biscuits aus, fülle die Masse ein, so lange sie noch lau ist, und stelle sie auf's Eis, bis sie gestanden ist.

577. Russische Crême zu einer Form.

Man nimmt 2 Glas Hegenmark, 1 Hand voll Zucker und 1 Glas Rum, rührt es eine Zeitlang miteinander in einer Schüssel, thut 16 Gramm Gelatine heiß darunter, nimmt es dann auf's Eis und rührt beständig darin, bis es dicklicht wird, schlage dann ⅜ Liter Schlagrahm zu einem steifen Schnee, menge es darunter und fülle es in eine mit Biscuit und Maccaronen ausgelegte Form; man muß sich dieselbe extra beim Conditor bestellen nach der Form, den Boden kann man mit den Abschnitzeln, welche man zuvor stoßt, ausfüllen.

578. Blanc manger von 3 Farben.

Man nimmt 250 Gramm süße Mandeln, brüht sie in kochendem Wasser an, nimmt die Schale davon weg, wäscht sie in kaltem Wasser ab und stoßt dieselben mit etwas Milch in einem Mörser recht fein; dann thue sie in ein Casserol, gib dazu 1⅛ Liter süßen Rahm oder Milch nebst etwas Vanille und 125 Gramm Zucker, rühre es auf dem Feuer ab, lasse es einige Mal aufkochen und treibe es durch ein Haarsieb, thue alsdann 62 Gramm in Wasser gekochte und durchgeseihte Hausenblase darunter, dann theilt man die Masse in 3 Theile; in einen Theil thut man spanischen Flor und etwas Zimmt, in den andern feingesiebte Chocolade und den dritten läßt man weiß. Alsdann läßt man jeden Theil noch ein Mal kochen, thut dann zuerst den Theil mit Choco= lade in eine Form und läßt es kalt werden, dann gießt man den Theil mit spanischem Flor und wenn es wieder kalt ist, gießt man das Weiße darauf, stellt es dann in Eis oder an einen kalten Ort; wenn es gestanden ist, taucht man es in heißes Wasser und stürzt es auf eine Platte.

579. Blanc manger von Citronen.

Man koche einen oder mehrere Kalbsfüße in Wasser, bis sie recht weich sind, lasse es durch einen Seiher ablaufen, die Brühe lasse man recht dick einkochen, stelle sie vom Feuer und lasse sie gestehen, nimm dann zu einem Fuß ³/₈ Liter Milch und 1 Löffel voll Mehl, rühre es mit ein wenig Milch glatt, thue 250 Gramm feingestoßene und geschälte Mandeln, 2 an Zucker abgeriebene Citronen und dann vollends die Milch in ein Casserol, nimm dann das Fett von der Kalbsbrühe herunter, schütte das Helle in das Casserol und laß alles recht kochen. Nimm es dann vom Feuer und laß es abkühlen, rühre 4 Eiergelb darunter, seihe alles durch ein Sieb, gieße es in eine Form und laß es gestehen; beim Stürzen mache es wie bei dem Vorhergehenden.

580. Cabinets-Crême zu einer Form.

Man belegt den Boden einer Form mit Malagatrauben oder Sultaninen im Kreis herum, nimmt dann Biscuit, legt die Form ganz voll damit, bricht sie in der Mitte auseinander, legt immer 3 Lagen Biscuit und eine Lage Sultaninen, bis die Form beinahe voll ist. Dann nimmt man 3 große Hände voll Zucker und 1 Kochlöffel voll Mehl in ein Casserol, nebst 14 Eiergelb, rührt es mit 1¹/₈ Liter Milch recht glatt, thut Vanille daran, nimmt es unter beständigem Rühren auf's Feuer, bis es anfängt zu kochen, schüttet es dann durch ein Haarsieb, rührt dann ¹/₈ Glas Marasquino daran, thut eine Tasse voll davon weg zur Sauce; unter das Uebrige mengt man 30 Gramm gekochte Hausenblase, gießt es warm in die Form über den Biscuit, stellt es dann einige Stunden in Eis oder an einen kalten Ort; wenn es gestanden ist, stauche es in warmes Wasser, stürze es auf eine kalte Platte und gib die Sauce darum.

Gelée.

581. Gelée von Himbeeren.

Man nimmt 250 Gramm Zucker und läutert ihn mit
³/₈ Liter Wasser und 2 Eierweiß, schüttet ihn alsdann durch
ein Tuch, nimmt hernach ³/₄ Liter gekochten Himbeersaft nebst
1 Glas Wein und 62 Gramm klargekochte Hausenblase,
schüttet dann den Saft, den Zucker und die Hausenblase untereinander, füllt es in eine Form und stellt es auf's Eis; wenn
es gestanden ist, stürzt man es und schlägt ein heißes Tuch
um die Form, damit es herausgeht oder taucht es in heißes
Wasser.

582. Gelée von Johannisbeeren.

Wird zubereitet wie das Himbeer-Gelée.

583. Kirschen-Gelée.

Man setze 4 Kalbsfüße mit frischem Wasser zum Feuer, bis
sie kochen, schütte dann die Brühe rein ab, fülle sie wieder
mit frischem Wasser auf und lasse die Füße so lange kochen,
bis sie ganz verkocht sind, lasse die Brühe durch ein Haarsieb laufen, nehme ³/₄ Liter Wein und von 2 Citronen den
Saft dazu, setze alles zusammen auf's Feuer, schäume ihn,
wenn er kocht, rein ab und lasse ihn über Nacht stehen, den
andern Tag nimm ihn mit 6 Eierweiß wieder auf's Feuer,
rühre fleißig darin, bis sich der Stand klären will, dann
lasse ihn durch ein Tuch laufen und erkalten, lasse nun 1
Kilogramm ausgesteinte Kirschen mit ½ Kilogramm Zucker
kochen, wenn sie weich sind, menge sie unter den Stand,
fülle es in Formen, die mit Provenceröl ausgestrichen sind,
stelle sie in Eis und lasse es gestehen; beim Anrichten tauche
ein Tuch in heißes Wasser, umwinde die Form damit und
stürze sie auf die Platte.

584. Gelée von Erdbeeren.

6 Hände voll reife Erdbeeren werden etwas zerdrückt und

in ein neues irdenes Geschirr gethan nebst einer Bouteille altem Wein, etwas grobgestoßenem Zimmt, dem Saft von 2 Citronen und etwas Citronenschale; decke es fest zu und lasse es über Nacht stehen. Koche alsdann 250 Gramm Zucker mit 1 Trinkglas voll Wasser und dem Weißen von 1 Ei ¼ Stunde recht langsam; ist es recht hell, so gieße es durch eine Serviette, koche alsdann 47 Gramm Hausenblase auf die nämliche Art, wie bei dem Kirschen-Gelée. Schütte nun die Erdbeeren sammt dem dabei befindlichen Wein durch eine Serviette und laß es bis auf den letzten Tropfen durchlaufen, winde es jedoch nicht stark aus, damit der Saft nicht trübe wird. Thue nun den gekochten und durchgeseihten Zucker, so= wie die gekochte und durchgeseihte Hausenblase darunter, rühre es gut untereinander, fülle es in eine Form und stelle es auf's Eis.

585. Gelée von Aprikosen.

Man schält die Aprikosen, steint sie aus und stellt sie mit einer Hand voll Zucker auf's Feuer, läßt sie kochen, bis sie weich sind, schüttet sie alsdann in ein Tuch, preßt den Saft sauber aus und stellt ihn zugedeckt an einen kühlen Ort, da= mit er sich setze. Indessen setzt man 4 Kalbsfüße mit 1½ Liter gutem Wein auf's Feuer, schäumt sie ab, thut die Schale von einer Citrone, ein Stück Zimmt, einige Nelken und etwas Muskatnuß daran; während des Kochens muß fleißig Wein zugegossen werden; wenn die Füße recht weich sind, wird die Brühe in eine Schüssel abgeschüttet und abgekühlt, dann nimmt man das Fett oben herunter, gießt die Brühe in ein Casserol, thut den durchgepreßten· Saft von den Aprikosen nebst der Schale von 2 Citronen, die am Zucker abgerieben worden, daran, drückt den Saft von 2 Citronen daran, schlägt das Weiße von 1 Ei dazu, nimmt so viel Zucker, bis es süß genug ist, stellt es auf's Feuer und läßt es eine Zeitlang kochen, gießt es dann durch eine Serviette; ist es nicht hell, so läßt man es einige Mal durch die Serviette laufen, schüttet es dann in eine Form, stellt es auf Eis und wenn es gestan= den ist, taucht man es in heißes Wasser und stürzt es auf eine Platte.

586. Gelée von Orangen.

6 Kalbsfüße werden in 3 Liter Wasser weich gekocht, die Brühe wird durch ein Sieb geschüttet, und läßt man sie dann bis zu ½ Liter einkochen, läßt es gestehen und hebt das Fett davon ab; thue nun das Gestandene mit 1⅛ Liter Wein, 250 Gramm Zucker, dem Saft von 8 Orangen, nebst der am Zucker abgeriebenen Schale von 2 Citronen, etwas ganzem Zimmt und 4 verklopften Eierweiß in ein Casserol und lasse es unter beständigem Rühren einige Mal aufkochen, nimm es dann vom Feuer weg, gib einen Deckel mit Gluth darauf, lasse es so einige Zeit stehen, dann binde eine Serviette an die Füße eines umgekehrten Stuhles, gieße das Gelée langsam darauf; sollte es das erste Mal nicht hell laufen, so wird es noch einmal aufgegossen, in eine Form gefüllt, an einen kalten Ort gestellt; beim Anrichten muß die Form in laues Wasser gehalten und dann schnell gestürzt und servirt werden.

587. Gelée von Citronen.

Dieses wird auf dieselbe Art bereitet, wie das Orangen-Gelée, nur statt dem Saft der Orangen nimmt man den Saft von 6 Citronen nebst der Schale von 3 derselben.

588. Gelée von Punsch.

Wird zubereitet, wie das Citronen-Gelée; nur wird, wenn das Gelée ganz fertig ist, nach Belieben Arac oder Rum hinein gegossen, dann in eine Form gefüllt und gestehen gelassen.

589. Gelée von Kaffee.

Ist wie das Citronen-Gelée, nur wird mit ¾ Liter Wasser ein ganz starker Kaffee gekocht; dieser wird hell unter das Gelée geschüttet, ehe es durchgelaufen ist; dann wird es in eine Form geschüttet und gestehen gelassen.

590. Gelée von Brunnenkressen.

62 Gramm Hausenblase wird verschnitten und mit 1⅛ Liter Wasser recht verklopft, dann auf das Feuer gebracht und so

lange gekocht, bis sie ganz verkocht ist; hiezu thue dann ³/₄ Liter Wein, ½ Kilogramm Zucker, 3 Hände voll Brunnenkressen, die zuvor gestoßen sind, und gib dann den Saft davon, der durch eine Serviette gepreßt ist, nebst 2 verklepperten Eierweiß und der Schale von einer Citrone, und lasse dies auf dem Feuer einige Mal aufkochen, schütte dieses durch eine aufgespannte Serviette; sollte es nicht gleich hell laufen, so wird es noch ein Mal aufgeschüttet, dann in eine Form gegossen, an einen kalten Ort gestellt, bis es gestanden ist; dann wird es ein wenig in warmes Wasser gehalten, schnell gestürzt und servirt. Anstatt der Kalbsfüße kann man zu jedem Gelée auch Hausenblase nehmen, es geht damit etwas rascher.

591. Quitten=Gelée auf beste Art.

Man nimmt schöne Aepfelquitten, reibt sie mit einem Tuche sauber ab, schneidet sie dann mit der Schale und den Kernen in kleine Stücke, gießt kaltes Wasser daran, bis es darüber geht, läßt es kochen, bis die Quitten ganz weich sind, läßt es dann durch ein Tuch laufen, nimmt zu 1 Liter Quittensaft 1 Kilogramm Zucker, läßt es dann ganz langsam kochen, verschäumt es öfters und probirt es auf einem Zinnteller; wenn es sich stellt, füllt man es in kleine Gläschen und pickt sie mit Papier fest zu. Die Quitten kann man durch ein Haarsieb treiben; zu ½ Kilogramm Quitten nimmt man 375 Gramm Zucker, läutert ihn, läßt ihn dann mit den Quitten langsam, aber lange kochen; man kann auch noch Aepfel darüber nehmen, welches dann ein gute Marmelade gibt.

592. Gelée von Aepfeln.

Wird auf dieselbe Art bereitet, wie das Quitten=Gelée, doch wird auf ½ Kilogramm Aepfelsaft nur 375 Gramm Zucker gerechnet; beide Gelées können aber nicht gestürzt werden.

Butterbackwerk nebst Torten und Kuchen.

593. Butterteig.

Es wird ½ Kilogramm Butter geschafft, daß die Butter=
milch herauskommt, wirke alsdann ½ Kilogramm Mehl nebst
Wasser und Salz darunter, arbeite ihn gut, aber schnell, lasse
ihn 1 bis 2 Stunden ruhen, welle ihn aus. Man kann ihn
zu allen Torten oder Backwerk brauchen.

594. Geriebener Butterteig.

Nimm 375 Gramm Butter, ½ Kilogramm Mehl, 2 Eier=
gelb, 1 Glas Milch und etwas Salz auf's Nudelbrett und
schaffe alles gut untereinander, lasse es einige Zeit ruhen.

595. Butterteig anderer Art.

½ Kilogramm Mehl schaffe auf dem Nudelbrett mit etwas
Salz, Wasser und saurem Rahm zu einem lockern Teig,
bis er Blasen hat, und welle ihn aus; nimm alsdann ½
Kilogramm Butter, welle es gleichfalls aus, lege es über
den Teig; überschlage ihn 3 bis 4 Mal, welle ihn aus und
fahre so fort, bis der Teig und die Butter einander ange=
nommen. Man kann auch statt Rahm Kirschenwasser nehmen.

596. Weingebackener Butterteig.

Verrühre das Gelbe von 6 Eiern mit 1 Glas guten Wein
in einer Schüssel, rühre eine Hand voll feinen Zucker, etwas
Salz, nebst Weißmehl hinein, bis der Teig zum Wellen wird,
nimm ihn alsdann auf's Nudelbrett und welle ihn in 2 Theile
aus; hierauf welle ½ Kilogramm Butter aus, lege es auf
die eine Hälfte, und auf die andere den Teig und welle ihn
ganz dünn aus, überschlage ihn alsdann 3 bis 4 Mal, doch
berühre ihn nicht zu viel mit den Händen; dann wird er
noch einmal, aber etwas dicker, ausgewellt.

597. Weingebackenes.

Nimm von obigem Teig, welle ihn 2 Messerrücken dick aus,

stich) alsdann kleine Modelförmchen aus, setze sie auf ein mit
Mehl bestreutes Blech, bestreiche sie mit zu Schnee geschla=
genem Eierweiß, bestreue sie mit Zucker und Zimmt und
backe sie schön gelb im Ofen.

598. Rahmtörtlein.

Bestreiche kleine Auflaufförmchen mit Butter, belege sie mit
Butterteig (siehe Butterteig) und mache folgenden Guß:
Verrühre 9 Eier, ⅜ Liter saueren Rahm, 125 Gramm fei=
nen Zucker, 125 Gramm gewaschene Rosinen, etwas gestoßenen
Zimmt, rühre es recht schäumig, fülle die Förmchen damit,
backe sie in einem nicht zu heißen Ofen schön gelb, nimm sie
heraus und bestreue sie mit Zucker.

599. Mandelbriefe.

Welle einen Butterteig einen starken Messerrücken dick aus
(siehe Butterteig), schneide viereckige Stücke und mache
folgende Fülle: Stoße 125 Gramm geschälte Mandeln und
125 Gramm Zucker recht fein, schneide 125 Gramm Citronat
und Pomeranzenschale, rühre dieses alles mit 2 ganzen Eiern
und 1 Eiergelb, bestreiche die viereckigen Stücke mit Eiergelb,
setze mit einem Löffel von der Fülle auf die Mitte der Blättchen,
lege alle vier Ecken auf die Mitte, bestreiche sie mit Ei und
Zucker, daß sie nicht aufspringen, und backe sie im Ofen gelb.

600. Apfel=Krapfen.

Es werden Blättchen von Butterteig wie oben gewellt und
folgende Fülle dazu gemacht: Schäle und dämpfe 6 Aepfel
mit Zucker und 1 Glas Wein; wenn sie weich sind, werden
die Aepfel verrührt und dick gekocht, alsdann rührt man
Zimmt, geschnittene Mandeln, Citronen= und Pomeranzen=
schale, nebst 125 Gramm Rosinen in die gedämpften Aepfel
und rühre alles gut untereinander, bestreiche die Blättchen
mit Eiergelb, fülle von der Masse hinein, setze wieder ein
Blättchen darauf, bestreiche es wieder mit Ei, so fahre fort,
bis die Fülle vertheilt ist, setze sie auf ein mit Mehl bestreu=
tes Blech und backe sie im Ofen schön gelb. Man kann auch
Hägenmark oder andere Früchte hinein füllen.

601. Gefüllte Waffeln.

Es wird ein Papier geschnitten, so groß wie das Waffel=
eisen, welle alsdann Butterteig aus (siehe Butterteig),
schneide Blättchen von der Größe des Papiers, bestreiche
sie mit Eiergelb, fülle eingemachte Früchte hinein, lege
wieder ein Blättchen darauf, bestreiche das Waffeleisen mit
einer Speckschwarte, lege die Blättchen hinein und backe sie
schön gelb, fahre fort, bis der Teig vertheilt ist, bestreue
sie mit Zucker und Zimmt.

602. Linzer Torte.

375 Gramm geschälte und gestoßene Mandeln, 250 Gramm
feingesiebter Zucker, 375 Gramm Butter, 375 Gramm Mehl,
125 Gramm geschnittener Citronat und Pomeranzenschale,
31 Gramm Zimmt, abgeriebene Citronenschale und 4 Gramm
Nelken werden auf dem Nudelbrett mit 8 Eiergelb recht ver=
schafft, setze dies in eine mit Mehl bestreute Schüssel über
Nacht in den Keller, damit es recht steif wird; bestreiche
eine Form mit Butter, welle alsdann die Hälfte des Teigs
aus, belege den Boden damit, bestreiche ihn mit eingemachten
Kirschen oder Himbeeren, doch lasse einen fingerbreiten Rand
rings herum, bestreiche ihn mit Eiergelb, mache von der
andern Hälfte des Teigs eine dicke Wargel, lege sie am Rand
herum, mache vom andern Teig dünne Wargeln, lege sie
im Viereck darauf, bestreiche die Streifen mit Eiergelb und
backe sie langsam im Ofen.

603. Mandel=Torte.

Zu 375 Gramm gesiebtem Zucker nimm 250 Gramm ge=
schälte und feingestoßene Mandeln, thue dies in eine Schüssel,
rühre 6 ganze und 9 Eiergelb dazu, rühre es eine Stunde recht
schäumig, schlage das Weiße der 9 Eier zu Schnee, menge
ihn nebst Citronat und Pomeranzenschale darunter, belege
das Tortenblech mit Butterteig (siehe geriebener Butter=
teig), fülle die Masse hinein und backe sie schön gelb.

604. Mandel=Torte anderer Art.

Mache den Guß von der Mandel=Torte (wie vorstehend),

belege die Form mit Papier, bestreiche sie mit Butter, fülle die Masse hinein und backe sie im Ofen gelb.

605. Mandel=Torte noch anderer Art.

Schäle 250 Gramm Mandeln, stoße die Hälfte davon recht zart, die andere Hälfte wird länglicht geschnitten, rühre die gestoßenen Mandeln mit 250 Gramm gesiebtem Zucker, 6 ganzen Eiern und 6 Eiergelb eine Stunde, schneide 60 Gramm Pomeranzenschale und Citronat, menge dies nebst dem Saft einer halben Citrone unter die Masse; die geschnittenen Mandeln nebst 125 Gramm gesiebtem Zucker werden mit 3 Eierweiß zu Schnee geschlagen und gerührt, bestreiche ein Tortenblech mit Butter, lege die Oblaten doppelt darauf, setze von den geschnittenen Mandeln einen fingerhohen Rand im Kreis herum, streiche in der Mitte eingemachte Kirschen oder Him= beeren darauf, schütte die Masse darauf und backe sie in einem gelinden Ofen; wenn die Torte gebacken ist, werden die Oblaten am Rand gleich geschnitten und auf die Platte ge= richtet.

606. Guß=Torte.

Belege das Tortenblech mit Butterteig, bestreiche den Boden mit eingemachten Kirschen, Himbeeren oder gedämpften Aepfeln, mache den Guß wie oben bei der Mandel=Torte, doch ohne Citronat und Pomeranzenschale; fülle den Mandelguß darauf und backe sie eine Stunde schön gelb im Ofen.

607. Guß=Torte anderer Art.

375 Gramm Zucker wird mit 9 Eiergelb und 3 ganzen Eiern ½ Stunde recht schäumig gerührt, dann 250 Gramm unge= schälte Mandeln fein gestoßen, nebst 4 Gramm Zimmt darunter gerührt; dann wird 47 Gramm Stärkemehl mit dem Schnee von 9 Eierweiß darunter gemacht. Dann belegt man ein Blech mit dreifingerhohem Rand mit Butterteig und streiche halbfinger= dick Quittenmarmelade darauf, damit der Boden bedeckt ist, so= dann gebe obige Mandelmasse darauf, mit welcher er bis oben an gefüllt wird, stelle es dann in einen mittelmäßig heißen Ofen

und laſſe es ½ Stunde langſam backen, bis es eine braune
Farbe hat, nimm die Torte dann heraus auf eine Platte.

608. Schwarzbrod=Torte.

Stoße 375 Gramm geſchälte Mandeln mit 2 ganzen
Eiern recht fein, thue ſie in eine Schüſſel nebſt ½ Kilo=
gramm feingeſiebtem Zucker, rühre dies mit 10 ganzen und
12 Eiergelb eine Stunde, feuchte 94 Gramm geriebenes
Schwarzbrod mit ½ Glas rothem Wein an, ſchneide 125
Gramm Citronat und Pomeranzenſchale, das Abgeriebene
einer Citrone, Zimmt und Nelken, menge alles unter=
einander, ſchlage das Weiße von 6 Eiern zu Schnee, menge
ihn darunter, lege alsdann die Form mit Papier aus,
beſtreiche es mit Butter, fülle die Maſſe hinein, backe ſie
langſam im Ofen.

609. Brod=Torte mit Kartoffeln.

375 Gramm Zucker wird mit 10 Eiergelb eine halbe
Stunde gerührt, dann thue 62 Gramm geſchnittene Pome=
ranzenſchale, 60 Gramm Citronat, 16 Gramm geſtoßenen
Zimmt nebſt 60 Gramm feingeriebenem geröſtetem Schwarz=
brod, welches mit ein wenig Wein angefeuchtet wird, und
½ Kilogramm geriebene Kartoffeln hinein, ſchlage das Weiße
der Eier zu Schnee, menge es unter die Maſſe, beſtreiche
eine Form ſtark mit Butter, fülle ſie hinein und backe ſie
ſchön gelb.

610. Citronat=Torte.

Rühre 250 Gramm Butter ſchäumig, ſtoße 125 Gramm
geſchälte Mandeln recht fein, menge ſie nebſt 125 Gramm
geſiebtem Zucker unter die Butter, rühre zwei ganze und
acht Eiergelb hinein, thue 125 Gramm geſchnittenen
Citronat darunter, rühre es eine Stunde, beſtreiche ein
Tortenblech mit Butter, belege es mit Butterteig (ſiehe
Butterteig), fülle die Maſſe hinein, beſtreue ſie oben
mit Zucker und geſchnittenen Mandeln, backe ſie langſam
im Ofen gelb.

611. Reis=Torte.

250 Gramm Reis wird 3 Mal mit kochendem Wasser
abgebrüht, ³/₄ Liter guter Wein daran geschüttet, stelle
den Reis auf glühende Asche, damit er aufquillt und weich
wird, er darf aber nicht kochen; schneide alsdann die
Schale von 2 Citronen recht klein, nebst 125 Gramm
Citronat und Pomeranzenschale, menge dies nebst dem
Saft einer Citrone unter den Reis, läutere 250 Gramm
Zucker mit ¹/₈ Glas Wasser, menge den Reis in den
Zucker; sollte es zu dick sein, schütte noch etwas Wein
daran; lasse dies mit einander kochen, lasse ihn ein wenig
anziehen, damit er eine Scharre und beim Umrühren eine
gelbe Farbe bekömmt. Belege ein Tortenblech mit Butter=
teig (siehe geriebener Butterteig), streiche den Reis
zweifingerhoch darauf, lasse rings herum einen zweifinger=
breiten Rand am Butterteig frei, bestreiche ihn mit Eier=
gelb, welle den übrigen Butterteig aus, lege feine Streifen
im Viereck darauf, lege einen zweifingerbreiten Rand herum,
bestreiche den Teig mit Eiergelb, und backe die Torte eine
halbe Stunde in einem nicht zu heißen Ofen.

612. Crême=Torte.

Belege den Boden eines Tortenblechs mit Butterteig (siehe
Butterteig), bestreiche ihn mit Eiergelb, backe ihn schön
gelb, bestreiche den Boden mit eingemachten Kirschen oder
Himbeeren und mache folgende Crême: Rühre einen Koch=
löffel voll feines Mehl mit etwas süßem Rahm glatt, das
Gelbe von 10 Eiern nebst dem Abgeriebenen einer Citrone,
ein Ei groß gestoßenen Zucker, verdünne es mit ³/₈ Liter
süßem Rahm, setze es auf's Feuer, laß es unter beständigem
Rühren dick werden; hierauf laß ihn erkalten, überstreiche
alsdann die gebackene Torte damit und mache folgende
Decke: Schlage von den 10 Eierweiß einen steifen Schnee,
menge mehrere Hände voll feinen Zucker und etwas abge=
riebene Citronenschale darunter, bestreiche alsdann eine Form
mit Wachs, setze den Schnee darauf und backe ihn langsam
gelb, setze ihn auf die Crême=Torte und bestreue sie mit Zucker.

613. Sand-Torte.

Rühre 187 Gramm Butter weiß, ebensoviel feinen Zucker darunter und dann 6 Eiergelb, etwas feine Citronenschale, 62 Gramm · Pomeranzenschale nnd Citronat daran, rühre dies eine halbe Stunde, dann rühre 250 Gramm Weißmehl hinein, schlage 6 Eierweiß zu Schnee und menge ihn darunter, belege alsdann ein Tortenblech mit Papier, bestreiche es mit Butter, bestreue es mit Mehl, fülle die Masse hinein, bestreiche sie oben mit Schnee, feinem Zucker und Zimmt, backe sie schön gelb, nimm das Papier weg und setze sie auf die Platte.

614. Chocolade-Torte.

Rühre 250 Gramm feinen Zucker, 125 Gramm geschälte und zart gestoßene Mandeln, 125 Gramm geriebene Chocolade mit 10 Eiergelb ½ Stunde, menge alsdann 125 Gramm durchgesiebtes Mehl hinein, schlage das Weiße der Eier zu Schnee, belege ein Tortenblech mit Papier, bestreiche es mit Butter, menge den Schnee unter die Masse, fülle sie in das Blech und backe sie langsam; man kann auch eine Chocolade-Glasur darüber machen: Koche 125 Gramm Zucker, 125 Gramm Chocolade mit 1 Glas Wasser dick und überziehe die Torte damit.

615. Rahm-Torte.

Stelle 3 Liter süßen Rahm auf's Feuer, drücke den Saft einer Citrone hinein und lasse es auf dem Feuer zu Käse werden, gieße es auf ein Sieb, damit die saure Milch abtropft, rühre alsdann 125 Gramm Butter schäumig, rühre 125 Gramm feinen Zucker nebst 6 Eiergelb hinein, rühre den Käse dazu nebst dem Geschmack einer Citrone oder Vanille; rühre dies eine halbe Stunde, menge 62 Gramm feines Mehl darunter, nebst dem zu Schnee geschlagenen Eierweiß, belege ein Tortenblech mit Butterteig (siehe ge- riebenen Butterteig), fülle die Masse hinein und backe sie schön gelb.

616. Kartoffel-Torte.

375 Gramm Zucker wird mit 11 Eigelb recht schäumig gerührt, 125 Gramm geschälte und gestoßene Mandeln nebst dem Abgeriebenen von einer Citrone, thue nun 375 Gramm geriebene Kartoffeln und den Schnee von den Eiern dazu, fülle die Masse in ein mit Butter bestrichenes Auflaufblech oder backe sie auf einer Platte schön gelb.

617. Französische Torte.

Rühre 94 Gramm Butter weiß mit 375 Gramm geschälten und gestoßenen Mandeln, menge das Abgeriebene von 2 Citronen nebst dem Saft von 2 Citronen, 250 Gramm feinem Zucker darunter, rühre dies eine Stunde, belege alsdann ein Tortenblech mit Butterteig (siehe Butterteig), bestreiche den Boden mit eingemachten oder verdämpften Aepfeln, fülle die Masse darauf, mache ein Gitter von Butterteig darüber und backe sie eine kleine Stunde im Ofen.

618. Französische Torte anderer Art.

Mache von 250 Gramm Butter einen Butterteig, welle ihn zu drei Blättchen, jedes einen Teller groß, aus, setze jedes auf ein mit Mehl bestreutes Blech und backe sie gelb; mache alsdann folgenden süßen Teig: Nimm 250 Gramm feines Mehl, 125 Gramm feinen Zucker, 60 Gramm Butter, 2 Eierweiß, das Abgeriebene einer Citrone, verfertige davon einen Teig, welle ihn aus zu drei Blättchen, in der Größe wie die vorhergehenden, nur dünner, lege sie auf ein mit Butter bestrichenes Blech und backe sie schön gelb. Den andern Tag lege das eine Butterblättchen auf ein Blech ohne Rand, bestreiche es mit eingemachten Kirschen, alsdann mache von Zuckerteig einen Boden, bestreiche diesen mit eingemachten Himbeeren, lege darauf wieder einen Boden von Butterteig, überstreiche diesen mit Hegenmark, dann lege einen Boden von Zuckerteig mit eingemachten Johannisbeeren bestrichen; den dritten Boden mache von Butterteig und thue einge=

machte Aprikosen darauf, den letzten Boden mache von Zuckerteig, drücke sie alle fest zusammen, schneide sie alle gleich
und mache folgende weiße Glace darüber: Rühre 125 Gramm
feingesiebten Zucker, den Saft einer Citrone, den Schaum
von einem Eiweiß, rühre dies eine halbe Stunde, glacire die
Torte sowohl oben wie zur Seite damit, lasse sie alsdann
trocknen.

619. Prinz-Friedrichs-Backerei.

Welle einen guten Butterteig nicht zu dünn aus, bringe
ihn auf ein langes Blech, streiche verdämpfte Aepfel darauf
und lasse ihn im Ofen ein wenig anbacken; dann schlage
einige Eierweiß zu Schnee, wenn er steif ist, menge einige
Hände voll gestoßenen Zucker darunter, streiche ihn auf die
angebackene Masse, lasse eine Hand voll geschälte und langgeschnittene Mandeln trocknen, streue sie auf den Schnee und
lasse es noch im Ofen, bis es eine schöne gelbe Farbe hat,
dann schneide es in viereckige Stückchen, bestreue sie mit
Zucker und gib sie zu Tisch: man kann diese Masse auch als
Torte backen.

620. Spanische Torte.

312 Gramm geschälte und gestoßene Mandeln rühre mit
250 Gramm Butter, 60 Gramm Citronen- und Pomeranzenschale schäumig, rühre 10 Eiergelb hinein nebst 250 Gramm
feinem Zucker, dem Saft einer Citrone, 8 Gramm gestoßenem
Zimmt, 4 Gramm Nelken, 1 geriebene Muskatnuß, 125 Gramm
geriebenes Milchbrod, menge alles wohl untereinander, schlage
6 Eierweiß zu Schnee, menge ihn darunter, bestreiche alsdann ein Tortenblech mit Butter, lege von Butterteig (siehe
g e r i e b e n e n B u t t e r t e i g) Riemen im Viereck auf den
Boden, fülle die Masse hinein, lasse es langsam backen.

621. Punsch-Torte.

Nimm ½ Kilogramm gesiebten Zucker, 20 Eiergelb, 12 Eier
schwer feines Mehl, rühre den Zucker mit den 20 Eiergelb

eine Stunde, nebst dem Abgeriebenen einer Citrone, schlage alsdann 16 Eierweiß zu einem steifen Schnee, menge das Mehl und den Schnee zu gleicher Zeit unter den Zucker, belege 3 Tortenbleche mit Papier, bestreiche sie mit Butter, fülle in jedes gleich viel von der Masse, stelle sie alle in einen gelinden heißen Ofen und backe sie gelb, löse alsdann das Papier, lege ein ausgeschnittenes Papier auf die Platte, lege eine Lage von der Torte darauf, alsdann rühre 1 Hand voll feinen Zucker in ein Glas Arac, den dritten Theil schütte davon auf die Lage, streiche alsdann eingemachte Kirschen darauf, lege wieder eine Lage von der Torte, schütte vom Arac darauf, überstreiche es mit Quitten oder Hegenmark, lege nun die dritte Lage, übergieße es mit dem übrigen Arac und mache ein Eis darüber (siehe französische Torte).

622. Apfel=Torte.

Schäle 8 bis 10 Aepfel, stelle sie mit Zucker und 1 Glas Wein auf's Feuer, lasse sie weich dämpfen, verrühre sie, laß sie dick kochen und erkalten, schneide 15 Gramm geschälte Mandeln, 62 Gramm Citronat und Pomeranzenschale, wasche 125 Gramm Rosinen, menge dies unter die Aepfel, thue Zucker daran, bis es süß genug ist, lege alsdann das Torten= blech mit Butterteig aus (siehe Butterteig), lege die Aepfel darauf, mache ein Gitter von Butterteig darauf, be= streiche den Teig mit Eiergelb und backe die Torte eine halbe Stunde.

623. Apfel=Torte von geriebenen Aepfeln.

Man belege ein Tortenblech mit Butterteig, nimm 156 Gramm gestoßenen Zucker, 62 Gramm geschälte und gestoßene Mandeln, etwas Zimmt und Citronenschale und rühre dieses mit dem Gelben von 5 Eiern ½ Stunde, reibe nun 5 schöne Aepfel auf dem Reibeisen, thue solche zu der Masse, schlage das Weiße der Eier zu Schnee, menge ihn darunter, fülle die Masse in das Tortenblech und backe sie.

624. Kirschen=Torte.

1½ Gramm saure Kirschen werden abgezupft und aus=

gesteint, läutere alsdann 375 Gramm Zucker mit 1 Glas Wasser, thue die Kirschen hinein; wenn sie einige Minuten gekocht haben, nimm sie wieder heraus, laß die Sauce dick einkochen, lege sie wieder hinein, laß sie nebst Zimmt und Nelken mitkochen; im Uebrigen verfahre wie bei der Apfel= Torte.

625. Aprikosen=Torte.

30 Aprikosen werden ausgesteint; koche sie in Wasser ab, nimm sie wieder heraus und setze eine an die andere in ein Casserol, bestreue sie dick mit Zucker, decke sie zu, laß sie kochen, bis sie keine Sauce mehr haben; im Uebrigen verfahre wie bei der Apfel=Torte.

626. Pfirsich=Torte.

Es werden 25 bis 30 Pfirsiche ausgesteint, eine neben die andere in ein Geschirr gethan, Wasser daran geschüttet und abgekocht; nimm sie heraus und schäle sie, lege sie wieder in ein Geschirr, bestreue sie dick mit Zucker und koche sie, nimm sie wieder heraus und laß die Sauce dick kochen, be= lege alsdann ein Tortenblech mit Butterteig (siehe Wein= gebackenes), lege die Pfirsiche hart neben einander darauf, schütte den Saft darauf und backe sie im Ofen gelb.

627. Reineclauden=Torte.

Es werden 40 bis 50 Reineclauden ausgesteint, neben einander in ein Casserol gelegt und dick mit Zucker bestreut, lasse sie kochen, nimm die Reineclauden wieder heraus, damit sie nicht zu weich werden, laß die Sauce dick einkochen; im Uebrigen behandle sie wie die vorhergehende Torte.

628. Himbeer=Torte.

Es wird eine Salatiere voll Himbeeren rein gelesen, mit Zucker und Zimmt auf's Feuer gestellt, lasse sie dick kochen, hierauf lasse sie erkalten, belege ein Tortenblech mit Butter= teig (siehe Weingebackenes), streiche die Himbeeren dar= auf, lege ein Gitter voll Butterteig darauf und backe sie eine halbe Stunde im Ofen.

629. Johannisbeer=Torte.

Wird wie die Himbeer=Torte gemacht.

630. Maulbeer=Torte.

Auf dieselbe Art wie die Himbeer=Torte.

631. Heidelbeer=Torte.

Wird auf dieselbe Art gemacht, wie die vorhergehenden Torten, aber statt des Gitters von Butterteig streue gestoßene Mandeln und Zimmt darauf.

632. Biscuit.

½ Kilogramm feiner Zucker wird mit 20 Eiergelb eine Stunde gerührt, thue das Abgeriebene einer Citrone dazu, schlage alsdann 16 Eierweiß zu Schnee, wiege Mehl, so schwer wie 12 Eier, menge es mit dem Schnee darunter, belege alsdann die Form mit Papier, bestreiche es mit Butter, fülle die Masse hinein und backe sie langsam im Ofen.

633. Biscuit auf schnelle Art.

Man wiegt 250 Gramm gesiebten Zucker, eben so viel Eier, halb so viel Mehl, rühre das Gelbe der Eier ½ Stunde mit dem Zucker nebst dem Abgeriebenen einer Citrone, schlage das Weiße der Eier zu Schnee, menge ihn mit dem Mehl darunter und fülle sie wie oben.

634. Biscuit=Späne.

270 Gramm Zucker wird mit 10 Eiergelb nebst Geschmack von Citron oder Orange zu Schaum gerührt, dann das Weiße der Eier, welches man vorher zu einem steifen Schnee geschlagen hat, nebst 135 Gramm Mehl dazu gegeben. Hierauf bestreiche man ein Kupferblech mit Wachs, streiche die Masse 2 Messerrücken dick darauf und backe sie in einem gelinden Ofen. Dann schneide man Späne daraus und lege sie über ein rundes Holz und sie sind fertig.

635. Biscuit von Rosinen.

Rühre 187 Gramm Butter weiß, rühre 9 Eiergelb, eines nach dem andern hinein, menge 187 Gramm gesiebten Zucker,

187 Gramm gewaschene Rosinen, 187 Gramm Mehl und
etwas Zimmt darunter, rühre es eine $\frac{1}{2}$ Stunde, schlage
das Weiße zu Schnee, menge ihn auch darunter und fülle
die mit Butter bestrichene und mit Zucker bestreute Form
damit, backe sie langsam im Ofen.

636. Biscuit von Chocolade.

Man vermengt ganz schnell den Schnee von 10 Eierweiß
unter 250 Gramm feingestoßenen Zucker, rührt dann die
Eiergelb hinein, dann 125 Gramm geriebene Chocolade und
zuletzt 125 Gramm Mehl darunter, die Masse wird in eine
mit Butter und Weckmehl bestreute Form gefüllt und in
einem nicht zu heißen Ofen gebacken.

637. Butter=Biscuit.

250 Gramm Butter wird weiß gerührt, dann 250 Gramm
gesiebter Zucker, 10 Eiergelb, das Abgeriebene einer Citrone
zu der Butter gethan und alles zusammen recht gerührt,
menge nun 250 Gramm Mehl darunter, fülle die Masse in
beliebige Formen und backe sie in einem mäßig heißen Ofen.

638. Englischer Kuchen.

250 Gramm frische Butter wird weiß gerührt, 250 Gramm
Mehl wird auf einen Teller gethan, desgleichen 187 Gramm
feiner Zucker nebst 8 Eiergelb, rühre immer 1 Löffel voll
Zucker, 2 Löffel voll Mehl, 1 Eiergelb hinein, bis es auf=
geht, thue alsdann 125 Gramm gewaschene und wieder ab=
getrocknete Rosinen hinein, schlage 2 Eierweiß zu Schnee,
menge ihn nebst dem Abgeriebenen einer Citrone darunter,
bestreiche und belege eine Form (Kuchenblech) mit Papier
und Butter, fülle die Masse hinein, streiche den Kuchen finger=
dick auseinander, schäle und schneide 62 Gramm Mandeln,
menge eine Hand voll Zucker darunter, bestreiche den Kuchen
mit Eiergelb, streue die Mandeln darauf und backe ihn
langsam im Ofen gelb.

639. Blitzkuchen.

Man nehme 280 Gramm Zucker, 5 Eiergelb, 2 Eierweiß,
375 Gramm Mehl, 280 Gramm Butter, rührt die Butter

weiß und thut dann das andere hinein, dann füllt man die
Masse in ein mit Butter und Weckmehl bestrichenes Blech,
streut Zucker und Mandeln darauf und backt es in einem
nicht zu heißen Ofen.

640. Kirschen-Kuchen.

250 Gramm Zucker wird gesiebt, 125 Gramm geschälte
und zart gestoßene Mandeln werden mit 8 ganzen Eiern
schaumig gerührt, thue 62 Gramm geschnittenen Citronat
und Pomeranzenschale, 8 Gramm Zimmt, 2 Gramm Nelken
dazu, weiche 125 Gramm geriebenes Schwarzbrod in ½
Glas rothen Wein, menge dies nebst 1 Kilogramm Kirschen,
wovon die Hälfte ausgesteint ist, untereinander, bestreiche
eine Kugelhopf-Form mit Butter, streue sie mit geriebenem
Brod aus, fülle die Masse hinein und backe den Kuchen
langsam. Man kann die Wecke auch in Wasser einweichen
und in Butter dämpfen.

641. Kirschen-Kuchen anderer Art.

Schneide 4 Wecke in kleine Schnitten, schütte Milch daran
und lasse sie weichen, drücke sie wieder aus und rühre sie
glatt, rühre alsdann 125 Gramm Butter weiß, thue die
ausgedrückten Wecke dazu, nebst 125 Gramm gestoßenen
Mandeln, 125 Gramm feinem Zucker, Zimmt und Nelken,
rühre die Masse mit 8 Eiern ab, menge 1 Kilogramm ab-
gezupfte Kirschen darunter, bestreiche ein Kuchenblech mit
Butter, bestreue es mit geriebenem Brod, fülle die Masse
hinein, backe ihn.

642. Kirschen-Kuchen mit geriebenem Teig.

Weiche ein geriebenes Milchbrod in Milch ein, lasse 125
Gramm Butter zergehen, rühre das Milchbrod, die Butter,
125 Gramm gestoßene Mandeln, 125 Gramm Zucker mit
6 Eiern recht schaumig, rühre ³⁄₈ Liter Milch nebst Zimmt
und abgeriebener Citrone daran. Belege alsdann ein Kuchenblech mit geriebenem Butterteig, belege den Boden dick mit
Kirschen, schütte den Guß darüber und backe ihn im Ofen.

643. Kirschen=Kuchen ohne Guß.

Belege das Kuchenblech mit Butterteig (siehe Butter=
teig), bestreue den Boden mit Zucker und Mandeln, belege
ihn alsdann dick mit Kirschen, streue Zucker, Zimmt und
Mandeln darauf, laß ihn halb backen, nimm ihn alsdann
aus dem Ofen, gieße ½ Glas Wein darauf und backe ihn
vollends fertig.

644. Trauben=Kuchen.

Belege das Blech mit Butterteig, wie oben, und mache
folgenden Guß: 125 Gramm gesiebter Zucker und 125 Gramm
geschälte Mandeln werden mit 1 Eiergelb gestoßen, thue dies
in eine Schüssel, rühre es mit 2 Eiergelb, 6 Löffeln voll
süßem Rahm, Zimmt und abgeriebener Citrone glatt, be=
streiche den Boden damit, lege weiße und rothe Beeren
darauf; verschlage alsdann 6 ganze Eier, Zimmt, 1 Hand
voll Zucker, 1 Glas Milch, rühre alles gut untereinander,
schütte es auf die Beeren und backe den Kuchen langsam im
Ofen.

645. Apfelkuchen.

Belege das Kuchenblech mit Butterteig, schäle alsdann
8 bis 10 Aepfel, schneide sie in 6 Theile, lege einen an den
andern, stelle sie etwas aufrecht und mache folgenden Guß:
Lasse 125 Gramm Butter zergehen, rühre 1 Glas sauern
Rahm und 6 ganze Eier, 125 Gramm gestoßene Mandeln,
125 Gramm Zucker, Zimmt und Citrone darunter, schütte
den Guß über die Aepfel und backe den Kuchen.

646. Apfel=Kuchen anderer Art.

Belege das Kuchenblech mit Butterteig und Aepfeln, streue
Zucker, Zimmt und Mandeln darauf, gieße ½ Glas Wein
darüber, schneide einige Stückchen Butter darauf und backe
den Kuchen.

647. Zwetschgen=Kuchen.

Belege das Kuchenblech mit Butterteig (siehe Butter=
teig), mache alsdann der Länge nach einen Schnitt in die

Zwetschgen, steine sie aus, lege sie auf den Butterteig, doch mehr aufrecht, damit recht viele darauf gehen, stoße 125 Gramm Mandeln, Zucker und Zimmt, je nachdem die Zwetsch=gen süß sind, lege einige Stückchen Butter darauf und laß ihn eine halbe Stunde backen.

Es ist gut, wenn man auf den Butterteig der Obstkuchen geriebenes Milchbrod streut, damit der Boden nicht zu sehr erweicht.

648. Käse=Kuchen.

Rühre 4 sauere Käschen in einer Schüssel, rühre 1 Hand voll Mehl, oder koche von dem Mehl einen dicken Brei (auf diese Art wird er zärter) hinein, rühre alsdann 125 Gramm Butter weiß, dann thue 5 bis 6 Eier hinein, wenn man Mehl nimmt, auch etwas Milch oder sauern Rahm, nebst 125 Gramm gewaschenen Zibeben, Zimmt und Salz, belege ein Kuchenblech mit Butter= und Bierhefenteig, fülle die Masse hinein und backe ihn.

649. Käse=Kuchen, süßer.

Rühre mit gestandener Milch, 3 Kochlöffeln voll Mehl und 4 Eiern einen Teig an. Mache hierauf ³/₈ Liter Milch siedend, rühre den Teig hinein, schütte alsdann etwas Molken dazu, damit es sich scheidet; wenn dies geschehen, laß es durch eine Serviette laufen; wenn die Milch abgelaufen ist, thue die Käse in eine Schüssel, rühre 2 ganze und 3 gelbe Eier nebst 125 Gramm gewaschenen Rosinen und Zibeben, Zucker, Zimmt, etwas süßen Rahm und Salz; wenn alles gut verrührt ist, fülle die Masse in ein Kuchenblech, welches zuerst mit Butterteig belegt ist, und backe ihn.

650. Käse=Kuchen bester Art.

Man macht einen Zuckerteig von ½ Kilogramm Mehl, 250 Gramm Zucker und 250 Gramm Butter, 4 ganzen Eiern, etwas Salz, wellt ihn aus auf's Blech und backt ihn hell=gelb; dann werden 4 bis 6 Käschen fein verrührt und durch ein Sieb gedrückt, etwas Butter schäumig gerührt, eine Hand voll Zucker, etwas kleine Rosinen, das Gelbe von 4 Eiern,

2 Löffel saurer Rahm dazu gethan. Dies wird dann finger=
dick auf den Kuchen gestrichen, von 4 Eiern Biscuit gemacht
und ebenfalls obenauf gestrichen und nochmals gebacken.

651. Zwiebel=Kuchen.

Zuerst wird ein mürber Teig gemacht, wie folgt: 187 Gramm
Butter laß zergehen, nimm hierauf 1½ Liter Mehl in eine
Schüssel, rühre die Butter, 1 Glas laue Milch, für 10 Pfennig
Essighefe und etwas Salz daran, schaffe den Teig so lange,
bis er vom Löffel losgeht, bestreue ein Blech mit Mehl,
welle den Teig aus, belege das Blech damit und lasse ihn
an der Wärme gehen.

Den Tag zuvor werden 14 bis 16 große Zwiebeln geschält
und fein geschnitten, lasse alsdann 125 Gramm Butter zer=
gehen, lasse die Zwiebeln 1 Stunde langsam darin dämpfen
und schütte sie über Nacht in eine Schüssel. Den andern
Tag rühre 6 ganze Eier nebst Salz und Kümmel hinein;
man kann auch einige Löffel voll sauern Rahm daran thun;
wenn die Masse gut gerührt ist, streiche die Zwiebeln finger=
dick auf den gegangenen Teig, schneide rohen geräucherten
Speck in kleine viereckige Stücke, streue ihn darauf und
backe den Kuchen in einem gut geheizten Ofen schön gelb.

652. Baumkuchen.

³/₄ Kilogramm Butter wird mit ³/₄ Kilogramm Zucker
schaumig gerührt, nach und nach das Gelbe von 30 Eiern
und und das Mark einer Stange Vanille dazu gethan, dann
wird das Weiße der Eier zu einem guten Schnee geschlagen
und mit ³/₄ Kilogramm feinem Mehl darunter gemengt.

Die Form des Kuchens wird auf einer Holzwalze gemacht
von ohngefähr 60 Centimeter Länge und 21 Centimeter
Durchmesser, die nach Oben bis zu 15 Centimetern sich ver=
jüngt; dieselbe wird mit einem Papier umwickelt, das mit
Bindfaden festgelegt und gut mit Butter bestrichen wird.
Man muß die Holzwalze auf ein eisernes Gestell auflegen
und dieselbe ganz gleichmäßig drehen, während man mäßiges
Feuer hat, und fortwährend von obenstehender Masse auf=

gießen. Durch das Drehen bilden sich mit dem Abtropfen
die Zacken. Wenn die ganze Masse aufgetragen und der
Kuchen schön gelb gebacken ist, rührt man eine Glasur von
Zucker und Rosenwasser an und gießt dieselbe ebenfalls
langsam darüber, das Feuer darf dann nur ganz schwach
sein. (Kohlen.)

653. Süße Fleisch=Torte.

Man nimmt ³/₄ Kilogramm feingehacktes Fleisch, die Hälfte
Kalbfleisch und Rindfleisch. Das Fleisch, unter welches ein
Stück Weißbrod in Wasser eingeweicht, ohne ausgedrückt zu
sein, gethan wird, hackt man fein mit etwas Pfeffer, Salz,
Zimmt, Muskatnuß, geschnittenen Mandeln, Citronenschale,
60 Gramm Citronat, 60 Gramm Rosinen, 125 Gramm
Zucker, 187 Gramm Meertrauben, 250 Gramm feingehacktem
Nierenfett; Alles dieses wird mit ¹/₃ Liter Wein und ³/₈ Liter
Wasser angerührt und wohl vermengt. Sodann wird ein
Kuchenblech mit Butterteig belegt, der Rand muß aber doppelt
werden, mit kleinen Stückchen Butter bestreut und dann die
Masse darauf gethan, auch der Saft einer Citrone darauf
gedrückt; nun wird ein Deckel von Butterteig darüber ge=
schlagen, jedoch zuerst mit frischem Wasser bestrichen, der
Deckel mit geklopftem Eiergelb bestrichen. Ist die Torte halb
gebacken, so wird sie mit feingestoßenem Zucker bestreut und
ausgebacken.

Hefen= und Schmalzbäckerei.

654. Brioche.

Es wird ¹/₂ Kilogramm Mehl in eine Schüssel gethan,
in der Mitte wird eine Grube gemacht, verrühre alsdann
4 Eßlöffel voll Bierhefe mit etwas lauer Milch, rühre alles
Mehl zu einem dicken Vorteig, mache 2 Schnitte über's
Kreuz darauf und lasse die Masse an der Wärme gehen.
Hierauf werden 1¹/₂ Kilogramm Mehl in eine andere Schüssel.

gethan, gleichfalls eine Grube in die Mitte gemacht, schneibe
1 Kilogramm Butter in kleine Stückchen hinein, nebst 12
ganzen Eiern, etwas feinem Salz, schaffe alles mit der Hand
untereinander; wenn der Vorteig gegangen ist, so mache in
die Mitte des andern eine Vertiefung, thue den Vorteig
hinein und schaffe denselben langsam unter den andern, bestreue ein Tuch mit Mehl, setze den Teig darauf und lasse
ihn 10 Stunden langsam gehen; nach Verlauf dieser Zeit
wird er einige Mal überschlagen; wirke alsdann 4 Kuchen
leicht aus, doch immer einen kleiner wie den andern, lege
ein Papier auf ein Blech, bestreiche es mit Butter und lege
den größten der Kuchen darauf, bestreiche ihn mit Eiergelb,
lege den zweiten darauf, bestreiche ihn ebenfalls mit Ei und
so fahre fort, bis sie alle aufeinander sitzen, bestreiche alsdann ein Papier mit Butter, wickle es darum, doch muß es
dreifingerbreit darüber gehen, umwickle es in der Rundung
mit Bindfaden, lasse ihn noch 2 Stunden gehen und backe
ihn hierauf im Ofen gelb.

655. Gugelhopf.

250 Gramm Butter wird weiß gerührt, thue 2 ganze und
4 gelbe Eier und ½ Kilogramm Mehl nebst 2 Gläsern
süßem Rahm, 30 Gramm Zucker und ein wenig Salz daran,
so daß immer 1 Eßlöffel Rahm und 1 Eßlöffel Mehl hinein
kömmt; bis beide Theile darin sind muß es tüchtig gerührt
werden. Nun thut man 2 Löffel voll Essighefe und den
Schnee von 4 Eiern darunter und füllt ihn in eine mit
Butter und Mandeln bestreute Form, läßt ihn gehen und
backt ihn dann schön gelb.

656. Gugelhopf erprobter Art.

Rühre 375 Gramm Butter weiß, alsdann werden 625
Gramm Mehl und 30 Eier wie oben hineingerührt, auch
etwas Salz, 1 Glas Milch und für 10 Pfennig Essighefe, rühre
den Teig eine Stunde lang immer auf dieselbe Seite, bestreiche eine Form mit Butter, fülle die Masse hinein und
lasse sie 3 Stunden gehen; hierauf wird er gebacken. Man
kann auch die Form mit geschälten und gestoßenen Mandeln
bestreuen und etwas feinen Zucker in die Masse thun.

657. Gugelhopf noch anderer Art.

250 Gramm Butter wird weiß gerührt, rühre 20 Eiergelb mit 344 Gramm Mehl, immer 1 Eßlöffel voll Mehl und 1 Eiergelb hinein, nebst 1 Glas süßem Rahm, 3 Eßlöffeln voll Essighefe, etwas Salz und Zucker; wenn die Masse 1 Stunde gerührt ist, bestreiche die Form mit Butter und gestoßenen Mandeln, fülle die Masse hinein, lasse sie einige Stunden gehen und backe sie.

658. Gugelhopf mit Rosinen.

Rühre 125 Gramm Butter mit 8 ganzen und 8 gelben Eiern ½ Stunde recht schäumig, wiege alsdann 280 Gramm Mehl und menge es darunter, nebst Zucker, 125 Gramm gewaschenen Rosinen, 3 Eßlöffeln voll Milch, 3 Eßlöffeln voll Essighefe und etwas Salz; wenn die Masse noch ½ Stunde gerührt ist, bestreiche eine Form mit Butter, bestreue sie mit geschälten und grobgestoßenen Mandeln, fülle die Masse hinein und lasse sie 3 bis 4 Stunden gehen, alsdann wird sie gebacken.

659. Waffeln mit Bierhefe.

Rühre 375 Gramm Butter weiß, rühre 8 Eiergelb und 6 ganze Eier hinein, 280 Gramm feines Mehl, 1 Glas süßen Rahm oder Milch, für 12 Pfennig Essighefe, rühre die Masse ½ Stunde mit einander, lasse sie an einem warmen Orte gehen, laß alsdann das Waffeleisen heiß werden, bestreiche es mit Speck, fülle von der Masse hinein und backe sie auf beiden Seiten gelb.

660. Waffeln mit Mandeln.

Schäle und stoße 125 Gramm Mandeln, nimm 125 Gramm gestoßenen Zucker, 125 Gramm Mehl, verrühre dies recht mit 6 ganzen Eiern, zerlasse 125 Gramm Butter, schütte sie nebst etwas klein geschnittener Citronenschale und Zimmt dazu, verdünne es mit süßem Rahm oder Wein, so daß es die Dicke eines Spatzenteiges bekommt und backe sie wie oben.

661. Waffeln mit Rosinen.

Rühre 250 Gramm Butter schäumig, rühre 6 Eier hinein, alsdann werden 125 Gramm Mehl mit Milch glatt ange= rührt, zu der Butter gethan; schäle und schneide 125 Gramm Mandeln, wasche 125 Gramm Rosinen, 30 Gramm kleinge= schnittenen Citronat, das Abgeriebene einer Citrone, 2 Hände voll Zucker, menge alles wohl untereinander und backe sie wie oben.

662. Theestangen mit Vanille.

Man nimmt 3 Eier, so schwer Butter, ebensoviel Zucker und Mehl und etwas Vanille; die Butter wird weiß gerührt dann der Zucker, dann die Eier und das Mehl; alles wird recht schäumig gerührt, lange Wargeln daraus gemacht; mache einen Fächer von Papier, lege die Wargeln in die Falten und lasse sie schön backen.

663. Hefen-Kuchen.

1½ Liter Mehl wird in eine Schüssel gethan, alsdann lasse 187 Gramm Butter zergehen, schütte 1 Glas Milch, Salz und für 12 Pfennig Essighefe daran, rühre es an das Mehl, nebst 2 ganzen und 2 gelben Eiern; wenn es geschafft ist, daß der Löffel rein losgeht, bestreue ein Kuchenblech mit Mehl, formire einen hübschen Kuchen, bestreiche ihn mit Eiergelb, laß ihn 2 bis 3 Stunden gehen und backe ihn. Man kann ihn auch zu einem beliebigen Kuchen auswellen.

664. Ringkuchen oder Theebrod.

½ Kilogramm Mehl wird in eine Schüssel gethan, in der Mitte eine Vertiefung gemacht, mit 1 Eßlöffel voll Essighefe und ½ Glas Milch in der Mitte vom Mehl ein Vorteig gemacht, an die Wärme gestellt und eine Stunde gehen ge= lassen; alsdann lasse 156 Gramm Butter zergehen, verrühre sie mit 94 Gramm Zucker, 2 Eiern, ½ Glas Milch, schaffe dies alles in den Vorteig, bis der Löffel rein losgeht, mache alsdann einen großen Ring daraus, setze ihn auf ein mit

Mehl bestreutes Blech, streiche ihn mit Eiergelb an, stoße 60 Gramm Kandis grob, schneide 60 Gramm geschälte Mandeln und Zimmt, menge alles gut untereinander, streue es auf den Ring, lasse ihn 2 bis 3 Stunden gehen und backe ihn. Wenn er schön gebacken ist, wird er in schmale Riemen geschnitten und zum Thee aufgestellt.

665. Butter-Bretzeln.

Man macht einen Vorteig von 3 Löffeln voll Essighefe und ½ Glas Milch, nun wird ½ Kilogramm Butter weiß gerührt, der Vorteig nebst 8 Eiergelb, 1 Glas süßem Rahm, etwas Zucker und ½ Kilogramm Mehl dazu genommen, recht untereinander geschafft und entweder Bretzeln oder viereckige Küchlein daraus gemacht, lasse diese noch eine Zeitlang gehen und mit Ei bestrichen backen.

666. Braunschweiger Kuchen.

Man nimmt ½ Kilogramm Mehl, thut es in eine Schüssel, macht in der Mitte einen kleinen Vorteig von 1 Eßlöffel voll Essighefe und etwas Milch und läßt es gehen; lasse dann 125 Gramm Butter zergehen, thue etwas Milch nebst 4 Eiern daran, für 10 Pfennig Essighefe, etwas Salz und Zucker, rühre alles unter den Vorteig nebst dem Mehl, schaffe es dann so lange, bis der Teig vom Kochlöffel losgeht, menge etwas Zibeben, Rosinen und Citronat darunter, bestreiche ein Kuchenblech mit Butter, fülle die Masse hinein und lasse sie an einem warmen Orte gehen; wenn sie gegangen ist, bestreiche sie mit zerlassener Butter, streue feinen Zucker darauf und backe sie in einem nicht zu heißen Ofen.

667. Hannöverscher Kuchen.

250 Gramm Zucker rühre mit 250 Gramm Butter, 8 ganzen und 4 gelben Eiern schäumig, menge alsbann ¾ Kilogramm Mehl, 250 Gramm gewaschene Rosinen, nebst 4 Eßlöffeln voll Essighefe darunter, schaffe den Teig recht gut, bestreue alsbann ein Blech mit Mehl, setze den Kuchen

darauf, laſſe ihn einige Stunden gehen und backe ihn; wenn
er faſt fertig iſt, ſtreue etwas Zucker darauf.

668. Leipziger-Kuchen.

¾ Kilogramm Mehl wird in eine Schüſſel gethan, in der
Mitte eine Vertiefung gemacht; rühre 2 Eßlöffel voll Eſſig-
heſe und etwas Milch in die Mitte zu einem Vorteig; wenn
er gegangen iſt, zerlaſſe 250 Gramm Butter, rühre ſie mit
6 ganzen Eiern, 2 Löffeln voll Eſſighefe, 1 Glas Milch und
etwas Salz unter den Vorteig; wenn der Teig recht glatt
geſchafft iſt, werden 10 Aepfel geſchält und fein geſchnitten,
½ Kilogramm Roſinen gewaſchen. Beſtreiche alsdann ein
Caſſerol, das noch einmal ſo groß iſt als die Maſſe, welle
einen fingerdicken Kuchen von der Maſſe, lege ihn auf den
Boden des Caſſerols, alsdann eine Reihe Aepfel, eine Lage
Roſinen, hierauf eine von geſtoßenem Zucker und Zimmt,
auch einige Löffel voll zerlaſſener Butter, alsdann wieder
vom Teig; ſo fahre fort, bis es aufgeht, doch muß oben
Teig ſein; ſtelle es an einen warmen Ort und laſſe es einige
Stunden gehen, ſtelle ihn in einen mittelheißen Ofen; wenn
er gebacken iſt, wird er auf die Platte geſtürzt.

669. Baſen-Knöpfchen als Beilage.

Man nimmt ⅜ Liter Milch, ſo viel Mehl als die ſiedende
Milch annimmt, um ein dicker Brei zu werden; thue etwas
Salz hinein und rühre ſo viel Eier daran, daß er wie ein
Spätzleinteig wird; dann werden die Knöpfchen in kochendem
Salzwaſſer abgekocht, wenn ſie ſteigen, werden ſie heraus-
genommen; ſind ſie erkaltet, ſo werden ſie in Schmalz gelb
gebacken.

670 Bitteres Mandelbrod.

125 Gramm bittere Mandeln werden geſchält und geſtoßen,
125 Gramm geſtoßener Zucker, das Abgeriebene einer Citrone,
62 Gramm Citronat, 62 Gramm Pomeranzenſchale, 62 Gramm
zerlaſſene Butter, 6 ganze Eier; dies alles wird in eine
Schüſſel gethan und eine halbe Stunde gerührt, dann ½ Kilo-

gramm feines Mehl nebst Essighefe für 12 Pfennig, 1 Glas
laue Milch oder Rahm dazu; schaffe den Teig recht durcheinander, bestreue ein Blech mit Mehl, mache ein Laibchen
von der Masse, setze es darauf, lasse es einige Stunden
gehen und lasse ihn in einem mittelheißen Ofen schön gelb
backen, alsdann schneide lange Stückchen daraus.

671. Kaffee-Bröbchen.

1½ Liter Mehl wird in eine Schüssel gethan, in der Mitte
eine Vertiefung gemacht, mit 3 Löffeln voll Essighefe und
etwas lauer Milch ein Vorteig angerührt; wenn er gegangen,
rühre 250 Gramm Butter weiß, thue nach und nach 4 bis 5
Eier hinein und 250 Gramm gesiebten Zucker, das Abgeriebene einer Citrone, etwas laue Milch, 2 Eßlöffel voll
Essighefe; wenn alles mit dem Vorteig gut gearbeitet ist,
nimm den Teig auf das Nudelbrett, mache beliebige Bröbchen
daraus, setze sie auf ein mit Mehl bestreutes Blech, lasse
sie einige Stunden an der Wärme gehen, streiche sie mit
Eiergelb an und backe sie.

672. Hefen-Bröbchen.

250 Gramm Mehl wird in eine Schüssel gethan, in der
Mitte rühre ein Teigchen von 2 Eßlöffeln voll Essighefe
und etwas Milch, lasse es an der Wärme gehen, rühre
alsdann 3 ganze, 2 gelbe Eier, 125 Gramm zerlassene Butter,
etwas Zucker und Zimmt daran, auch etwas Milch hinein,
bis der Teig recht wird, lasse ihn wieder gehen, wenn er
gegangen, nimm ihn auf's Brett, welle ihn aus und mache
viereckige Stücke, bestreue ein Blech mit Mehl, lege die
Stückchen darauf, lasse sie wieder gehen, bestreiche sie alsdann
mit verrührtem Ei und backe sie.

673. Hefen-Bretzeln.

Werden wie obiger Teig gemacht, nur formirt man statt
Bröbchen Bretzeln, bestreut sie mit Ei und gestoßenem Zucker
und backt sie.

674. Wiener Brod.

Thue 220 Gramm Mehl in eine Schüssel, rühre das Innere mit 2 Eßlöffeln voll Essighefe und etwas Milch; wenn der Teig gegangen, lasse 375 Gramm Butter zergehen, thue sie nebst 2 ganzen und 2 gelben Eiern, 62 Gramm feinem Zucker, 2 Eßlöffeln voll Essighefe und etwas Salz an den gegangenen Teig, nebst 1 Glas Milch, rühre ihn so lange, bis er sich vom Löffel losschält, wasche alsdann 125 Gramm Rosinen, 125 Gramm Zibeben, 125 Gramm geschälte und länglich geschnittene Mandeln, menge sie unter die Masse, bestreiche zwei Bogen Papier mit Butter, setze auf jeden 1 Laibchen und lasse sie einige Stunden gehen, bestreiche sie mit Eiergelb und backe sie schön gelb.

675. Hefen=Biscuit.

250 Gramm Butter wird weiß gerührt, nebst dem Gelben von 9 Eiern, 1 Eßlöffel voll Essighefe, 4 Eßlöffeln voll süßem Rahm, 62 Gramm feinem Zucker, 375 Gramm Mehl, schaffe den Teig wohl untereinander; sollte er zu fest sein, thue noch ein wenig süßen Rahm hinein, lasse den Teig gehen, nimm ihn alsdann auf ein mit Mehl bestreutes Brett, welle ihn fingerdick aus, schneide lange Stückchen, setze sie auf ein mit Mehl bestreutes Blech, lasse sie wieder gehen, bestreiche sie mit Eiergelb, bestreue sie mit Zucker und Zimmt und backe sie schön gelb.

676. Schnecken=Nudeln.

1½ Liter Mehl wird in eine Schüssel gethan, in der Mitte eine Vertiefung gemacht, lasse hierauf 125 Gramm Butter zergehen, gebe 1 Glas Milch, 2 ganze und 2 gelbe Eier nebst etwas Salz und 3 Eßlöffel voll Essighefe dazu, rühre dies an das Mehl und schaffe den Teig so lange, bis er vom Löffel losgeht, welle alsdann lange schmale Stückchen daraus, bestreue sie mit gewaschenen Rosinen und feinem Zucker, rolle sie schneckenartig zusammen und lasse sie drei Stunden gehen, laß alsdann in einem Geschirr Milch, Butter und Zucker kochend werden, setze eines an das

andere hinein, stelle einen Deckel mit Kohlen darauf, lasse sie
eine schöne gelbe Farbe bekommen und richte sie an.

677. Mädchen-Zöpfe.

Es werden 250 Gramm Mehl in eine Schüssel gethan,
rühre in der Mitte mit 2 Eßlöffeln voll Essighefe und etwas
Milch einen Vorteig an und laß es bei gelinder Wärme
gehen, laß alsdann 125 Gramm Butter zergehen, rühre 2
Eier, für 3 Pfennig Anis, das Abgeriebene einer Citrone,
62 Gramm Citronat, ebensoviel feingesiebten Zucker, 1
Glas Milch, noch 2 Eßlöffel voll Essighefe, rühre damit
den Teig vollends an und schaffe ihn, bis er von dem
Löffel losgeht, nimm ihn hierauf auf das Nudelbrett, mache
fingerlange, dünne Wargeln daraus und flechte dreifache
Zöpfe, lege sie alsdann auf ein mit Mehl bestreutes Blech,
laß sie an der Wärme gehen, bis sie reif sind, bestreiche sie alsdann mit verkleppertem Ei, streue Zucker und länglich geschnittene Mandeln darauf und backe sie im Ofen schön gelb.

678. Schnitz-Brod.

Koche 6 Liter Birnen-Schnitze mit etwas Wasser weich
und lasse sie verkühlen, doch so, daß sie noch etwas warm
bleiben, thue dann für 10 Pfennig Sauerteig in einen Hafen,
verschaffe ihn mit lauem Wasser, alsdann werden 1½ Liter
Mehl in eine Schüssel gethan, rühre den Sauerteig und für
10 Pfennig Essighefe dazu und lasse den Teig an der Wärme
gehen. Während der Zeit werden die gekochten Schnitze in
einen Kübel gethan, auf die andere Hälfte 4½ Liter Schwarz-
mehl; wenn der Vorteig schön gegangen ist, wird er zum
Mehl gethan, nach und nach zu den Schnitzen geschafft;
wenn die Masse gut untereinander geschafft ist, werden 1½
Kilogramm gekochte Zibeben, ½ Kilogramm geschnittene
Mandeln, Nüsse nach Belieben, 125 Gramm Citronat, 125
Gramm Pommeranzenschale, 30 Gramm Zimmt, 8 Gramm
Nelken, für 12 Pfennig Anis, für 6 Pfennig Fenchel, 30
Gramm Salz (doch die Gewürze alle gestoßen), dies alles
unter die Masse geschafft; ist Alles gut untereinander, so

wird es an die Wärme gestellt und 3 Stunden lang gehen gelassen. Wirke alsdann nach Belieben Laibchen daraus, setze sie auf ein mit Mehl bestreutes Blech und lasse sie gehen dann werden sie in einem gut geheizten Ofen gebacken.

Schmalzgebackenes.

679. Zucker-Sträublein oder goldene Häublein.

Rühre 62 Gramm Zucker, 125 Gramm Mehl, 2 Löffel voll Wein, 2 Löffel voll Rosenwasser untereinander, schlage Eierweiß zu Schnee daran, bis es dünn genug ist durch den Trichter zu laufen, lasse Schmalz heiß werden, gieße den Teig durch den Trichter hinein, lasse es schön gelb backen. Man nimmt gewöhnlich ein kleines Geschirr dazu und läßt eines nach dem andern backen; wenn die Sträublein aus dem Schmalz kommen, werden sie über das Wellholz ge= krümmt und mit Zucker bestreut.

680. Sträublein.

Laß ³/₈ Liter Milch nebst einem Ei groß Butter kochend werden, rühre 6 Kochlöffel voll Mehl hinein, nimm es wieder vom Feuer und laß es erkalten, rühre es alsdann mit Eiern ab, bis es läuft, dann werden sie gebacken wie oben.

681. Fastnacht=Küchlein.

½ Kilogramm Mehl wird in eine Schüssel gethan, in der Mitte von 1 Eßlöffel voll Essighefe und etwas Milch ein Vorteig gemacht; laß ihn an der Wärme gehen; wenn er reif ist, lasse 125 Gramm Butter zergehen, 2 ganze und 6 gelbe Eier, 1 Glas Milch, 2 Löffel voll Essighefe und etwas Salz, schaffe es in den Vorteig; wenn die Masse gut geschafft ist, laß ihn gehen, dann welle den Teig fingerdick aus, schneide mit einem Rädchen viereckige Stückchen daraus, setze sie auf ein mit Mehl bestreutes Brett und laß sie noch ein wenig gehen. Laß alsdann Schmalz in einem hohen

Geschirr heiß werden, stupfe die Küchlein mit einer Strick-
nadel 3 bis 4 Mal und lege sie verkehrt in die Pfanne;
während dem Backen müssen sie öfters gerüttelt werden;
wenn sie auf beiden Seiten gelb sind, werden sie auf einen
Seiher gelegt, alsdann auf die Platte und mit Zucker und
Zimmt bestreut.

682. Fastnachts-Küchlein oder Scherben.

Verrühre ein Glas Milch mit 2 ganzen Eiern und 3 Löffeln
voll saurem Rahm, nimm Mehl auf das Nudelbrett und
rühre die verrührte Milch hinein, bis der Teig zum Wellen
ist, dann wird er ausgewellt, 125 Gramm Butter darauf
geschnitten, der Teig überschlagen und wieder gewellt; wenn
er 2 bis 3 Mal überschlagen ist, wird er messerrückendick
ausgewellt, mache mit einem Rädchen viereckige Stückchen
und backe sie im Schmalz gelb.

683. Reis-Würstlein.

Brühe 125 Gramm Reis 3 Mal mit kochendem Wasser
ab, damit er ganz aufquillt, alsdann schütte Milch daran,
laß ihn weich und recht dick kochen, er muß aber ganz bleiben,
thue 125 Gramm Butter hinein und stelle ihn vom Feuer;
wenn er erkaltet ist, rühre seinen Zucker, Zimmt, abgeriebene
Zitrone, etwas Salz und 1 Eigelb hinein; wenn die Masse
verrührt ist, mache lange Würstlein daraus, kehre sie in
verkleppertem Ei, alsdann in geriebenem Milchbrod um,
hierauf wieder in Ei und Brod, damit man gar nichts mehr
vom Reis sieht, laß alsdann Schmalz heiß werden, lege die
Würstlein hinein und backe sie schön gelb, richte sie auf die
Platte und bestreue sie mit Zucker. Gib eine Wein- oder
Himbeer-Sauce dazu.

684. Fingerlein.

Nimm 125 Gramm gesiebten Zucker, 125 Gramm geschälte
und zart gestoßene Mandeln, 62 Gramm Citronat, 30 Gramm
Pomeranzenschale, Zimmt und Nelken nach Belieben, ½ Kilogramm Mehl, 125 Gramm Butter, 3 Eier, dies alles wird
auf dem Nudelbrett zu einem Teig geschafft, alsdann lange

Wargeln daraus gemacht und fingerlange Stückchen geschnitten; lasse Schmalz heiß werden und backe sie dunkelgelb.

685. Apfel=Küchlein.

Schäle 6 Backäpfel, mache die Kerne heraus, schneide, so groß der Apfel ist, fingerdicke runde Scheiben, und mache alsdann folgenden Teig: ¾ Liter Mehl rühre mit Wein zu einem dicken Teig an, mache ein Kaffeeköpfchen voll Rindschmalz heiß und brühe den Teig damit, verdünne ihn alsdann mit Wein, daß er die Dicke eines Omeletten=Teiges bekommt, thue auch etwas Salz dazu, lege die Apfelscheiben in den Teig, lasse alsdann Schmalz heiß werden, drehe die= selben im Teig um, lege sie in's heiße Schmalz und backe sie gelb.

686. Apfel=Knöpflein.

10 bis 12 gute Aepfel werden geschält, die Kerne heraus= genommen und dann auf einem Brett fein gehackt, rühre hierauf 4 bis 5 Löffel voll Mehl mit 6 Eiergelb glatt an, thue feinen Zucker, Zimmt, das Abgeriebene einer Citrone dazu, schlage das Weiße der Eier zu Schnee, menge ihn nebst den Aepfeln und 125 Gramm reingewaschenen Rosinen darunter, lege sie mit einem Löffel in's heiße Schmalz, laß sie schön gelb backen, richte sie an und gib eine Himbeer= oder Hegen=Sauce dazu.

687. Mandel=Knöpflein.

Weiche 3 Milchbrod, wovon die untere Kruste weggeschnitten, in Milch ein, wenn sie geweicht, drücke sie wieder aus, rühre sie mit feinem Zucker, 94 Gramm geschälten und mit einem Ei gestoßenen Mandeln, 30 Gramm Citronat, abgeriebener Citrone und Zimmt, rühre dies alles mit 2 ganzen und 2 gelben Eiern, lege sie alsdann mit einem Eßlöffel in heißes Schmalz und backe sie schön gelb, richte sie auf die Platte und gib eine Hegen=Sauce dazu.

688. Sauere Rahm=Würstlein.

Laß ⅜ Liter saueren Rahm kochend werden, rühre Mehl hinein, bis der Teig dick genug ist, schaffe ein Stück Butter hinein und laß den Teig auf dem Feuer trocken werden; hierauf schütte ihn in eine Schüffel, laß ihn erkalten, rühre alsdann Eier hinein, bis der Teig die Dicke eines Spaßen= teiges hat; nimm den Teig auf ein Brett, mache Würstchen daraus und backe sie in heißem Schmalz schön gelb, gib eine Milch=Sauce dazu. (Siehe Saucen.)

689. Kartoffel=Würste.

1 Kilogramm Schweinefleisch vom Schlegel wird recht fein gehackt, 3 in Milch eingeweichte Wecke und 10 bis 12 ge= riebene Kartoffeln, dieses wird mit der Hand recht durch= einander geschafft, Zwiebel in Butter gedämpft, Majoran, Muskatnuß, Salz, Pfeffer und ein klein wenig Nelken dazu gethan, noch recht geschafft und mit Milch etwas verdünnt oder auch einige Eier daran geschlagen, dann wird die Maffe in schöne Rindsdärme gefüllt, die Würste ³/₄ Stunden lang= sam in Waffer gekocht, man kann sie nun noch braten oder auch ungebraten zu Tische geben.

690. Crême in Schmalz gebacken.

Rühre 3 Kochlöffel voll Weißmehl mit ³/₈ Liter süßem Rahm glatt an, rühre 8 ganze Eier nebst 4 Löffel voll feinen Zucker, das Abgeriebene einer Citrone und etwas Salz dazu, stelle es auf's Feuer und laß es unter beständigem Rühren zu einem dicken Crême kochen, bestreue alsdann eine Platte mit Mehl, streiche den Crême fingerdick darauf und laß ihn steif werden, schneide alsdann fingerlange und zweifingerbreite Stückchen daraus, kehre sie in Mehl um, backe sie in heißem Schmalz gelb und bestreue sie mit Zucker und Zimmt.

691. Spiegel=Brod.

Ein altgebackenes Milchbrod wird gerieben, mit siedender Milch angebrüht, 125 Gramm Mandeln geschält und fein gestoßen, 62 Gramm Zucker, das Abgeriebene einer Citrone wird mit dem Milchbrod gerührt, 3 bis 4 Eier daran ge= schlagen, daß der Teig die Dicke eines Straubenteiges be= kommt; alsdann werden von Oblaten viereckige Stückchen geschnitten, auf die Mitte dieser Oblaten eine eingemachte Kirsche oder Himbeere gelegt, gib wieder eine Oblate darauf, fasse das Gefüllte ringsherum mit der Masse, backe es in heißem Schmalz schön gelb und bestreue es mit Zucker und Zimmt.

692. Reis-Schnitten.

125 Gramm Reis werden 3 Mal abgebrüht, daß er ganz aufquillt; alsdann wird er mit Milch dick und weich gekocht, laß ihn erkalten, rühre Zucker nach Belieben, nebst Citronat, Pomeranzenschale, Zimmt und 4 Eier daran, wenn die Masse gut gerührt ist, nimm sie auf ein Brett, schneide zwei= fingerbreite Schnitten, kehre sie in Brod, in Ei und wieder in Brod um und backe sie in heißem Schalz.

693. Mandel-Schnitten.

250 Gramm Mandeln werden geschält und fein gestoßen, 2 Milchbrode gerieben und mit siedender Milch angebrüht, die Mandeln dazu gethan, nebst Zucker, Zimmt, Citronen und Pomeranzenschale, rühre die Masse mit 3 bis 4 Eiern ab, streiche sie auf in Milch eingeweichte Weckschnitten und backe sie schön gelb. Man kann auch eine beliebige Sauce dazu geben.

694 Schneeballen.

Nimm 3 Eier, 3 Löffel voll süße Milch, 1 Ei groß Butter, ein wenig Salz und Mehl, bis der Teig sich wirken läßt, welle alsdann in der Größe eines Tellers Kuchen daraus, schneide mit dem Backräblein fingerbreite Riemen, doch nicht ganz hinaus, damit sie auf beiden Seiten an einander bleiben, fasse alsdann mit dem Kochlöffel den ersten Riemen, dann den dritten, so fahre fort, auf die Art hänge sie in's heiße Schmalz, doch wende sie gleich um, daß sie nicht viel Farbe bekommen, richte sie auf die Platte, bestreue sie mit Zucker und Zimmt.

695. Crême-Schnitten.

Thue 3 Löffel voll Mehl, nebst 2 Löffeln voll Zucker in eine Schüssel, rühre es mit süßer Milch glatt, schlage 5 Eier hinein, dazu das Abgeriebene einer Citrone, verdünne es mit Milch, doch etwas dicker wie ein Flädleinteig, zerlasse ein Stückchen Butter in einem Auflaufblech, fülle die Masse hinein, stelle das Blech auf ein Geschirr mit heißem Wasser, laß es stehen, bis es dick ist, schneide alsdann lange schmale Stückchen, kehre sie in Mehl um und backe sie in heißem Schmalz, bestreue sie mit Zucker und Zimmt.

696. Tabaks-Rollen

Mache einen Butterteig, welle ihn aus, schneide zweifinger= breite Riemen und mache folgende Fülle: Nimm 250 Gramm geschälte und gestoßene Mandeln, 250 Gramm gewaschene Rosinen, schneide die Schale von einer Citrone klein, thue Zucker dazu, bis es süß genug ist, rühre dies mit Eiern, bis es zum Streichen wird, streiche die Riemen Butterteig mit der Fülle, schneide 2 daumendicke Hölzchen, bestreiche sie mit Butter, rolle den Teig darum, binde sie mit Faden zu und backe sie in heißem Schmalz, wenn sie hellgelb sind, nimm sie heraus, nimm den Faden und die Hölzchen davon, lege sie noch ein wenig hinein, nimm sie alsdann heraus und be= streue sie mit Zucker und Zimmt.

697. Zimmt-Rollen.

Nimm 1/2 Kilogramm Mehl, 250 Gramm Butter, 125 Gramm geschälte und feingestoßene Mandeln, 125 Gramm feinen Zucker, das Abgeriebene einer Citrone, eine Messerspitze Nelken, 8 Gramm Zimmt, dies alles schaffe mit 1 ganzen und 2 gelben Eiern, 3 Löffeln voll saurem Rahm, 3 Löffeln voll Wein, wirke den Teig zusammen, welle und überschlage ihn einige Mal, welle ihn zweimesserrückendick aus, schneide Stückchen davon, schneide daumendicke Hölzlein, bestreiche sie mit Butter, rolle den Teig darauf, binde Faden darum und backe sie wie oben. Man kann, wenn die Hölzchen heraus= kommen, Eingemachtes hinein thun.

698. Pfeutelein.

Lasse 3/4 Liter Milch siedend werden mit einem Ei groß

Butter, rühre 6 Löffel voll Mehl hinein, laß es dick kochen und erkalten. Rühre alsdann Eier hinein, bis es wie ein Spatzenteig ist, lasse alsdann Schmalz-heiß werden, lege mit einem Löffel den Teig hinein und backe sie schön gelb.

699. Kartoffel-Pfeutelein.

Schäle und schneide 12 Kartoffeln in kleine Blättchen, stelle sie mit Wasser und Salz auf's Feuer und laß sie weich kochen, schütte das Wasser ab, verrühre die Kartoffeln und laß sie erkalten, rühre alsdann halb so viel Mehl wie Kartoffeln hinein, nebst 6 Eiern, Zucker, bis es süß genug ist, auch ein wenig Branntwein, lege sie wie oben in's heiße Schmalz.

700. Holder-Küchlein.

Mache einen Straubenteig (siehe Strauben), zopfe ein Holder-Sträußchen, lege es in den Teig, lege es dann mit dem Löffel in's heiße Schmalz und fahre so fort; wenn sie gebacken sind, werden sie mit Zucker bestreut.

701. Gebackener Mond.

Rühre 4 Eier mit 250 Gramm gesiebtem Zucker ¼ Stunde, lasse 125 Gramm Butter zergehen, rühre sie nebst Mehl, bis es dick genug ist, hinein, nimm den Teig alsdann auf das Nudelbrett, welle ihn und formire Stücke in Gestalt eines Halb-Mondes daraus und backe sie in heißem Schmalz gelb.

702. Spritzengebackenes.

Lasse ⅜ Liter Wasser, ein Ei groß Butter mit etwas Salz kochend werden, rühre Weißmehl hinein, bis der Teig dick ist, laß ihn trocken werden, thue ihn in eine Schüssel, rühre 12 Eier, eines nach dem andern hinein, auch 3 Löffel voll Rosenwasser, 2 Löffel voll Branntwein, doch so, daß der Teig nicht zu dünn wird, fülle die Spritze damit, drücke sie in's heiße Schmalz und laß es gelb backen.

703. Gebackene Grundeln.

Rühre 8 Eidotter mit 250 Gramm Zucker und 2 Löffeln

voll Rosenwasser, dem Abgeriebenen einer Citrone, etwas
Nelken und 16 Gramm Zimmt ½ Stunde, menge ½ Kilogramm Mehl und 125 Gramm Butter darunter, der Teig
muß ganz fett sein, formire Grundeln daraus, kehre sie
in Ei und geriebenem Brod um und backe sie in heißem
Schmalz.

704. Mandel-Körbchen.

½ Kilogramm Mandeln werden geschält und fein geschnitten; schlage 4 Eierweiß zu Schnee, nimm 375 Gramm
gesiebten Zucker, das Abgeriebene einer Citrone, menge
dies alles untereinander, setze mit einem Löffel runde Kugeln
davon in heißes Schmalz und backe sie schön gelb, nimm
sie wieder heraus, thue sie einzeln in einen kleinen Mörser,
stoße mit dem Stößel so darauf, daß es Körbchen werden,
fülle geschlagenen Rahm hinein.

705. Mandel-Körbchen mit geschlagenem Rahm anderer Art.

½ Kilogramm geschälte Mandeln, 250 Gramm Zucker;
die Mandeln werden mit 4 Eierweiß gestoßen, dieses zusammen recht verrührt, die Förmchen gut mit Butter
bestrichen, der Teig darinnen ausgedrückt, gelb gebacken
und dann mit geschlagenem Rahm gefüllt. Dieser wird auf
folgende Art gemacht: ½ Liter süßer Rahm wird mit einem
hölzernen Schneebesen geschlagen, bis er Schaum hat, dieser
wird mit einem Schaumlöffel abgenommen, auf ein Haarsieb gesetzt und wenn man hinreichend hat, wird er mit
Zucker und Vanille vermengt und in die Mandel-Körbchen
gefüllt.

706. Gebackene Mandeln.

62 Gramm feiner Zucker wird mit 4 Eiergelb und
Citronenschale ¼ Stunde gerührt, rühre Mehl hinein, bis
der Teig zum Wellen wird, welle ihn fingerdick aus, stich
mit der Form Mandeln daraus und backe sie in Schmalz
gelb. Man kann auch ganze Mandeln hineinlegen.

707. Gebackene Mandeln anderer Art.

Es werden 250 Gramm Mandeln geschält und fein ge=
stoßen, 250 Gramm feiner Zucker, 250 Gramm Mehl auf's
Nudelbrett genommen, mit 2 ganzen und 2 gelben Eiern
gut untereinander gemacht, welle die Masse messerrückendick
aus, stich den Teig mit dem Mandel=Model aus, backe sie
alsdann in heißem Schmalz gelb, bestreue sie mit Zucker und
Zimmt.

708. Kirschen=Büschlein.

Nimm sauere und süße Kirschen, binde sie in Büschlein
und schneide die Stiele egal; nimm 3 bis 4 Kochlöffel voll
Mehl, rühre es mit Wein zu einem dicken Teig an, mache
alsdann 3 Löffel voll Schmalz heiß, brühe den Teig damit,
verdünne ihn mit Wein, daß er die Dicke eines Strauben=
teiges bekommt, kehre die Büschlein darin um und backe sie
in heißem Schmalz schön gelb, bestreue sie mit Zucker und
Zimmt.

709. Gebackene Zwetschgen.

Die Zwetschgen werden mit halb Wein und halb Wasser,
einem Stückchen Zucker, Zimmt und Citronenschale weich
gekocht; wenn sie erkaltet sind, werden die Steine heraus=
genommen und geschälte Mandeln hineingelegt, alsdann
werden sie im obigen Teig umgekehrt (siehe Kirschen=Büsch=
lein) und in heißem Schmalz gebacken.

710. Aepfel=Schnitze.

Die Aepfel werden geschält und in vier gleiche Theile ge=
schnitten; nachdem die Kerne herausgenommen, kehre sie in
Ei und geriebenem Brod um und backe sie in heißem Schmalz,
alsdann bestreue sie mit Zucker und Zimmt.

711. Gebackene Zibeben.

Sie werden mit halb Wasser und halb Wein gekocht; wenn
sie weich sind, laß sie erkalten, alsdann werden 6 bis 8 Zibeben
in einen Faden gefaßt, in dem Teig umgekehrt (siehe Kir=
schenbüschlein), der Länge nach in heißes Schmalz gelegt

und gelb gebacken, alsdann nimm die Fäden davon und bestreue sie mit Zucker und Zimmt.

712. Groß=Eier.

Es werden 4 Eier hart gesotten und geschält, hierauf in einem gebrühten Teige umgekehrt (siehe Strauben) und in heißem Schmalz gebacken, wieder im Teige umgekehrt und wieder gebacken, so fahre 3 bis 4 Mal fort; sie können mit einer Kirschen= oder Hegen=Sauce gegeben werden.

713. Hobelspäne.

Nimm 2 Eier, eine Nuß groß Butter, etwas feinen Zucker und Salz auf das Nudelbrett, wirke Mehl dazu, bis der Teig zum Wellen wird, welle ihn so dünn wie ein Nudelkuchen aus und laß ihn ein wenig abtrocknen, räble alsdann zwei= fingerbreite Riemen, backe sie in Schmalz gelb und bestreue sie mit Zucker.

714. Pfälzer Küchlein.

60 Gramm Butter werden weiß gerührt; rühre das Gelbe von 4 Eiern hinein, nebst 2 Eßlöffeln voll Bierhefe, einem Glas lauer Milch, einem Löffel voll Zucker und etwas Salz, schaffe unter die gerührte Masse 1/2 Kilogramm weißes Mehl, welle den Teig zweimesserrückendick aus, laß ihn bei gelinder Wärme gehen, schneide viereckige Küchlein davon und backe sie in heißem Schmalz.

715. Pfirsiche zu füllen und zu backen.

Nimm 8 bis 10 Pfirsiche, schäle und schneide sie in zwei Theile, nimm die Kerne heraus und mache mit dem Messer den Raum etwas größer, schäle alsdann 6 bis 8 Pfirsiche, nimm die Steine heraus, koche sie in Zucker und Wein; wenn sie weich sind, verrühre sie, thue Zimmt und Rosinen dazu, fülle das Innere der Pfirsiche damit, lege sie wieder zusam= men, kehre sie in verrührtem Eierweiß und Weißmehl um und backe sie in heißem Schmalz.

716. Strauben.

6 Kochlöffel voll Mehl rühre mit lauwarmer Milch dick

an, thue einige Löffel voll sauern Rahm nebst 4 bis 5 Eiern, auch ein wenig Rosenwasser dazu, laß es durch einen Trichter in's heiße Schmalz laufen; wenn sie schön gebacken, richte sie auf die Platte und bestreue sie mit Zucker und Zimmt.

717. Wasserbretzeln.

Man nimmt 8 Eier, $\frac{3}{8}$ Liter Hefe und $\frac{3}{8}$ Liter Milch in eine Schüssel, worin ungefähr 1 Kilogramm Mehl ist, macht davon einen Teig, der nicht zu steif ist, diesen thut man in eine Serviette, bindet sie zu, wie bei einem Pudding, und legt sie in einen Kübel voll recht kalten Wassers, dann wartet man, bis sich der Teig auf der Höhe des Wassers befindet, nimmt ihn heraus und wellt ihn auseinander, dann legt man, wie beim spanischen Teig, nach und nach 875 Gramm Butter hinein und schlägt ihn über, bis die Butter darin ist, wellt ihn auseinander, bestreicht ihn mit Butter und legt $\frac{1}{2}$ Kilo= gramm große und $\frac{1}{2}$ Kilogramm kleine Rosinen, 125 Gramm süße, 60 Gramm bittere Mandeln, etwas Zimmt, etwas Citronenschale und recht fein geriebenen Zucker, so viel als man für gut findet, dazu; alsdann schlägt man den Teig immer um, bestreicht ihn jedoch jedes Mal mit Butter oben auf, noch einmal, dann muß die Bretzel noch einmal gehen.

718. Brenden.

$\frac{1}{2}$ Kilogramm süße und 60 Gramm bittere Mandeln, 282 Gramm feiner Zucker, die abgeriebene Schale von einer und der Saft von $\frac{1}{4}$ Citrone; die Mandeln geschält, mit etwas Rosenwasser gestoßen und mit dem Zucker und der Citrone geröstet, bis es sich vom Löffel löst, dann läßt man es verkühlen und verarbeitet 125 Gramm Zucker und 187 Gramm Mehl damit, wellt es fingerdick aus und sticht es mit Holzformen oder anderen Formen aus. Nachdem man sie 24 Stunden hat trocknen lassen, backt man sie in einem nicht zu heißen Ofen und bestreicht sie, sobald sie heraus= kommen, mit Rosenwasser.

Kleines Backwerk.

719. Belgrader Brod.

½ Kilogramm gesiebter Zucker wird mit 5 ganzen Eiern recht schäumig gerührt, dann wird ½ Kilogramm geschälte und überzwerch geschnittene Mandeln, 60 Gramm Citronat, 60 Gramm Pomeranzenschale feingeschnitten, 16 Gramm Zimmt, 4 Gramm Nelken und 2 Messerspitzen voll Potasche daran gerührt, ½ Kilogramm Mehl in die Masse geschafft und dann auf dem Wellbrett ausgewellt, in viereckige Stück= chen geschnitten und auf einem mit Mehl bestreuten Blech in einem gelinden Ofen gebacken.

720. Zibeben=Brod.

Rühre 250 Gramm gestoßenen Zucker mit 4 ganzen Eiern eine ½ Stunde recht schäumig, dann rühre 250 Gramm geschälte und in die Länge geschnittene Mandeln, 125 Gramm Zibeben, 125 Gramm Rosinen, 1 Täfelchen Chocolade, etwas Zimmt und Nelken nach Belieben, etwas Citronat oder Citronenschale und 250 Gramm Mehl hinein. Wenn alles zusammen gerührt, wird es in ein langes Anisbrodblech gefüllt, das mit Butter gut bestrichen ist. In einem ziemlich heißen Ofen bedarf es gewöhnlich ½ Stunde; nachdem es oben aufgesprungen, ist es bald fertig. Wenn es erkaltet ist, kann man es aufschneiden wie das Anisbrod.

721. Theebackwerk.

250 Gramm Butter, 250 Gramm Zucker, ½ Kilogramm Mehl werden mit 3 ganzen Eiern durcheinander geknetet, der Teig ausgewellt, mit Formen ausgestochen oder kleine Kuchen daraus gemacht.

722. Berliner Pfannkuchen.

⅜ Liter süßer Rahm, ⅜ Liter Eierdotter, ⅜ Liter zerlas= sene Butter, an dem Maaß der Butter muß ein Finger hoch fehlen, 8 Eßlöffel voll Hefe, 1 Messerspitze Salz, 2 Gramm Muskatblume; die Eier müssen in einer Schüssel zu Schaum geschlagen werden, alsdann wird die Butter und der Rahm warm gemacht und hinzugethan, das Mehl thue nach und nach hinein, schütte und mache den Teig so dick, daß er nicht vom Löffel laufen kann, dann lasse den Teig gehen, wenn er genug gegangen ist, welle ihn und formire runde Kuchen daraus, fülle sie mit Eingemachtem; dann lasse sie noch ein Mal gehen und backe sie schwimmend in Schmalz.

723. Kleien-Küchlein.

Nimm 250 Gramm Mehl, 125 Gramm Butter, 60 Gramm gesiebten Zucker, 3 Eiergelb und schaffe dieses auf dem Wirk-brett zu einem glatten Teig, welle ihn und steche ihn mit einem runden Model in der Größe eines Thalers aus, und mache folgenden Guß darauf: 185 Gramm gesiebter Zucker, 185 Gramm ungeschälte gestoßene Mandeln, ein wenig ab-geriebene Citrone und gestoßener Zimmt wird mit dem Schnee von 3 Eierweiß untereinander gerührt, dann der Guß mit dem Kaffeelöffel auf die Küchlein gesetzt und auf einem mit Mehl bestreuten Blech gebacken.

724. Mandelbrod.

Man nimmt 250 Gramm gesiebten Zucker, 250 Gramm geschälte und zartgestoßene Mandeln, 250 Gramm Butter, und ½ Kilogramm Mehl, etwas abgeriebene Citrone, 2 ganze und 2 gelbe Eier, und schafft dieses auf einem Brett zu einem glatten Teig, wellt ihn und sticht ihn mit beliebigen Modeln aus; streiche es dann mit Schnee von 2 Eierweiß an, wende die bestrichene Seite in Zucker und Zimmt um, bringe es auf ein mit Mehl bestreutes Blech und backe es in einem nicht allzuheißen Ofen.

725. Ulmer Brod.

4½ Liter Mehl, ½ Kilogramm Zucker, ¾ Liter Milch, für 18 Pfennig Essighefe, 3 Pfennig Anis, 3 Pfennig Fenchel

14

wird auf dem Wirkbrette tüchtig geschafft, nachdem man zu=
erst einen Vorteig gemacht hat; man macht von dem Teig
lange Laibchen, läßt sie gehen und backt sie in einem ziemlich
heißen Ofen.

726. Lange Pomeranzenbröblein.

250 Gramm gesiebter Zucker wird mit 2 ganzen und 2
gelben Eiern recht schäumig gerührt, dann werden 30 Gramm
Pomeranzenschale und 30 Gramm Citronat, beides fein ge=
schnitten, nebst abgeriebener Citrone und 280 Gramm Mehl
hineingeschafft, halbfingerlange Wargeln daraus gemacht und
im Ofen langsam gebacken.

727. Crocant.

Es werden 250 Gramm gesiebter Zucker, 250 Gramm ge=
schälte und ganz gelassene Mandeln, 8 Gramm Zimmt, etwas
Nelken und abgeriebene Citrone, nebst 250 Gramm Mehl
und 2 ganzen Eiern auf dem Wellbrett zu einem Teig ge=
schafft, ein langer Laib daraus gemacht und auf einem Back=
blech in einem gelinden Ofen gebacken; den andern Tag wird
der Laib in fingerdicke Scheiben geschnitten und als Dessert
gegeben.

728. Crocant von gebrannten Mandeln.

½ Kilogramm geschälte Mandeln werden mit einem Tuch
abgerieben, dann der Länge nach ganz dünn geschnitten, her=
nach wird ½ Kilogramm feingestoßener Zucker in einer
messingenen Pfanne trocken auf schwaches Feuer gesetzt und
fleißig darin gerührt, bis er geschmolzen und gelb ist, nun
kommen die Mandeln darein, man rührt sie wohl, bis sie
den Zucker ganz angenommen und dieser braun ist; alsdann
wird die Masse in glatte Formen gegossen, welche zuvor
mit feinem Baumöl oder frischer Butter bestrichen waren;
man muß aber sehr schnell damit verfahren, weil sonst die
Masse kalt und steif wird; dann wird mit einem silbernen
Löffel oder einer Citrone der Crocant an der Form herum=
gedrückt, aber nur so dick, daß er zusammenhält und keine

Löcher bekommt; dann stürzt man es um und wenn die
Formen verschiedener Größe sind, werden sie aufeinander
gesetzt und so zum Dessert aufgestellt.

729. Zimmt=Sterne.

2 Eierweiß werden zu Schnee geschlagen; 250 Gramm
gesiebter Zucker, 250 Gramm ungeschälte und geriebene Man=
deln, 8 Gramm Zimmt und etwas Nelken werden mit dem
Kochlöffel in einer Schüssel zu einem Teig geschafft, hierauf
ausgewellt und mit einem Stern ausgestochen, jedoch so
wenig wie möglich mit den Händen geschafft und auf einem
mit Wachs bestrichenen Blech in einem gelinden Ofen ge=
backen.

730. Baseler Lebkuchen.

³/₈ Liter Honig und 375 Gramm Zucker kommen in einem
großen Casserol mit einander auf's Feuer, bis es anfängt
zu steigen; dann kommen 60 Gramm kleingeschnittene Pome=
ranzenschale, 60 Gramm Citronat, 250 Gramm geschälte und
überzwerch geschnittene Mandeln, 25 Gramm gestoßener
Zimmt, 2 Gramm Nelken, 1 gestoßene Muskatnuß, 3 Messer=
spitzen voll Pottasche, 3 Löffel voll Kirschenwasser hinein;
man nimmt es vom Feuer weg, schafft 1 Kilogramm Mehl
hinein und klopft es recht, bis es kalt ist; dann wird der
Teig über Nacht auf ein Brett gethan, ausgewellt, auf einem
mit Wachs bestrichenen Blech gebacken und in Stückchen ge=
schnitten; dieselben können glacirt werden, wenn man es liebt.
(Glace, siehe französische Torte.)

731. Gute Lebkuchen anderer Art.

½ Kilogramm Zucker wird in 1 Glas Wasser geläutert,
bis er hell ist, dann ³/₄ Liter Honig hinein geschüttet, dann
läßt man ihn damit einige Male aufkochen, stellt ihn vom
Feuer, rührt ½ Kilogramm geschälte und überzwerch ge=
schnittene Mandeln, 125 Gramm Citronat, 125 Gramm
Pomeranzenschale, von 2 Citronen die Schale, alles klein
geschnitten, 47 Gramm gestoßenen Zimmt, 8 Gramm Nelken

und 4 Eßlöffel voll Kirschenwasser nebst 1 Kilogramm Mehl hinein und schafft den Teig recht, sticht ihn heraus und läßt ihn auf einem Wirkbrett stehen; den andern Tag wellt man ihn aus, legt Wargeln von Schwarzbrodteig herum, daß er nicht herunterläuft, backt ihn in einem guten Ofen und schneidet den Lebkuchen in viereckige Stücke, so lange er noch warm ist.

732. Weiße Lebkuchen.

Man schlägt von 4 Eierweiß einen Schnee, rührt die 4 Eiergelb hinein, gibt $\frac{1}{2}$ Kilogramm gesiebten Zucker, 60 Gramm Pomeranzenschale, 60 Gramm Citronat und von einer Citrone die feingeschnittene Schale in die Masse, nebst so viel Mehl, daß sich der Teig wellen läßt; dann schneidet man ihn in viereckige Stückchen, setzt sie auf ein mit Butter bestrichenes Blech und backt sie im Ofen weißgelb.

733. Springerlein.

Rühre $\frac{1}{2}$ Kilogramm gesiebten Zucker mit 4 ganzen Eiern 1 Stunde, daß es recht schäumig wird; siebe $\frac{1}{2}$ Kilogramm Mehl, thue es hinein, nimm hierauf den Teig auf das Wirk=brett, welle ihn aus, drücke ihn in Model, daß die gewellte Seite auf den Model kommt und lasse die Springerlein über Nacht liegen; bestreiche ein Blech mit Butter oder Wachs, streue Anis darauf, lege die Springerlein darauf und backe sie in einem gelinden Ofen.

734. Ungerührte Springerlein.

Zu 375 Gramm Zucker nimmt man 625 Gramm Mehl, für 2 Pfennig Ammoniaksalz, 4 Eier; dies wird alsdann auf dem Wirkbrett zu einem festen Teig zusammen geschafft, ausgewellt, mit einem Model ausgedrückt und über Nacht in einem warmen Zimmer stehen gelassen, darauf in einem nicht zu heißen Ofen gebacken.

735. Hopferlein.

2 ganze Eier werden mit 250 Gramm gesiebtem Zucker,

etwas Citrone, für 3 Pfennig gestoßenen Anis recht schäumig
gerührt, dann werden 250 Gramm gesiebtes Mehl hineingethan, die Masse auf einem Brett ausgewellt, mit Hopfer-
lein-Model ausgestochen, über Nacht liegen gelassen und
auf einem mit Wachs bestrichenen Blech gebacken.

736. Citronenbrod.

Nimm 250 Gramm gesiebten Zucker, 60 Gramm geschälte
und gestoßene Mandeln, dieses rühre mit dem Schnee von
2 Eierweiß und dem Saft einer halben Citrone ½ Stunde,
thue das Abgeriebene von einer Citrone und 187 Gramm
feines Mehl dazu, dieses wird zusammengeschafft, messerrückendick ausgewellt, mit beliebigen Formen ausgestochen,
über Nacht stehen gelassen und auf einem mit Wachs bestrichenen Blech gebacken.

737. Citronenbrod anderer Art.

250 Gramm gesiebter Zucker wird mit 2 ganzen Eiern
und 2 Citronen am Feuer abgerieben, recht dick gerührt,
dann werden 125 Gramm Mehl hineingethan, die Masse
zusammengeschafft, ausgewellt, mit Modeln ausgestochen,
mit dem Schnee von 2 Eierweiß angestrichen, mit Zucker
bestreut und auf einem mit Butter bestrichenen Blech im
Ofen schön gelb gebacken.

738. Butterringe.

250 Gramm Butter wird weiß gerührt, dann 250 Gramm
gesiebter Zucker, nebst 8 Eiergelb und dem am Zucker abgeriebenen Gelben von 2 Citronen hineingethan, dieses wird
mit ¼ Kilogramm Mehl zusammengeschafft, ausgewellt,
mit Ringförmchen ausgestochen, die obere Seite mit Schnee
von Eierweiß angestrichen, mit Zucker und Zimmt umgekehrt und auf einem mit Mehl bestreuten Blech schön gelb
gebacken.

739. Zuckerteig zu Obstkuchen.

6 Eier, ½ Kilogramm Zucker, ½ Kilogramm Butter,
½ Kilogramm Mehl, etwas Citronenschale, für 18 Pfennig

Hirschhornsalz (welches verhindert, daß der Teig die Feuchtig-
keit des Obstes annimmt), werden zusammengeschafft.

740. Butterbrödchen anderer Art.

94 Gramm Butter werden weiß gerührt und 4 Eiergelb
hineingeschlagen, dann schlägt man 2 Eierweiß zu einem
steifen Schnee und rührt es auch hinein. Ferner werden
95 Gramm gesiebter Zucker und die am Reibeisen abgeriebene
Schale von 1 Citrone, nebst 95 Gramm feinem weißen
Mehl unter die Masse gerührt, in ein Tortenblech gefüllt,
eben gestrichen, dann die übrigen Eierweiß zu Schnee geschlagen, die Masse damit überstrichen, mit Zucker, Zimmt
und langgeschnittenen Mandeln bestreut, worauf es in einem
Ofen schön gelb gebacken wird; dann wird es in beliebige
Stückchen geschnitten.

741. Anisbrod.

Das Gelbe von 18 Eiern wird mit ½ Kilogramm fein-
gesiebtem Zucker ½ Stunde gerührt, dann kommen 250
Gramm Mehl und zuletzt der Schnee von 18 Eierweiß
nebst etwas Anis hinein: die Masse wird nun leicht untereinander gemacht, die Formen mit Butter bestrichen, die
Masse zur Hälfte in jede Form gefüllt und im Ofen schön
gelb gebacken; wenn das Brod erkaltet ist, wird es in dünne
Scheiben geschnitten und ein wenig gebähet.

742. Sächsisches Brod.

125 Gramm feingesiebter Zucker, 125 Gramm geschälte
und feingeschnittene Mandeln und ein zu Schnee geschlagenes
Eiweiß werden mit 3 Eiergelb ½ Stunde gerührt, dann
125 Gramm Mehl hineingewirkt, dieses wird nun messerrückendick ausgewellt, zweifingerbreite und fingerlange Stückchen daraus gemacht, auf ein mit Butter bestrichenes Blech
gelegt und im Ofen schön gelb gebacken.

743. Sulz-Küchlein.

Nimm 375 Gramm gesiebten Zucker, ½ Kilogramm geschälte und gestoßene Mandeln, 16 Gramm gestoßenen Zimmt,

von 1 Citrone die Schale feingeschnitten und den Saft davon; dieses wird mit 3 Eiergelb gerührt, alsdann werden runde Stückchen Oblate geschnitten, die Masse messerrücken= dick darauf gestrichen und auf einem Blech in einem gelinden Ofen gebacken.

744. Mandel=Hippen.

Es werden 125 Gramm ungeschälte und überzwerch ge= schnittene Mandeln mit 187 Gramm gesiebtem Zucker, 60 Gramm Mehl, 125 Gramm Citronat und Pomeranzen= schale, 4 Gramm Zimmt, ein wenig am Zucker abgeriebener Citrone vermengt, thue dann von 5 Eierweiß den Schnee darunter, setze mit einem Löffel runde Küchlein, streiche sie ganz dünn auseinander auf ein mit Butter bestrichenes Blech, bestreue die Küchlein mit Zucker, backe sie schön gelb und thue sie, so lange sie noch heiß sind, über ein Holz, damit sie gekrümmt werden.

745. Mandel=Hippen mit Traganth.

Schlage 8 Eierweiß zu Schnee, nimm ½ Kilogramm gesiebten Zucker, ½ Kilogramm geschälte und langgeschnittene Mandeln, von einer halben Citrone den Saft und für 12 Pfennig Traganth, rühre dies zusammen, bestreiche ein Blech mit Butter, setze die Hippen mit einem Löffel darauf, streiche jedes Häufchen auseinander, doch so, daß keines das andere berührt, backe die Hippen schön gelb und thue sie, so lange sie noch heiß sind, über ein Holz, damit sie gekrümmt werden.

746. Mandel=Hippen anderer Art.

125 Gramm gesiebter Zucker, 30 Gramm feingestoßene Mandeln, 30 Gramm Citronat, etwas Zimmt und Nelken, nebst einer halben am Zucker abgeriebenen Citrone werden mit 2 ganzen Eiern und 3 Eierweiß recht stark gerührt; dann werden 125 Gramm Mehl hinein gethan, die Masse auf ein mit Butter bestrichenes Blech gestrichen, stark mit Zucker und geschnittenen Mandeln bestreut, wenn es halb gebacken ist noch einmal mit Zucker bestreut und wenn es aus dem Ofen kommt in viereckige Stückchen geschnitten und über ein Wellholz gekrümmt.

747. Zucker-Hippen.

Man wiegt feingestoßenen Zucker so schwer als 3 Eier und so viel Mehl als 2 Eier schwer sind. Die Eier werden mit dem Zucker 1½ Stunde gerührt, sodann das Mehl darunter gethan, auf ein mit Butter bestrichenes Blech mit einem Kochlöffel gesetzt, auseinander gestrichen, schön gelb gebacken und warm über ein Holz gekrümmt.

748. Orangenbrod.

Rühre 250 Gramm gesiebten Zucker nebst einer am Zucker abgeriebenen Pomeranze mit 6 Eiergelb 1 Stunde, menge alsdann 250 Gramm feines Mehl darunter, welle den Teig und steche ihn in beliebige Formen aus, setze diese auf ein mit Wachs bestrichenes Blech und backe sie im Ofen schön gelb.

749. Soufflage.

Das Eierweiß von 4 Eiern wird zu Schnee geschlagen und 250 Gramm feingestoßener Zucker dazu gerührt und mit zwei silbernen Gabeln ¾ Stunden lang geklopft, dann 250 Gramm geschälte und länglich geschnittene Mandeln oder statt diesen 125 Gramm geriebene Chocolade dazu gethan, auf ein mit Butter bestrichenes Blech mit einem Kaffeelöffel gesetzt und in einem fast kalten Ofen gebacken.

750. Wiener Bröblein.

3 Eierweiß werden zu Schnee geschlagen und mit 250 Gramm Zucker ¼ Stunde gerührt, dann thue einen Koch-löffel voll Citronensaft nebst einer am Zucker abgeriebenen Citrone hinein; hernach werden 109 Gramm Mehl darunter gemengt, mit einem Kaffeelöffel auf ein mit Butter bestrichenes Blech in Größe eines Sechskreuzerstückes gesetzt, mit Zucker überstreut und in schwacher Hitze gebacken.

751. Zimmt-Waffeln.

250 Gramm Butter wird schön weiß gerührt, 312 Gramm Zucker, 47 Gramm Zimmt, beides fein gestoßen, 4 ganze

Eier nebst ½ Kilogramm Mehl wird nach und nach hinein=
gerührt, dann werden Küchlein daraus gemacht und im
Zimmtwaffeleisen schön gelb gebacken.

752. Mandel=Waffeln.

125 Gramm Butter, 3 Eßlöffel voll Mehl und 3 Eier=
gelb werden mit etwas Wein zu einem Teig geschafft und
ausgewellt, schneide nun Blättchen daraus, die genau das
Maß des Waffeleisens haben und bereite folgende Fülle: 250
Gramm Zucker wird mit ein wenig Wasser geläutert, bis er
hell ist, dann kommen 125 Gramm gestoßene Mandeln, 8
Gramm Zimmt, 4 Gramm Nelken, von einer Citrone die
Schale, nebst etwas Citronat und Pomeranzenschale hinein
und wird gerührt, bis die Masse trocken ist; dann kommt
sie vom Feuer, sodann werden 2 Eierweiß zu Schnee ge=
schlagen und darunter gemengt. Nun wird ein Theil des
Teiges mit der Fülle bestrichen, in das Waffeleisen gelegt,
ein anderes Stück Teig darauf gethan, das Eisen jedoch
nicht ganz fest zugemacht und auf beiden Seiten schön gelb
gebacken.

753. Freimaurer=Brod.

250 Gramm gesiebter Zucker wird mit 2 ganzen und 2
gelben Eiern ½ Stunde gerührt, alsdann kommt für 3
Pfennig Anis nebst 250 Gramm Mehl hinein, mache
lange Stückchen daraus, lege sie auf ein mit Butter
bestrichenes Blech und backe sie in einem nicht zu heißen
Ofen.

754. Pfälzer Brod.

½ Kilogramm Mehl, 250 Gramm Butter, 125 Gramm
gesiebter Zucker, 6 Eiergelb nebst ein wenig süßer Milch
wird zu einem Teig geschafft; wenn er glatt ist, wellt man
ihn zwei Messerrücken dick aus und sticht ihn in beliebige
Formen, schlägt Eierweiß zu Schnee, bestreicht die Bröd=
chen damit, taucht sie in Zucker und Zimmt um und backt
sie in einem gelinden Ofen.

755. Butter=Biscuitchen.

4 Eierweiß werden zu Schnee geschlagen, rühre 8 Eiergelb und 250 Gramm gesiebten Zucker hinein; wenn dieses ½ Stunde gerührt ist, gib 250 Gramm zerlassene Butter und eine am Reibeisen abgeriebene Schale von 1 Citrone, nebst 250 Gramm Weißmehl dazu, fülle die Masse in flache runde Förmchen und backe sie in einem nicht zu heißen Ofen.

756. Jägerschnitten.

250 Gramm gesiebter Zucker, 250 Gramm ungeschälte und langgeschnittene Mandeln, die feingeschnittene Schale von einer halben Citrone nebst dem Saft davon, etwas Zimmt und Anis wird mit 8 Eiergelb eine halbe Stunde gerührt, dann kommen 250 Gramm Mehl und zuletzt der Schnee von 8 Eierweiß hinein; dann wird eine Anisbrod=Form mit Butter bestrichen, die Masse hineingefüllt und schön gebacken; wenn es erkaltet ist, wird es in Schnitten geschnitten, wie Anisschnitten.

757. Windküchlein.

Schlage 3 Eierweiß zu Schnee, rühre 250 Gramm ge= siebten Zucker, etwas Anis und 110 Gramm gesiebtes Mehl hinein, schneide kleine, viereckige Stückchen Oblate, streiche von der Masse messerrückendick darauf und backe sie auf einem Blech in einem nicht zu heißen Ofen.

758. Mandelküchlein.

4 Eierweiß werden zu Schnee geschlagen, thue 60 Gramm gesiebten Zucker dazu, rühre dies ¼ Stunde, hierauf kommen 47 Gramm geschälte und langgeschnittene Mandeln nebst 94 Gramm Mehl hinein, bestreue ein Blech mit Mehl, setze von der Masse kleine Häufchen darauf und backe sie gelb, schlage etwas Eierweiß zu Schnee, streiche die Küchlein damit an, streue Zucker darauf, thue sie wieder in den Ofen und backe sie schön gelb.

759. Hobelspäne.

½ Kilogramm gesiebter Zucker wird mit dem Schnee von 4 Eierweiß gerührt, bis die Masse dick ist, dann wird von einer halben Citrone die Schale darein gerieben; schneide lange und schmale Oblaten, streiche von der Masse messerrückendick darauf, streue 30 Gramm kleingehackte Mandeln, 30 Gramm Citronat darauf und trockne sie in einem lauen Ofen, daß sie sich biegen.

760. Hobelspäne anderer Art.

So schwer als 2 Eier wird Zucker genommen und so schwer als 1 Ei Mehl, hierauf rührt man die 2 Eier mit dem Zucker nebst etwas abgeriebener Citronenschale und Zimmt eine Zeitlang recht schäumig. Nun wird ein Blech mit Wachs bestrichen, die Masse dünn darauf gestrichen und im Ofen blaßgelb gebacken; so lange sie noch heiß sind, werden fingerbreite und 15 Centimeter lange Riemen geschnitten, um einen fingerdicken Stock gewickelt, wenn sie erkaltet sind, wieder abgenommen und an einem trockenen Ort aufbewahrt.

761. Muskatzinnen.

250 Gramm Mandeln werden ungeschält gestoßen, dann rührt man 2 ganze Eier und 1 Eiweiß mit 250 Gramm gesiebtem Zucker ¼ Stunde, thut die Mandeln nebst 8 Gramm gestoßenem Zimmt, 4 Gramm Nelken, 4 Gramm geriebener Muskatnuß, der Schale von 1 Citrone, 30 Gramm Citronat und Pomeranzenschale, alles kleingeschnitten, dazu. Wenn alles recht gerührt ist, wird die Masse auf einem Nudelbrett ausgewellt, mit beliebigen Modeln ausgedrückt, auf Oblaten gesetzt und in einem nicht zu heißen Ofen gebacken.

762. Chocolade-Listchen.

½ Kilogramm ungeschälte Mandeln, ½ Kilogramm Zucker, 125 Gramm Chocolade, 16 Gramm Zimmt, von 3 Eiern das Weiße zu Schnee geschlagen, dieses wird gut untereinander geschafft, in das Förmchen gedrückt und auf einem mit Butter bestrichenen Blech in einem nicht zu heißen Ofen gebacken.

763. Mandelhäuflein.

Das Weiße von 4 Eiern wird zu Schnee geschlagen und mit 250 Gramm gesiebtem Zucker gerührt, bis es ganz dick ist; dann werden 250 Gramm geschälte und langgeschnittene Mandeln, 60 Gramm Citronat, ebensoviel Pomeranzenschale und die Schale von 1 Citrone, alles länglich geschnitten, nebst etwas gestoßenem Zimmt und Nelken dazu gethan; wenn alles wohl untereinander ist, werden nußgroße Häuflein auf Oblaten gesetzt und in einem mäßigen Ofen gebacken.

764. Mandelhäuflein anderer Art.

Es werden 3 Eierweiß zu einem steifen Schnee geschlagen, 187 Gramm gestoßener Zucker nebst einer abgeriebenen Ci= trone hineingethan und solches ¼ Stunde lang wohl ge= rührt, alsdann 375 Gramm langgeschnittene Mandeln und 60 Gramm Pomeranzenschale etwas damit umgerührt, auf Oblaten Häufchen gesetzt und in schwacher Hitze im Ofen gebacken.

765. Meringuen.

5 Eierweiß werden zu einem ganz steifen Schnee geschlagen, 250 Gramm gesiebter Zucker nebst einer am Zucker abge= riebenen Citrone leicht darunter gemengt, aber ja nicht zu viel darin gerührt, dann wird ein Brett auf ein Blech gelegt und auf das Brett weißes Papier, auf dieses setzt man mit dem Löffel schöne runde Häufchen, überstreut sie dick mit Zucker und läßt sie in einem gelinden Ofen backen, nimmt sie dann vom Papier ab, streicht sie mit dem Kaffeelöffel innen aus und setzt sie dann noch einmal auf das Brett auf die entgegengesetzte Seite in den Ofen, damit sie von Innen trocknen; dann kann man sie mit geschlagenem Rahm auf folgende Art füllen: ¾ Liter süßer Doppelrahm wird in einem neuen Hafen mit einem hölzernen Schneebesen recht

geschlagen, dann wird der Rahm mit einem feinen Sieb herausgenommen, auf ein Haarsieb gebracht, damit das Milchige abtropft und so fortgefahren, bis der Rahm alle ist, dann wird so viel Zucker als nöthig mit etwas Vanille gestoßen, unter den Rahm gemengt und die Meringuen damit gefüllt.

766. Pomeranzenbrod.

½ Kilogramm gesiebter Zucker wird mit 4 Eiergelb 1 Stunde gerührt, dann 60 Gramm Mandeln geschält und gewürfelt geschnitten, die Schale von 1 Pomeranze eben so geschnitten, das Weiße der 4 Eier zu Schnee geschlagen und hineingethan, nebst so viel Mehl, daß der Teig nicht mehr läuft; hierauf wird ein Blech mit Butter bestrichen, mit dem Kaffeelöffel Küchlein darauf gesetzt, mit Zucker überstreut und in einem gelinden Ofen gebacken.

767. Zimmt=Küchlein.

5 Eierweiß werden zu Schnee geschlagen, 250 Gramm gesiebter Zucker, 16 Gramm Zimmt, 250 Gramm ungeschälte geschnittene Mandeln darunter gemengt, setze auf Oblaten runde Küchlein und backe sie in einem gelinden Ofen.

768. Chocolade=Küchlein.

Man schlägt 2 Eierweiß zu Schnee, rührt 250 Gramm gesiebten Zucker, nebst so viel gestoßener Chocolade hinein, daß der Teig nicht mehr fließt; dieses wird nun recht miteinander gerührt, sodann wird ein Papier mit Zucker bestreut, die Küchlein darauf gesetzt, das Papier auf ein Blech gelegt und in einem gelinden Ofen gebacken.

769. Chocolade=Leckerlein.

Man rührt 250 Gramm Zucker mit 2 ganzen Eiern ½ Stunde, thut dann etwas Zimmt, 60 Gramm Chocolade und ¾ Liter Mehl hinein, schafft es so schnell als möglich zusammen, wellt es und sticht es mit beliebigen Förmchen zusammen und setzt sie auf ein mit Mehl bestreutes Blech.

770. Geröstete Mandeln.

250 Gramm Mandeln werden abgerieben und sauber gelesen, thue 250 Gramm gestoßenen Zucker in eine messingene Pfanne, die Mandeln nebst einem Trinkglas Wasser und 8 Gramm Zimmt dazu; dieses läßt man nun so lange ruhig auf schwachem Feuer kochen, bis die Mandeln anfangen zu krachen, dann rührt man sie, bis der Zucker trocken ist, nimmt sie einen Augenblick vom Feuer und setzt sie nun wieder unter beständigem Rühren zum Feuer, bis sie glänzend werden; schüttet sie schnell auf eine Platte, doch darf keine an der andern kleben.

771. Zucker-Bretzeln.

187 Gramm Butter, 187 Gramm Zucker, 125 Gramm Mehl, 2 Citronen am Zucker abgerieben, werden mit 1 ganzen und 2 gelben Eiern zusammengeschafft, auf dem Wirkbrett zu kleinen Bretzeln gemacht, mit etwas Eiergelb, Zucker und Wasser angestrichen und auf einem mit Butter bestrichenen Blech in einem gelinden Ofen gebacken.

772. Makronen.

½ Kilogramm gesiebter Zucker und ⅓ Kilogramm geschälte und feingestoßene Mandeln werden mit ein wenig Wasser recht fein gestoßen, dieses kommt nun zusammen auf's Feuer und wird so lange gerührt, bis der Teig nicht mehr an der Hand klebt; er darf jedoch nicht zu lange gerührt werden, damit er nicht zu trocken wird, hierauf laß ihn erkalten; dann werden 4 Eierweiß zu Schnee geschlagen und unter die Masse gerührt, lange oder runde Küchlein daraus gemacht, ein weißes Papier auf ein Blech gelegt, die Makronen darauf gethan, mit Zucker überstreut und in einem gelinden Ofen gebacken.

773. Makronen anderer Art.

250 Gramm gesiebter Zucker, 250 Gramm geschälte und mit etwas Eierweiß gestoßene Mandeln werden mit dem Schnee von 2 Eierweiß angerührt, doch muß das Eierweiß

abgerechnet werden, womit die Mandeln gestoßen sind; aus dieser Masse werden nun lange oder runde Makronen gemacht, auf ein mit Papier belegtes Blech gesetzt, mit Zucker überstreut und in einem gelinden Ofen gebacken.

774. Blinde Makronen.

2 ganze Eier und 2 Eiergelb werden mit 250 Gramm Zucker wohl gerührt, alsdann werden 310 Gramm Mehl und etwas geschnittene Citronenschale hinein gethan, davon lange Makronen gemacht, auf ein mit Butter bestrichenes Blech gesetzt, mit Zucker überstreut und im Ofen schön gelb gebacken.

775. Marsquitt.

Hacke 250 Gramm Butter mit 250 Gramm Mehl auf dem Wirkbrett recht fein, bis die Butter das Mehl angenommen hat, alsdann rühre 10 Eiergelb mit 250 Gramm Zucker, etwas abgeriebener Citronenschale und Rosinen recht schäumig, thue die zuvor gehackte Butter und den Schnee von 10 Eierweiß leicht unter die Masse, bestreiche eine Form mit Butter, streue sie mit Zucker aus, fülle die Masse hinein und backe sie in einem gelinden Ofen.

776. Offenbacher Pfeffernüsse.

750 Gramm Zucker werden mit ½ Liter Wasser so lange geläutert, bis er Perlen wirft; dann nimm ihn vom Feuer und lasse ihn 5 Minuten abkühlen, vermenge nun ½ Kilogramm ungeschälte und feingestoßene Mandeln mit 250 Gramm Mehl, 125 Gramm Citronat, 60 Gramm Zimmt, 15 Gramm Nelken und 1 Prise Pfeffer, rühre das Vermengte in den Zucker und arbeite darin, bis eins das andere genommen, nun lasse es über Nacht ruhen; den andern Tag nimm es auf das Wirkbrett, zerschlage 4 ganze Eier mit 8 Gramm Pottasche, schütte sie an den Teig und arbeite es noch mit 47 Gramm Mehl zusammen, daß er fester wird, welle ihn zwei Messerrücken dick, steche ihn in der Größe eines Guldenstückes aus, lasse sie noch etwas ruhen, bestreiche alsdann

noch ein Blech mit Butter, setze sie darauf und backe sie in einem nicht zu heißen Ofen.

777. Pfeffer-Nüßlein.

250 Gramm gesiebter Zucker und 250 Gramm Mehl werden mit 2 ganzen Eiern auf dem Wirkbrett nebst einer Prise Zimmt und Pfeffer, ein wenig abgeriebener Citrone zusammengeschafft, hierauf zwei Messerrücken dick ausgewellt, mit einem Förmchen in der Größe eines Sechskreuzerstückes ausgestochen, dann läßt man sie über Nacht liegen und setzt sie den andern Tag verkehrt auf ein mit Wachs bestrichenes Blech und läßt sie in mäßiger Hitze im Ofen backen.

778. Kaiserbrod.

250 Gramm geschälte Mandeln werden würflicht geschnitten und im Backofen gelb geröstet; wenn sie erkaltet sind, werden 4 Eiergelb mit 250 Gramm gesiebtem Zucker, etwas klein-geschnittener Citronenschale einige Zeit gerührt, dann kommen die gerösteten Mandeln nebst dem Schnee von 2 Eierweiß und 250 Gramm feines Mehl dazu; diese Masse wird nun ausgewellt, fingerbreite Stückchen daraus gemacht, auf ein mit Butter bestrichenes Blech gebracht und im Ofen in schwacher Hitze gebacken.

779. Kissinger Brod.

125 Gramm Butter, 250 Gramm Mehl, 94 Gramm ge-siebter Zucker, die abgeriebene Schale von einer Citrone und 6 Eiergelb werden auf einem Wirkbrett zusammengeschafft, hierauf fingerlange und fingerbreite Stückchen davon gemacht, 3 Ritzen eingeschnitten, in jede Ritze ein Stückchen Mandel gesteckt, auf ein mit Butter bestrichenes Blech gebracht und in einem nicht zu heißen Ofen gebacken.

780. Mandelbrod auf dem Feuer.

250 Gramm geschälte Mandeln werden mit etwas Wasser ganz fein gestoßen und mit 250 Gramm gesiebtem Zucker auf dem Feuer so lange gerührt, bis die Masse nicht mehr

an der Hand klebt; alsdann läßt man den Teig ver=
kühlen, schafft ein Händchen voll Mehl hinein, wellt es auf
dem Wellbrett und sticht es mit beliebigen Modeln aus,
setzt es auf ein mit Wachs bestrichenes Blech und backt es
in mäßiger Hitze schön gelb.

781. Mandelbrod anderer Art.

Es werden 4 Eiergelb, 125 Gramm gesiebter Zucker,
250 Gramm geschälte und feingestoßene Mandeln, 4 Gramm
Zimmt und ½ Kilogramm Mehl auf dem Wirkbrett zu
einem glatten Teig geschafft, ausgewellt, mit beliebigen
Förmchen ausgestochen, mit verkleppertem Ei bestrichen, auf
ein mit Butter bestrichenes Blech gesetzt und im Ofen schön
gelb gebacken.

782. Kleine Biscuitchen.

Man rührt 250 Gramm gesiebten Zucker mit dem Gelben
von 12 Eiern so lange, bis die Masse ganz dick ist, schlägt
dann das Weiße der Eier zu einem steifen Schnee, rührt
die abgeriebene Schale von einer Citrone nebst 125 Gramm
gesiebtem Mehl hinein und mengt dann den Schnee leicht
unter die Masse, macht kleine Kapseln von Papier, gibt in
jedes etwas von der Masse, streut etwas verhackte Mandeln
darauf, stellt die Biscuitchen nun auf ein Blech und backt
sie in gelinder Hitze hellgelb.

783. Straßburger Zwieback.

½ Kilogramm Mehl, 250 Gramm gestoßener Zucker, 16
Gramm Zimmt, 125 Gramm Butter und 3 Eßlöffel Kirschen=
wasser werden mit etwas Milch auf dem Wirkbrett geschafft,
bis man den Teig auswellen kann; dann wird er mit einem
Trinkglas ausgestochen, die Küchlein mit einer Gabel ge=
stochen, damit sie keine Blasen bekommen, und in mäßiger
Hitze gebacken.

784. Haselnußbrod.

187 Gramm Haselnußkerne werden geschält und mit
einem Eierweiß recht fein gestoßen, rühre sie dann nebst

187 Gramm gesiebtem Zucker mit dem Schnee von 3 Eier=
weiß ¼ Stunde, setze kleine Küchlein, in der Größe eines
Ein=Markstückes, auf weißes Papier, überstreue sie mit
Zucker, bringe das Papier auf ein Blech und backe sie in
einem nicht sehr heißen Ofen.

785. Schwefelschnitten.

62 Gramm geschälte und mit etwas Rosenwasser ge=
stoßene Mandeln, 62 Gramm gesiebter Zucker, etwas Zimmt
und geschnittene Citronenschalen werden mit 2 ganzen Eiern
½ Stunde recht gerührt, dann werden Oblaten wie natür=
liche Schwefelschnitten geschnitten, von der Masse fingerdick
darauf gestrichen, auf ein Blech gelegt und im Ofen schön
gelb gebacken.

786. Geduldtäfelchen.

250 Gramm gesiebter Zucker, 2 Citronen am Zucker ab=
gerieben oder etwas Vanille, der Schnee von 5 Eierweiß
werden ½ Stunden mit einander gerührt, alsdann werden
125 Gramm gesiebtes Mehl darunter gemengt, mit dem
Löffel kleine Tröpfchen auf ein mit Butter bestrichenes
Blech gesetzt und in einem nicht sehr heißen Ofen blaßgelb
gebacken.

787. Punsch=Küchlein.

250 Gramm gestoßener Zucker wird mit dem Schaum
von 5 Eierweiß, dem Saft und dem Abgeriebenen von ½
Citrone ½ Stunde gerührt, sodann 1 bis 2 Löffel voll
Arac oder Punscheffenz in die Masse gethan, worauf man
sie eine Weile ruhen läßt; dann werden die Küchlein auf
ein mit Zucker bestreutes Papier gesetzt und, wenn sie einige
Zeit gestanden sind, in schwacher Hitze gebacken.

788. Mandel=Küchlein.

250 Gramm gesiebter Zucker wird mit dem Schnee von
4 Eierweiß ½ Stunde gerührt; hierauf kommen 125 Gramm
geschälte und lang geschnittene Mandeln, 4 Gramm Zimmt,
eine Prise Nelken, die Schale von ½ Citrone und 2 Löffel

voll Mehl hinein; nun wird ein Blech mit Butter oder Wachs bestrichen, kleine Häufchen darauf gesetzt, doch keins zu nahe an das andere, und in einem nicht zu heißen Ofen gebacken.

789. Zimmtbrod.

250 Gramm gesiebten Zucker rührt man mit 3 ganzen Eiern 1 Stunde, schneidet 250 Gramm geschälte Mandeln länglich und röstet sie im Ofen gelb, dann wird die Schale von einer Citrone nebst 30 Gramm Citronat eben so geschnitten, 12 Gramm gestoßener Zimmt und 4 Gramm Nelken dazu gethan; rühre dieses Geschnittene nun unter die Masse nebst 187 Gramm weißem Mehl, nimm den Teig auf ein Brett, mache zwei lange Laibchen daraus, lege sie auf ein mit Mehl bestreutes Blech und backe sie im Ofen gelb; dann werden die Laibchen in Schnitten geschnitten und gelb geröstet.

790. Confect zum Glaciren.

Man nimmt ½ Kilogramm Mehl, 250 Gramm gesiebten Zucker, 250 Gramm geschälte und zartgestoßene Mandeln, 2 Eiergelb und ein klein wenig Wasser, schafft alles auf dem Wirkbrett zu einem festen Teig, wellt und sticht ihn mit beliebigen Modeln aus, setzt das Confect auf ein mit Wachs bestrichenes Blech und backt es in mäßiger Hitze. Glace: 250 Gramm ganz feiner gesiebter Zucker wird mit dem Schnee von 2 Eierweiß und dem Saft einer Citrone ½ Stunde gerührt, damit die Glace dick und glatt wird; sollte sie noch etwas zu dick sein, so kann man noch etwas Eierweiß dazu geben. Will man der Glace eine Rosafarbe geben, so thut man etwas Sauerbeersaft dazu, und will man sie braun haben, so wird etwas feingeriebene Chocolade und etwas Zucker mit Eierweiß so lange gerührt, bis sie recht glatt und dick ist.

791. Ingwer in Zucker.

½ Kilogramm gesiebter Zucker wird mit etwas Wasser auf dem Feuer geläutert, bis er ganz hell ist, dann kommt

15.

für 3 Pfennig Ingwer, Zimmt, Muskatblüthe und ein klein
wenig Nelken, alles gestoßen, hinein, und läßt man den
Zucker noch einige Mal damit aufkochen; streiche dann eine.
Ausbrodform mit Butter, reibe sie wieder ein wenig aus,
thue die Masse hinein und lasse sie ein wenig gestehen, als=
dann schneide sie in Stückchen und lasse sie erhärten.

792. Quitten=Confect.

6 Stück Quitten werden geschält, in Wasser weich gesotten
und auf dem Reibeisen gerieben. Zu $\frac{1}{2}$ Kilogramm Mark
nimmt man 375 Gramm Zucker, thut ihn in eine messingene
Pfanne, läutert ihn mit $\frac{3}{8}$ Liter Wasser ganz dick, thut das
gewogene Mark darein, dann die feingeschnittene Schale von
1 Citrone nebst dem Saft derselben dazu und kocht es unter
beständigem Rühren auf schwachem Feuer zu einer dicken
Masse, bis sie sich losschält; dann wird sie vom Feuer weg=
genommen. Nun wird eine Porzellanplatte mit Zucker be=
streut, die Masse darauf gebracht, bis sie ein wenig erkaltet
ist, hierauf auf einem mit Zucker bestreuten Brett zwei Mes=
serrücken dick ausgewellt, mit kleinen Förmchen ausgestochen,
auf ein mit Zucker bestreutes Papier gelegt und in der Wärme
getrocknet, dann kann man auch eine Glace darauf machen.
(Siehe Confect zum Glaciren.)

Gefrorenes.

793. Gefrorenes von Orangen.

Man nehme $\frac{3}{4}$ Liter Wein, $\frac{3}{8}$ Liter Wasser und 750 Gramm
Zucker, woran 2 Stück Orangen leicht abgerieben werden,
nebst dem Saft von 6 Stück Orangen; dieses lasse man ein
wenig auf dem Feuer aufkochen, dann durch ein Haarsieb lau=
fen; ist es abgekühlt, so wird es in die Büchse gefüllt, in das
Eis mit 2 Kilogramm Salz eingesetzt und getrieben, bis es
gefroren ist; dann wird es in Gläser gefüllt und servirt.

794. Gefrorenes von Citronen.

Dieses wird auf dieselbe Art bereitet, wie das Orange-gefrorene, nur werden statt der Orangen Citronen genommen.

795. Gefrorenes von Punsch.

1 Kilogramm Zucker, woran 3 Citronen abgerieben sind, nebst dem Saft von 5 bis 6 Citronen koche mit 1 Bouteille Wein und ⅜ Liter Wasser auf dem Feuer ein wenig auf, lasse es hernach durch ein Haarsieb laufen und, wenn es ver-kühlt ist, fülle es in die Büchse, stelle sie in einen Kübel mit verstoßenem Eis und 2 Kilogramm Salz, treibe es eine Stunde herum, ehe man den Deckel öffnet; wenn es auf-gemacht wird, so muß es gut durcheinander gearbeitet werden, dann wird die Büchse wieder geschlossen, und wenn es vol-lends ganz gefroren ist, werden ⅜ Liter Arac in die Büchse geschüttet, untereinander gerührt, in die Gläser gefüllt und servirt.

796. Gefrorenes von Vanille.

24 Eiergelb werden mit 1⅓ Liter süßem Rahm, 250 Gramm Zucker nebst 8 Gramm Vanille, welche in süßem Rahm gekocht und durch ein Haarsieb gelaufen, angerührt, auf das Feuer genommen, worauf man es unter beständigem Rühren dick werden aber ja nicht kochen läßt, dann kommt es vom Feuer weg. Ist es nun erkaltet, so wird es in eine Büchse gefüllt, in dem Eis getrieben bis es gefroren ist und dann in Gläser gefüllt.

797. Gefrorenes von Kaffee.

Brenne 125 Gramm Kaffee und wirf ihn heiß in 1½ Liter kochenden süßen Rahm, decke diesen dann mit einem Deckel gut zu und lasse ihn erkalten; dann nimm 12 Eiergelb und 250 Gramm gestoßenen Zucker, lasse den erkalteten süßen Rahm durch ein Haarsieb laufen, rühre die Eier und den Zucker damit an, nimm es auf's Feuer und lasse es unter beständigem Rühren dick werden, dann läßt man es erkalten, füllt es in die Büchse, treibt es im Eis herum bis es ge-

froren ist, und füllt dann das Gefrorene in Gläser und ser=
virt es.

798. Gefrorenes von Chocolade.

½ Kilogramm geriebene Chocolade wird mit etwas süßem
Rahm angerührt und auf dem Feuer ganz dick gekocht, daß
sie recht glatt wird; dann läßt man sie erkalten, rührt 12
Eiergelb, 250 Gramm Zucker und 1½ Liter süßen Rahm in
die Chocolade, nimmt es auf das Feuer und rührt es bis es
dick ist; dann nimmt man es weg, läßt es kalt werden, füllt
es in die Büchse und behandelt es wie die obigen Arten
des Gefrorenen.

799. Gefrorenes von Ananas.

Die Ananas wird in dünne Blättchen geschnitten, in ein
Geschirr gethan und mit 250 Gramm gestoßenem Zucker be=
streut, dann werden ¾ Liter Wein, ⅜ Liter Wasser, der
Saft von 6 Citronen, nebst 750 Gramm Zucker auf dem
Feuer aufgekocht, über die geblättelten Ananas geschüttet
und, wenn dieses erkaltet ist, durch ein Haarsieb gegossen, in
die Büchse gefüllt, diese in das Eis gestellt und getrieben,
bis es gefroren ist, dann in Gläser gefüllt und zu Tisch ge=
geben.

800. Gefrorenes von Erdbeeren.

¾ Liter Wein, ⅜ Liter Wasser, 1 Kilogramm Zucker und
der Saft von 6 Citronen werden auf dem Feuer ein wenig
aufgekocht, dann 3 starke Hände voll Erdbeeren mit ein
wenig von dem Wein durch ein Haarsieb getrieben, der übrige
Wein zu dem durchgetriebenen Erdbeer=Mark geschüttet; wenn
es erkaltet ist, wird es in die Büchse gefüllt, diese in einen
Kübel mit verstoßenem Eis und 1 oder 2 Kilogramm Salz
gestellt, die Büchse beständig herumgedreht und nach einer
Stunde zum ersten Mal geöffnet, man muß aber wohl Acht
haben, daß kein Salz in die Masse kommt; nun wird es
herumgearbeitet und dann wieder getrieben, bis es ganz fest
gefroren ist, hierauf in Gläser gefüllt und servirt.

801. Gefrorenes von Himbeeren.

Dieses wird wie das Erdbeeren-Gefrorene zubereitet, nur statt der Erdbeeren werden Himbeeren genommen, und ist noch zu bemerken, daß, bevor man die Masse in die Büchse füllt, zuerst zu versuchen ist, ob sie im Geschmack recht ist.

802. Gefrorenes von Pfirsichen.

Wird auf dieselbe Weise gemacht wie das Erdbeeren-Gefrorene.

803. Gefrorenes von Aprikosen.

Wird ebenfalls wie Erdbeeren-Gefrorenes bereitet.

Eingemachte Früchte.

804. Ananas-Erdbeeren einzumachen.

Man nimmt ganz große Ananas-Erdbeeren frisch vom Stock, läutert so viel Zucker als man Früchte hat, recht dick, thut dann die Erdbeeren in eine Schüssel; wenn der Zucker abgekühlt ist, gießt man ihn darüber, läßt es dann so stehen, bis es kalt ist; gießt dann den Zucker wieder ab und läßt ihn wieder dick kochen, fährt so fort, nur das dritte Mal thut man die Erdbeeren hinein und läßt einen Wall darüber gehen.

805. Früchte in kleinen Gläschen einzumachen.

Man nimmt zu ¼ Kilogramm von den Früchten ½ Kilogramm Zucker, läutert den Zucker bis er Fäden zieht, thut dann die Früchte hinein, entweder schöne Garten-Himbeeren oder rothe oder weiße Johannisbeeren; von den Johannisbeeren müssen aber die Körnchen innen mit einem Federkiel behutsam herausgenommen werden; läßt dann einige Walle darüber gehen, thut es dann vom Feuer und schäumt es behutsam ab; wenn es abgekühlt ist, füllt man es in kleine Gläschen, bindet sie dann mit Papier fest zu, daß keine Luft daran kömmt und bewahrt es an einem kühlen trockenen

Ort. Die Früchte müssen aber frisch vom Stock sein und dürfen nicht viel mit den Händen berührt werden.

806. Johannisbeer= und Himbeer=Gelée.

Man nimmt die Frucht, preßt sie durch ein Tuch, stellt den Saft 24 Stunden in den Keller, schäumt ihn rein ab; man nehme zu ½ Kilogramm Saft ½ Kilogramm Zucker, läutere den Zucker und schäume ihn ab bis er Fäden zieht, thut den Saft daran, läßt ihn eine Zeit lang kochen, aber nicht zu lang, daß er die Farbe nicht verliert, schäumt es fleißig ab, thut es dann vom Feuer, wenn es abgekühlt ist, fülle es in kleine Gläschen und binde es mit Papier fest zu.

807. Pfirsiche in Zucker.

Die Pfirsiche werden mit einem Tuch abgerieben, ein wenig aufgeschnitten und die Steine herausgedrückt, wornach man sie in siedendem Wasser einmal aufstoßen läßt, dann werden sie behutsam auf ein Tuch gelegt, damit sie abtropfen und ganz bleiben. So schwer nun die Pfirsiche sind, wird Zucker gewogen (zu jedem ½ Kilogramm Zucker 1 Glas Wasser), dieser mit Wasser geläutert, jedoch nicht ganz dick, die Pfirsiche hinein gelegt und mit dem Zucker langsam ¼ Stunde gekocht, nun legt man sie über Nacht auf Porzellanplatten, gießt den Zucker darüber, kocht sie dann den andern Tag wieder und fährt so 3 bis 4 Tage fort; das letzte Mal legt man die Pfirsiche sehr behutsam mit einem silbernen Löffel in das Casserol, läßt den Saft dick einkochen und legt sie, nachdem sie erkaltet sind, in ein Glas, schüttet den Saft darüber, bindet das Glas mit Papier zu, sticht mit einer Stecknadel einige Löcher hinein und bewahrt sie an einem trockenen Ort auf.

808. Blutpfirsiche in Zucker.

Diese werden auf dieselbe Art zubereitet wie die weißen Pfirsiche, nur werden diese, nachdem sie aus dem Wasser kommen, geschält.

809. Pfirsiche in Branntwein.

Die Pfirsiche dürfen nicht allzureif sein, sie werden mit

einem Tuch) abgerieben, damit das Wollige davon kommt, setze sie nun mit kaltem Wasser in einem passenden Geschirr zum Feuer; wenn das Wasser siedet, nimmt man sie behutsam mit einem silbernen Löffel heraus, legt sie auf ein Tuch, damit sie abtrocknen. Zu ½ Kilogramm Pfirsichen wird ¼ Kilogramm Zucker genommen, dieser wird mit 1 Glas Wasser ein wenig gekocht, die ganzen Pfirsiche hinein gethan; nachdem sie zuvor mit einer Stecknadel bis auf den Stein durchgestochen sind, läßt man sie 5 bis 6 Mal damit aufkochen, schäumt sie wohl ab, legt sie behutsam auf porzellanene Platten, damit die Haut nicht abgeht, schüttet den Saft darüber und läßt sie bis zum andern Tag stehen; dann werden sie wieder auf das Feuer genommen und langsam fertig gekocht; hierauf legt man sie über Nacht wieder auf Platten, setzt sie behutsam in ein Glas, mengt unter den Saft 1 Glas Branntwein, gießt den Saft darüber, so, daß die Früchte damit bedeckt sind, bindet das Glas mit einer Schweinsblase fest zu und stellt es an einen kalten aber trockenen Ort.

810. Aprikosen in Branntwein.

Bei diesen wird auf dieselbe Art verfahren, wie bei den Pfirsichen in Branntwein.

811. Aprikosen in Zucker.

Die Aprikosen werden abgerieben, ein kleiner Schnitt hinein gemacht, die Steine herausgedrückt, aber ganz gelassen; dann werden sie in kochendes Wasser gelegt und in diesem einmal aufgekocht; nun setzt man sie auf ein trockenes Tuch, damit sie abtrocknen. Dann wiegt man zu ½ Kilogramm Aprikosen 375 Gramm Zucker, läutert diesen mit 1 Glas Wasser, legt die ganzen Aprikosen hinein und kocht sie damit ½ Stunde langsam auf dem Feuer, dann werden sie über Nacht auf eine Platte gelegt, den andern Tag etwas stärker gekocht und so 3 bis 4 Tage fort; das letzte Mal wird der Saft dick eingekocht, die Aprikosen über Nacht auf Platten gelegt, den andern Tag werden sie in ein Glas gebracht, der Saft darüber geschüttet, mit Papier zugebunden, einige Löcher mit Stecknadeln eingestochen und an einem trockenen Ort aufbewahrt.

812. Aprikosen-Mark.

Ganz reife Aprikosen werden in kochendes Wasser gelegt, darin einmal aufgekocht, dann herausgenommen, die Haut und Steine abgenommen und durch ein Haarsieb getrieben, dann wiegt man zu 375 Gramm Zucker ½ Kilogramm Mark, läutert ihn mit 1 Glas Wasser, gibt das Mark neben der feingeschnittenen Schale von ½ Citrone dazu, kocht es zu einer dicken Masse auf schwachem Feuer und rührt es öfter mit einem Kochlöffel um, damit es nicht anhängt; läßt es dann erkalten, füllt es in Porzellan- oder Glasgefäße und bindet es mit Papier zu.

813. Quitten-Mark.

Einige Quitten werden geschält und in Wasser so lange abgekocht, bis man mit dem Finger einen Eindruck machen kann, nun werden sie auf dem Reibeisen gerieben, das Steinige aber zurückgelassen. Auf ½ Kilogramm Mark werden 375 Gramm Zucker gerechnet, der Zucker mit 1 Glas Wasser geläutert, das Mark nebst der feingeschnittenen Schale von 1 Citrone hineingethan; man läßt dieses auf schwachem Feuer zu einer dicken Marmelade kochen, stellt es dann kalt und füllt es in Gläser, bindet diese mit Papier zu, sticht mit einer Stecknadel einige Löcher hinein und bewahrt es auf.

814. Quittenmark mit Aepfeln.

Wenn die Quitten geschält sind, kocht man die Schale in Wasser ab, nimmt solche alsdann heraus und kocht die Quitten in demselben Wasser so weich, daß man sie reiben kann; nimmt nun dasselbe Wasser und kocht die geschälten Aepfel darin, doch darf man nicht zu viel Wasser daran thun, damit sich die Aepfel gut verrühren lassen, man nimmt gleiches Gewicht Quitten wie Aepfel; auf jedes ½ Kilogramm Obst kommen 250 Gramm Zucker, dieser wird geläutert, dann das Obst hineingethan und so lange gekocht, bis es ziemlich dick eingekocht ist.

815. Quitten-Schnitze.

Die Quitten werden geschält, in dicke Schnitze geschnitten,

das Steinige herausgenommen und in Wasser ein wenig ab=
gekocht; nimm sie dann heraus und lege sie auf ein Tuch,
damit sie abtrocknen. Man wiegt dann auf jedes ½ Kilo=
gramm rohe Schnitze 375 Gramm Zucker, läutert ihn mit
1 Glas Wasser, gibt die Schnitze nebst etwas kleingeschnittener
Citronenschale darein, kocht sie, bis sie schön roth und kurz
eingekocht sind; wenn sie erkaltet sind, legt man sie in ein
Glas, thut den Saft darüber, bindet das Glas mit Papier
zu und bewahrt sie an einem kalten aber trockenen Ort auf.

816. Hegen-Mark.

Thue die Hegen in einen steinernen Hafen, drücke sie mit
der Hand recht zusammen und lasse sie so einige Tage im
Keller stehen, bis sie teigig sind. Alsdann drücke man die Hegen
mit etwas wenigem Wein durch ein Haarsieb und wiege zu
jedem ½ Kilogramm Mark ½ Kilogramm Zucker, läutere
diesen mit 1 Glas Wasser auf dem Feuer, lasse ihn ein
wenig erkalten und rühre dann das Mark nebst etwas fein=
geschnittener Citronenschale hinein, lasse das Mark noch etliche
Mal damit aufkochen, bis es dick ist; man muß aber sehr
Acht geben, daß es nicht anhängt, dann nimmt man es vom
Feuer, läßt es erkalten, füllt es hierauf in ein Glas und
bewahrt es an einem trockenen Ort auf.

817. Reineclaudes in Zucker.

Die Reineclaudes werden mit den Stielen abgebrochen,
dürfen aber nicht zu reif sein, von den Stielen wird ein
wenig abgeschnitten; dann legt man sie in kochendes Wasser,
läßt sie einmal damit aufkochen und nimmt sie behutsam mit
einem silbernen Löffel heraus und setzt sie auf ein trockenes
Tuch, damit sie abtrocknen. Zu ½ Kilogramm Zucker nimmt
man ½ Kilogramm Reineclaudes, der Zucker wird mit
1 Glas Wasser geläutert, welcher aber geschäumt sein muß,
legt die Frucht hinein und läßt sie das erste Mal nur ein
wenig damit kochen, dann nimmt man sie auf Porzellan=
Platten nebst dem Saft und kocht sie auf diese Art 2 bis 3
Mal; das letzte Mal aber müssen sie vollends weich und
dick eingekocht werden, jedoch muß man Acht geben, daß

die Haut nicht weggeht. Nun läßt man sie erkalten, bringt sie den andern Tag sorgfältig in ein Glas und schüttet den Saft darüber.

Anmerkung. Man kann die Reineclaudes auch in Branntwein, wie die Pfirsiche, einmachen; auf alle die Früchte kann man, wenn sie vergährt haben, ein mit Wachs bestrichenes Papier legen.

818. Mirabellen in Zucker.

Mit den Mirabellen verfährt man auf dieselbe Art, wie mit den Reineclaudes.

819. Johannisbeeren in Zucker.

Die Früchte werden von den Stielen gezupft und so schwer · die Frucht ist, wird Zucker gewogen, dieser mit 1 Glas Wasser geläutert und gut abgeschäumt, gib dann die Frucht hinein und lasse sie auf schwachem Feuer unter beständigem Abschäumen dick einkochen, schütte sie hierauf in ein porzellaneues Geschirr, lasse sie kalt werden und fülle sie dann in ein Glas, binde es mit einem Papier zu, stelle es an einen trockenen Ort und bewahre es auf; wenn die Frucht vergährt hat, so lege ein mit Wachs bestrichenes Papier darauf.

820. Himbeeren in Zucker.

Schöne reife Himbeeren werden gelesen und zu ½ Kilogramm Himbeeren werden 375 Gramm Zucker mit 1 Glas Wasser geläutert, bis er Fäden zieht, dann gibt man die Früchte dazu und kocht sie auf schwachem Feuer unter beständigem Abschäumen dick ein, schüttet sie hierauf in ein feines Geschirr, läßt sie erkalten und füllt sie dann in ein Glas und bewahrt sie an einem kalten aber trockenen Ort auf.

821. Heidelbeeren in Zucker.

Die Heidelbeeren werden auf dieselbe Weise zubereitet, wie die Himbeeren, nur wird zu 1½ Kilogramm Heidelbeeren ½ Kilogramm Zucker gerechnet.

822. Kirschen in Zucker.

Schöne reife Weichsel= oder eine andere Art großer Kirschen

werden behutsam ausgesteint und so viel mal 250 Gramm Zucker gewogen, als man Halbkilogramm Kirschen hat; dieser Zucker wird mit einem Glas Wasser geläutert und dabei oft abge= schäumt, bis er Fäden zieht; dann kommen die Kirschen dazu, diese werden auf langsamem Feuer gekocht, bis sie dick ein= gekocht sind. Sobald sie nun kalt sind, werden sie in Gläser gefüllt, mit Papier überbunden, dieses mit einer Stecknadel ein wenig durchlöchert und an einem trockenen Ort aufbe= wahrt; nach einigen Tagen kann man auch ein mit Wachs bestrichenes Papier auf die Frucht legen, damit sie oben nicht schimmelt.

823. Kirschen in Dunst einzumachen.

Man nimmt grüne dicke Flaschen mit flachen Boden und nicht zu engem Hals, damit die Früchte gut hinein und heraus gehen. Schöne schwarze Kirschen werden abgezupft, gereinigt und mit einem Tuch gut abgetrocknet, dann füllt man die Gläser mit Kirschen ganz voll und füllt alle Lücken mit gestoßenem Zucker aus bis oben hin, bindet dann die Flaschen mit Schweinsblasen und Bindfaden gut zu, so daß der Faden oben kreuzweis geht, wickelt Heu um die Flaschen und thut sie in einen Kessel, der die Höhe der Flasche hat, und stellt sie mit kaltem Wasser auf ein schwaches Feuer, bis das Wasser kocht, läßt es dann langsam ¼ Stunde kochen. Sollte der Zucker noch nicht vergangen sein, so läßt man es noch so lange am Feuer, bis er vergeht; thue den Kessel vom Feuer, und laß die Flaschen darin stehen, bis das Wasser kalt ist, thue sie dann heraus und bewahre sie an einem trockenen und kühlen Ort, doch müssen die Flaschen 14 Tage lang täglich ein wenig herumgeschüttelt werden, damit der Saft sich mit dem Zucker bindet und über die Früchte geht.

Anmerkung. Auf diese Art werden Aprikosen, Pfirsiche, Mira= bellen, Zwetschgen und Reineclaudes eingemacht, doch müssen bei Aprikosen und Pfirsichen die Steine zuvor herausgenommen, und Blutpfirsiche auch noch geschält werden.

824. Blutpfirsiche in Dunst einzumachen.

Man nimmt ziemlich reife Blutpfirsiche, schält und steint

sie aus, doch so, daß die Frucht beisammen bleibt, legt sie
nun behutsam in nicht zu weite Gläser, thut so viel feinge=
stoßenen Zucker als man hineinbringen kann, dazu, so daß
alle Lücken ausgefüllt sind, bindet die Gläser zuerst mit
Leinwand und dann mit Blasen so fest als möglich zu, um=
windet sie mit Heu, damit sie nicht so leicht zerbrechen, stellt
sie in ein Casserol, füllt dasselbe bis an den Hals der Flaschen
mit kaltem Wasser, deckt die Casserol zu, stellt sie auf schwaches
Feuer und läßt sie langsam kochen bis der Zucker ganz zer=
gangen ist, lasse sie noch im Wasser stehen, bis das Wasser
kalt ist, dann nimm sie heraus, verpiche sie mit Pech und
bewahre sie an einem luftigen, trockenen Ort. Auf diese Weise
kann man alle Früchte in Zucker einmachen, nur behalten
die Reineclaudes, Mirabellen und ähnliche ihre Haut und
Steine, wobei zu bemerken ist, daß, wenn Luft in die Gläser
kommt, sie sich nicht halten.

825. Blutpfirsiche auf beste Art.

Man nimmt schöne reife Blutpfirsiche, schält sie, läutert
dann Zucker (375 Gramm Zucker auf ½ Kilogramm Pfirsiche)
recht dick, thut die Pfirsiche hinein, läßt sie langsam kochen
bis sie recht weich sind, nimmt sie behutsam heraus, läßt
den Saft dick einkochen, füllt dann die Pfirsiche sammt dem
Saft in Gläser, doch nicht ganz voll, bindet sie mit Schweine=
blasen fest zu, umwickelt die Flaschen mit Heu, stellt sie mit
kaltem Wasser auf's Feuer und läßt es ¼ Stunde kochen,
thut es dann vom Feuer und läßt die Flaschen im Wasser
stehen bis es kalt ist.

826. Trauben in Zucker.

Die Trauben werden abgezupft und zu jedem ½ Kilo=
gramm Traubenbeeren 375 Gramm Zucker mit 1 Glas
Wasser geläutert, bis er Fäden zieht; dann werden die
Beeren dazu genommen und so langsam eingekocht, bis sie
dick sind, das Abschäumen darf aber dabei nicht versäumt
werden; wenn sie ganz fertig sind, läßt man sie erkalten,
füllt sie in Gläser, bindet sie zu und bewahrt sie an einem
kühlen aber trockenen Ort auf.

827. Trauben in Branntwein.

Reife Trauben werden abgeschnitten, so daß an jeder Beere ein wenig Stil bleibt, in ein Glas gethan, welches ungefähr 1¹⁄₈ Liter hält, 187 Gramm gestoßener Zucker daran gethan, nebst 8 Gramm ganzem Zimmt und Nelken; hierauf wird das Glas mit Branntwein angefüllt, mit einer Blase überbunden und an einem trockenen Ort aufbewahrt. Auf dieselbe Art können auch Kirschen zubereitet werden.

828. Zwetschgen in Zucker.

Auf ¹⁄₂ Kilogramm Zwetschgen werden 375 Gramm Zucker mit 1 Glas Wasser geläutert, bis er Fäden zieht, dann werden die Zwetschgen mit einer Stecknadel bis auf den Stein durchstochen, in den Zucker gelegt und unter öfterem Abschäumen einigemal aufgekocht, dann werden sie mit einem silbernen Löffel vorsichtig auf Platten gelegt, der Saft darüber geschüttet, den andern Tag wieder etwas stärker gekocht, bis sie nicht mehr schäumen; sollte der Saft noch nicht gehörig eingekocht sein, so läßt man ihn ohne die Zwetschgen dick kochen; dann nimmt man sie vom Feuer, läßt sie in einer Schüssel erkalten und füllt sie in Gläser oder Töpfe, bindet sie zu und bewahrt sie an einem kühlen Ort auf. Die geschälten und ausgesteinten Zwetschgen werden auf dieselbe Art bereitet.

829. Maulbeeren in Zucker.

Ganz reife Maulbeeren werden gelesen und auf jedes ¹⁄₂ Kilogramm Frucht 375 Gramm Zucker mit 1 Glas Wasser geläutert, bis er dick ist; dann werden die Beeren dazu gethan und damit eingekocht, bis sie nicht mehr schäumen und die gehörige Dicke haben; darnach nimmt man sie vom Feuer weg, läßt sie erkalten, füllt sie in Gläser, bindet sie mit Papier zu, durchlöchert dieses ein wenig mit einer Stecknadel; wenn es vergohren hat, legt man ein mit Wachs bestrichenes Papier auf die Frucht und bewahrt sie an einem trockenen Ort auf.

860. Melonen in Zucker.

Die Melonen werden geschält und in dicke Schnitze ge=
schnitten, hierauf in kochendes Wasser gelegt und damit ein=
mal aufgekocht, dann nimmt man sie heraus, legt sie auf ein
trockenes Tuch, damit sie abtrocknen, läutert dann zu jedem
½ Kilogramm Schnitze 375 Gramm Zucker mit 1 Glas
Wasser, bis er Fäden zieht, gibt die Schnitze darein und
läßt sie eine Zeitlang langsam damit kochen, dann legt man
sie über die Nacht auf Platten, den Saft darüber und kocht
sie den andern Tag vollends ein; wenn nun der Zucker nicht
mehr schäumt, nimmt man sie vom Feuer, läßt sie erkalten,
legt sie hierauf behutsam in ein Glas, schüttet den Saft
darüber, überbindet das Glas mit einem durchstochenen
Papier, stellt es an einen trockenen Ort und legt nach einigen
Tagen ein mit Wachs bestrichenes Papier darauf.

831. Drei Obstsorten zusammen in Zucker.

Man nimmt 1½ Kilogramm schwarze ausgesteinte Kirschen,
1 Kilogramm gelesene Himbeeren und 1 Kilogramm abge=
zupfte Johannisbeeren; zu jedem ½ Kilogramm Früchte
läutert man 125 Gramm Zucker mit 1 Glas Wasser, bis er
dick ist, gibt dann das Obst dazu und läßt es so lange damit
kochen, bis es nicht mehr schäumt und dick eingekocht ist;
man muß aber dabei achtsam sein und es öfters aufrühren,
damit es nicht anhängt; dann schüttet man es in eine Schüssel,
läßt es erkalten, füllt es in Gläser oder Töpfe, bindet sie
mit Papier, welches mit einer Stecknadel durchlöchert ist, zu
und bewahrt es an einem trockenen Ort auf; nach einigen
Tagen kann man ein mit Wachs bestrichenes Papier auf
das Eingemachte legen.

832. Zwetschgen=Marmelade.

Ganz reife Zwetschgen werden ausgesteint und in einem
passenden Geschirr weich gekocht; sollte es nöthig sein, so
wird ein' wenig Wasser daran geschüttet und öfter darin ge=
rührt, dann werden sie vom Feuer genommen und durch
ein Sieb getrieben. Auf jedes ½ Kilogramm Mark nimmt
man 125 Gramm Zucker, thut es zusammen auf das Feuer

nebst etwas grüner Nußschale, die dem Ganzen einen sehr
angenehmen Geschmack gibt; dieses lasse nun auf schwachem
Feuer unter beständigem Abschäumen und Rühren dick ein=
kochen, nimm es alsdann vom Feuer weg, rühre nach Belieben
gestoßenen Zimmt und Nelken nebst einigen Löffeln voll Kir=
schenwasser hinein und lasse es erkalten, alsdann fülle es in
steinerne Töpfe, binde es mit einem durchstochenen Papier zu,
bewahre es an einem trockenen Ort und lege in einigen Tagen
ein mit Wachs bestrichenes Papier darauf. Man kann die
Zwetschgen auch schälen, wodurch sie viel zarter werden.

833. Grüne Nüsse in Zucker.

Man nimmt um Johanni frische, grüne Nüsse, schneidet
oben und unten ein wenig ab, durchsticht sie mit einem spitzigen
Hölzchen mehrere Mal und schüttet während acht Tagen
täglich frisches Wasser daran; nun werden die Nüsse mit
kaltem Wasser an das Feuer gestellt, ist es siedend, schüttet
man es ab und fährt 4 bis 5 Mal so fort, bis man sie
leicht durchstechen kann. Läutere so viel Zucker als die Nüsse
wiegen, lege die Nüsse hinein und lasse sie eine Zeitlang darin
kochen, dann lege sie über Nacht auf eine Platte, schütte den
Saft darüber und fahre so 2 bis 4 Tage fort; ehe sie das
letzte Mal gekocht werden, spicke sie mit Citronat und Po=
meranzenschale und lege etwas ganzen Zimmt und ganze
Nelken dazu, laß sie erkalten, fülle sie in ein Glas und binde
sie mit einem Papier zu, das mit einer Stecknadel durch=
löchert ist. Nach einigen Tagen lege ein mit Wachs bestrichenes
Papier darauf und stelle sie an einen trockenen Ort.

834. Preiselbeeren als Beilage zum Ochsenfleisch.

Zu 1½ Liter Preiselbeeren nimmt man 1 Glas guten
rothen Wein, stelle sie in einem Casserol auf ein schwaches
Feuer; wenn sie anfangen zu kochen, thut man ¼ Kilogramm
Zucker, 16 Gramm gestoßenen Zimmt, 4 Gramm Nelken
hinein und läßt dieses ½ Stunde zusammen kochen, schäumt
es dabei fleißig ab und sollten sie noch zu viel Brühe haben,
so schöpft man diese davon ab und läßt sie allein noch ein=
kochen; dann läßt man sie in einer Schüssel erkalten, füllt

sie hierauf in steinerne oder gläserne Gefäße, bindet diese mit
Papier zu, stellt sie an einen trockenen Ort und gibt nach
einigen Tagen ein Wachspapier darauf. Wenn man es liebt,
kann man auch etwas weniger Wein nehmen und statt dessen
etwas Essig dazu thun; auf die erste Art sind sie aber sehr
empfehlenswerth.

835. Melonen in Essig.

Ganz reife Melonen werden geschält, in dicke Schnitze ge-
schnitten, in eine Schüssel gelegt und so viel guter Wein
darüber geschüttet, daß sie damit bedeckt sind. Dann lasse sie
so 24 Stunden stehen, miß nun zu jedem ½ Kilogramm
Schnitze ⅜ Liter Essig und 250 Gramm Zucker, lasse den
Essig und Zucker kochen, bis er ganz hell abgeschäumt ist,
nimm die Melonen nebst 8 Gramm Zimmt und einigen
Nelken dazu, und koche sie halb weich, lege sie nun über
Nacht auf ein Porzellangeschirr und lasse sie den andern
Tag vollends weich kochen, wenn sie erkaltet sind, lege sie in
ein Gefäß, binde es mit Papier zu, stelle es an einen trockenen
Ort und lege nach einigen Tagen ein mit Wachs bestrichenes
Papier darauf.

836. Zwetschgen in Essig.

Die Zwetschgen werden vorsichtig mit den Stielen vom
Baum genommen, damit die blaue Farbe nicht abgeht, und
dann in eine Schüssel gelegt. Nun werden zu ½ Kilogramm
Zwetschgen ⅜ Liter guter Weinessig mit 250 Gramm Zucker,
8 Gramm Zimmt und 4 Gramm Nelken gekocht und abgeschäumt, bis er ganz hell ist; man schüttet dann den Essig
über die Zwetschgen, deckt sie über Nacht zu, schüttet den
Essig den andern Tag wieder ab, macht ihn wieder kochend
gibt ihn wieder über die Zwetschgen und zum dritten Mal
stellt man sie mit dem Essig auf das Feuer und läßt sie wie
ein hartes Ei kochen, dann nimm sie vom Feuer, lasse sie
erkalten; sollte der Essig noch nicht ganz dick sein, so kann
man ihn noch allein kochen; dann werden die Zwetschgen
in Gläser gethan, der Essig mit dem Gewürz darüber gegossen und zugebunden.

837. Kirschen in Essig.

Große reife Weichselkirschen, wovon die Stiele halb abge=
schnitten sind, werden in ein porzellanenes Geschirr gelegt.
Zu ½ Kilogramm Kirschen nimmt man ⅜ Liter guten Wein=
essig, 250 Gramm Zucker, 16 Gramm ganzen Zimmt und
8 Gramm ganze Nelken, und läßt dieses zusammen kochen,
bis es hell abgeschäumt ist, dann läßt man den Essig kalt
werden und schüttet ihn über die Kirschen, läßt ihn über
Nacht stehen; das zweite Mal macht man ihn wieder kochend
und gibt ihn dann lauwarm über die Frucht; den andern
Tag kocht man den Essig etwas mehr ein und schüttet ihn
wieder lau daran; am folgenden Tag legt man die Kirschen
in ein Glas, schüttet den Essig nebst Gewürz darüber, bindet
das Glas mit Papier zu, sticht mit einer Stecknadel einige
Löcher hinein und stellt es nun an einen kühlen, aber trockenen
Ort. Wenn die Kirschen in die Höhe steigen, muß der Essig
abgeschüttet und mit etwas Zucker eingekocht werden.

838. Girlitzen oder Judenkirschen in Essig.

Zu ½ Kilogramm Girlitzen nimmt man ⅜ Liter guten
Weinessig, 250 Gramm Zucker, 16 Gramm ganzen Zimmt
und 4 Gramm Nelken, kocht den Essig sammt Zucker und
Gewürz, bis er hell und abgeschäumt ist, läßt ihn ein wenig
abkühlen und gießt ihn über die Girlitzen; den andern Tag
macht man den Essig wieder siedend, läßt die Früchte einige
Mal damit aufkochen, füllt sie hierauf in Gläser, schüttet
den Essig darüber, bindet sie mit einem durchstochenen Papier
zu und bewahrt sie an einem trockenen Ort auf.

Bei allen eingemachten Früchten ist es gut, wenn der Saft
die Früchte bedeckt, damit sie nicht trocken liegen, auch muß
bei allen, ohne Unterschied, beim Kochen der Schaum abge=
nommen werden, ein Papier, mit Wachs bestrichen, verhütet,
daß das Eingemachte sich oben mit Schimmel besetzt und das
Papier, mit welchem es zugebunden ist, muß im Anfang mit
einer Stecknadel gestochen sein, damit die Frucht beim Gähren
etwas Luft hat.

16.

839. Charlotten in Essig.

Die Charlotten müssen mit einem silbernen oder hölzernen Messer geschält, alsdann mit gutem Weinessig, etwas ganzem Pfeffer und einigen Nelken gekocht werden, bis die Charlotten aufspringen wollen; nimm sie vom Feuer, laß sie erkalten, fülle sie in ein Gefäß, binde sie mit einer Blase zu, und stelle sie an einen trockenen Ort.

840. Gurken in Essig.

Die Gurken werden gewaschen, alsdann in ein hohes Gefäß gethan, 3 bis 4 Hände voll Salz daran geschüttet nebst Wasser, daß es darüber geht, decke die Gurken zu und stelle sie 2 Tage in den Keller, schütte alsdann das Wasser davon ab, trockne sie mit einem reinen Tuche ab, lasse alsdann guten Weinessig kochend werden und wieder erkalten, lege in das bestimmte Gefäß eine Lage Gurken, eine Lage geschälte Charlotten, dann eine Lage Fenchel, Estragon, Lorbeerblatt, ganzen Senf, Pfeffer und Nelken, hierauf wieder Gurken, und so fahre fort, bis das Gefäß voll ist, oben darauf lege Rebblätter und binde es mit einer Blase zu. Man kann auch noch Kapern und Kapuziner dazu thun.

841. Gurken in Essig anderer Art.

Große ausgewachsene grüne Gurken werden geschält, in 4 Theile der Länge nach geschnitten, das Mark und die Kerne herausgenommen, lege sie in ein Geschirr, streue einige Hände voll Salz daran, lasse sie 3 bis 4 Stunden stehen, nimm sie heraus und trockne sie wieder ab, lege sie alsdann nach der Ordnung (siehe oben Gurken) in ein Glas und binde sie mit einer Blase zu.

842. Gurken in Salz.

Es werden halbgewachsene Gurken 24 Stunden in's kalte Wasser gelegt, alsdann herausgenommen und abgetrocknet, lege sie 1 Stunde in die Luft. Hierauf nimm 6 bis 7½ Liter Wasser, je nach der Größe der Gurken, zu jeder Maas eine Hand voll Salz und 1 Glas guten Essig, thue dies zusam=

men in ein Geschirr und klopfe es mit einem hölzernen Besen 1½ Stunden. Zu diesen Gurken ist ein eigenes Fäßchen nothwendig; an dem einen Boden muß es in der Mitte eine Oeffnung haben, durch welche man mit der Hand hinein kommen kann; wenn dies Fäßchen gehörig ausgebrüht ist, lege eine Lage Traubenlaub, Fenchel, Pimpinell, Lorbeer= blatt, alsdann eine Lage Gurken, wieder Traubenlaub ꝛc., so fahre fort, bis das Fäßchen voll ist, gieße den geschlagenen Lack darüber, laß das Fäßchen einige Tage offen stehen, schlage es alsdann fest zu. Auf diese Art halten sich die Gurken über ein Jahr.

843. Gurken geschält und geblättelt.

Man nimmt schöne halbgewachsene Gurken, schält und blättelt sie, salzt sie sehr stark mit feinem Salz, läßt sie hierauf 3 Stunden stehen, dann werden sie fest ausgedrückt, mit gutem Essig und Oel angemacht, wie ein Salat, etwas ganzer Senf und grobgestoßener weißer Pfeffer dazu gethan, füllt sie in steinerne Töpfe, gießt noch gutes Oel darauf, doch müssen sie so viel Brühe haben, daß sie alle in der Brühe liegen, bindet sie alsdann mit Leinwand und Blasen zu, und bewahrt sie an einem kühlen trockenen Ort auf.

844. Süße Gurken.

Ziemlich reife Gurken werden geschält und in beliebige längliche Stückchen geschnitten, nachdem sie vorher von den Kernen befreit worden. Auf 2½ Kilogramm Gurken fertig gereinigt gießt man 1¼ Liter guten Essig, und läßt sie 24 Stunden stehen; dann läutert man 1¼ Kilogramm Zucker mit dem abgegossenen Essig, kocht die Gurken darin halb weich, nachdem man 16 Gramm ganzen Zimmt und 30 Stück Nelken dazu gethan, und läßt sie wieder über Nacht in einem Porzellan= oder Steintopf stehen. Den andern Tag setzt man die Gurken mit dem Essig wieder auf's Feuer und läßt sie aufkochen, nimmt die Gurken heraus und kocht den Essig zu einem Syrup ein. Man kann die Gurken mit dem Syrup noch etwas schmoren lassen.

845. Bohnen in Essig eingemacht.

Kleine Bohnen werden geputzt, ganz gelassen, dann koche sie 5 Minuten im Salzwasser ab, lege sie hernach auf ein Tuch, bis sie trocken sind. Den Hafen belegt man mit Reb= laub und Bohnenkraut, legt dann die Bohnen hinein, nebst etwas Salz, Nelken und Pfeffer und gießt kochenden Wein= essig darüber; ist dieser kalt, so gießt man ausgesottenes Ochsenfett darüber und stellt es in den Keller.

846. Welschkorn in Essig.

Die Welschkornkolben werden, wenn sie fingerdick sind, ab= gebrochen und 3 bis 4 Tage in einen Hafen mit Salzwasser gelegt, gieße alsdann das Wasser ab, belege ein Glas mit Lorbeerblatt, Basilikum, Pimpinell und gestoßenem Pfeffer, alsdann eine Lage Welschkorn, dann wieder eine Lage von den Kräutern, mache so fort, bis das Glas gefüllt ist; gieße weißen, guten Essig darüber und binde das Glas zu.

847. Kapuziner.

Die Kerne werden, wenn sie noch grün sind, vom Stock abgebrochen, mache alsdann Essig kochend, laß ihn wieder erkalten, lege die Kerne in das Gefäß, nebst geschälten Char= lotten, Pfeffer und Nelken, gieße den Essig darüber, lege Rebblätter darauf, binde eine Blase darüber und stelle sie in den Keller.

848. Sauerkraut einzumachen.

Man nimmt große, feste Weißkrautköpfe, läßt sie einige Tage im Keller liegen, nimmt alsdann die grünen Blätter ab, reinigt die Köpfe von den Dorschen, hobelt sie recht fein in ein hölzernes Gefäß, vermengt es mit etwas Kümmel und nimmt zu einem Kübel geschnittenem Kraut 375 Gramm Salz; nun nimm einen gut ausgebrühten Ständer, belege den Boden mit reinen Krautblättern, gib das geschnittene Kraut lagen= weise darauf, drücke es zuerst mit der Hand und dann mit einem hölzernen Stampfer zusammen, zwischen jede Lage lege einige halbe Borsdorfer Aepfel und fahre nun so fort,

bis das Kraut zu Ende ist, bedecke es auch oben wieder
mit Krautblättern, lege passende Brettchen und einen ziemlich
großen Stein darauf; sollte es in 24 Stunden keine Brühe
haben, so muß es mehr beschwert oder Salzwasser darauf
gegeben werden; nach 14 Tagen kann man davon kochen,
doch muß zuerst die Unreinigkeit nebst Blättern und Brühe
abgenommen und statt der Blätter ein reines Tuch darauf
gelegt werden, dann kann man auch ¾ Liter Wein daran
schütten, was ihm einen guten Geschmack gibt, und wenn
man es liebt, kann man auch Wachholderbeeren daran
thun.

849. Weiße Rüben einzumachen.

Man schäle und wasche die Rüben, schneide sie ein, hierauf
salze sie und bringe sie in den Ständer, lege unten und
oben reine Krautblätter und beschwere sie wie das Kraut.

850. Bohnen einzumachen.

Lange, zarten Bohnen werden von beiden Seiten die
Fäden abgeschält und fein geschnitzt, sodann in ein rundes
Körbchen gethan und in diesem in kochendes Wasser gesetzt,
worin sie 7 Minuten bleiben können, übergieße sie mit kaltem
Wasser, schütte sie alsdann auf eine große Tafel, bis sie
kalt sind, belege nun den Boden des Ständers mit gewaschenen Rebblättern, bringe einen Kübel voll Bohnen und
zwei Hände voll Salz und etwas Bohnenkraut dazu und
fahre so fort, bis der Ständer voll ist, dann belege sie mit
Rebblättern, lege Brettchen und einen Stein darauf und
wasche sie nach 14 Tagen ab; lege ein Tuch darauf.

851. Bohnen in Salz.

Diese werden auf dieselbe Art gereinigt wie vorhergehende und der Ständer mit Rebblättern ausgelegt; nimm
zu einem Korb voll Bohnen 3 Kilogramm Salz, menge
es unter die Bohnen, lege etwas Bohnenkraut dazu, oben
Rebblätter und ein Brettchen nebst einem Stein darauf; dabei muß bemerkt werden, daß die Brühe nie abgehoben, sondern
nur gereinigt werden darf, auch beim Gebrauch muß man

zuerst die Brühe hinunter laufen lassen und sie dann, ehe man sie kocht, mit heißem Wasser einige Mal abbrühen.

852. Erbsen in Dunst einzumachen, beste Art.

Man brockelt ganz junge Erbsen aus, verliest sie recht rein, nimmt zu 7½ Liter unausgebrockelten Erbsen 125 Gramm Butter, läßt diese zuerst aus, gießt sie durch ein Tuch, damit die Buttermilch davon abgeht, thut dann die ausgebrockelten Erbsen daran, nebst einem schwachen ½ Glas Wasser und Salz, läßt sie dann weich dämpfen, bis der Saft eingekocht und die Butter klar daran ist; sie müssen aber schnell gekocht werden, damit sie schön grün bleiben, dann läßt man sie ein wenig abkühlen, füllt sie in Gläser, gießt noch etwas von obiger frisch ausgelassener Butter, von welcher man vorher so viel zurückläßt, darauf, bindet sie mit Schweinsblasen fest zu, bindet sie in Heu ein, stellt sie in kaltem Wasser auf's Feuer; wenn es anfängt zu kochen, läßt man sie ¼ Stunde fort kochen, thut sie dann vom Feuer; wenn sie erkaltet sind, nimmt man die Flaschen heraus, verpicht sie recht gut und stellt sie in trockenen Sand in den Keller.

853. Erbsen in Dunst einzumachen, anderer Art.

Man nimmt Champagnerflaschen, schwefelt sie aus, füllt sie dann mit jungen grünen Erbsen, nebst einer Hand voll Salz, pfropft sie fest zu, bindet eine Blase darüber, umwindet die Flasche mit Heu, stellt sie mit kaltem Wasser auf ein schwaches Feuer und läßt sie ½ Stunde kochen; dann läßt man sie im Wasser stehen, bis sie erkaltet sind, verpicht die Flaschen und bewahrt sie in trockenem Sand im Keller.

854. Trüffeln einzumachen.

Zu 1½ Kilogramm geputzten Trüffeln nimmt man vier Kalbsfüße, schneidet sie auseinander und setzt sie mit frischem Wasser auf's Feuer bis zum Kochen, gießt die Brühe ab, füllt sie mit frischem Wasser wieder auf und läßt sie einen ganzen Tag kochen, so daß die Füße ganz verkocht sind, läßt die Brühe nun durch ein Haarsieb laufen und über

Nacht stehen, nimmt das Fett ab und setzt es mit ³/₈ Liter rothem Wein, etwas ganzem Gewürz, ¼ Citronenschale, etwas Nelken, ganzem Pfeffer, einigen Lorbeerblättern, 3 ganzen und 3 weißen Eiern, wenn es recht durcheinander geschlagen ist, zum Feuer und rührt beständig, bis es kocht; sieht man, daß es sich klärt, so schüttet man es durch eine Serviette und läßt es kalt werden. Dann nimmt man die Trüffeln, dämpft sie in ³/₈ Liter rothem Wein gut durch, nimmt sie auf ein Tuch heraus, läßt sie abkühlen, und legt sie dann in ein Glas, gießt den wieder flüssig gemachten Staub darüber, so daß die Trüffeln ganz bedeckt sind, schmelzt sie mit Rindschmalz zu, überbindet sie mit einer Blase und bewahrt sie an einem kühlen trockenen Ort auf.

855. Champignons einzumachen.

Man nimmt kleine geschlossene Champignons, schält sie recht rein und wascht sie durch frisches Wasser; dann nimmt man so viel Champignons als in eine weite ³/₄ Liter-Flasche gehen; wenn die Champignons gekocht sind, thut man zu einer solchen Flasche 125 Gramm Butter, den Saft von 2 Citronen und etwas Salz daran, läßt sie auf dem Feuer gut durchkochen, läßt sie verkühlen, füllt sie in die Flasche, bindet sie mit Schweinsblasen gut zu, bindet sie in Heu ein und stellt sie mit kaltem Wasser auf's Feuer; wenn sie anfangen zu kochen, läßt man sie ¼ Stunde fortkochen, thut sie dann vom Feuer, wenn sie erkaltet sind, picht man die Flasche zu und stellt sie an einen kühlen trockenen Ort.

856. Champignons zum Rindfleisch einzumachen.

Ganz kleine Champignons werden geputzt und gewaschen, im Salzwasser weich gekocht, dann das Wasser abgeschüttet und auf ein Tuch gelegt, damit sie trocken werden; nun wird Essig kochend gemacht und abgeschäumt. Lege die Champignons in ein Glas, schütte den Essig, wenn er erkaltet ist, nebst etwas Gewürz darüber, gieße ein wenig Oel darauf, binde die Gläser fest zu und bewahre sie an einem kühlen Ort.

Warme und kalte Getränke.

857. Chocolade mit Milch.

6 Täfelchen Chocolade werden in Stücke gebrochen, in ein Casserol gethan und etwas Milch daran gegossen, lasse es alsbann ganz verkochen, so daß man keine Stückchen mehr darin sieht, schütte ¾ Liter Milch daran und laß es unter immerwährendem Sprügeln kochen; wenn es ½ Stunde gekocht hat, verrühre 6 Eiergelb in einem Hafen mit etwas kalter Milch, rühre die Chocolade daran und sprügle es auf dem Feuer, bis sie dick ist, gieße sie hierauf in die Kanne und servire sie.

858. Chocolade mit Wasser.

12 Täfelchen Chocolade werden in Stücke gebrochen, mit etwas Wasser auf's Feuer gestellt, laß die Chocolade recht gut verkochen, schütte alsbann 1½ Liter Wasser daran, lasse sie 1 bis 1½ Stunden langsam kochen, bis es auf ¾ Liter eingekocht ist; sollte sie nicht süß genug sein, so thue noch Zucker dazu.

859. Grüner oder schwarzer Thee.

Eine kleine Hand voll Thee wird mit etwas kochendem Wasser 4 bis 5 Minuten angebrüht, alsbann das Wasser wieder abgeschüttet, thue dann nach Belieben Vanille an den Thee, gieße 1⅛ Liter kochendes Wasser darauf und laß ihn ¼ Stunde stehen, gieße ihn in die Kanne, servire ihn mit kaltem oder warmem Rahm.

860. Reformirter Thee.

Brühe 16 Gramm grünen Thee mit ½ Glas Wasser an, lasse ihn einige Minuten stehen, lasse alsbann ¾ Liter Milch, etwas Vanille und ein Stück Zucker kochend werden, gieße das Wasser vom Thee dazu, wenn es einige Mal aufgekocht ist, verrühre 4 bis 6 Eiergelb in einem Hafen, gieße den Thee daran, sprügele ihn recht schäumig und gieße ihn in die Kanne.

861. Kaffee mit Milch.

Der Kaffee muß hell gebrannt werden, mahle hierauf 50 Gramm Kaffee, thue ihn in einen Hafen nebst einem Stückchen Hausenblase, gieße ¾ Liter siedende Milch daran und laß ihn ¼ Stunde kochen, stelle ihn vom Feuer und laß ihn hell werden, gieße ihn in die Kanne.

862. Mandelade.

Reibe 125 Gramm Mandeln mit einem Tuch ab und röste sie dunkelgelb, stoße sie alsdann in einem Mörser, laß ¾ Liter Milch mit einem Stückchen Zucker und ganzem Zimmt kochend werden, thue die gestoßenen Mandeln hinein und laß es ½ Stunde kochen, laß es alsdann durch eine Serviette laufen und wieder kochen, verrühre 4 bis 5 Eiergelb, schütte unter beständigem Strudeln das Gekochte daran, gieße es in die Kanne und servire es.

863. Reis=Content.

250 Gramm Reis wird gelesen und fein gestoßen, 125 Gramm Zucker auch gestoßen, alsdann wird Beides durch ein Haarsieb gesiebt, menge 16 Gramm gestoßenen Zimmt, 4 Gramm Nelken, 2 Täfelchen Chocolade am Reibeisen gerieben darunter (man kann dies Pulver ½ Jahr aufheben). Zu ¾ Liter Milch nimm 3 Eßlöffel von dem Pulver und laß es einige Mal aufkochen; beim Anrichten rühre 3 Eiergelb daran.

864. Reis=Content anderer Art.

Röste 62 Gramm Reis hochgelb, hierauf wird er fein gestoßen und gesiebt, laß alsdann ¾ Liter Milch mit einem Stückchen Zucker kochen, rühre den feinen Reis hinein, laß ihn eine Zeitlang kochen, richte ihn mit 3 Eiergelb an.

865. Hoppel=Poppel.

Stoße 62 Gramm Kandis recht fein, rühre 4 Eiergelb

daran, nebst einigen Löffeln voll Kirschenwasser. Man kann auch Wollblumenthee, Wein oder Rum nehmen. (Es ist ein gutes Mittel gegen Heiserkeit.)

866. Warmes Bier.

³/₄ Liter Bier, eine Nuß groß Butter, ¹/₂ Glas Milch, 250 Gramm Zucker, etwas ganzer Zimmt wird auf's Feuer gestellt; laß es unter beständigem Rühren kochen, verrühre alsdann 4 Eiergelb, rühre das Bier daran und gib es in Gläser.

867. Punsch von Orangen.

Läutere 1¹/₂ Kilogramm Zucker mit ³/₄ Liter Wasser, brühe etwas grünen Thee an, thue den Zucker, den abgeschütteten Thee, 2¹/₄ Liter Wein, 1¹/₂ Liter Wasser zusammen in ein Casserol, und lasse dies zusammen kochen, gieße es in die Schüssel, den Saft von 8 Orangen nebst 1 Orange am Zucker abgerieben und eine Flasche Arac daran.

868. Wein-Punsch.

An ¹/₂ Kilogramm Zucker werden 1 Orange und 1 Citrone abgerieben. Der Zucker wird in eine Terrine gelegt und der Saft der Citrone und Orange darüber ausgedrückt. 2 Kaffeelöffel voll Thee in ein Stückchen Moll gebunden und ebenfalls dazu gelegt. Dann ³/₈ Liter Wasser und ³/₄ Liter Wein jedes besonders siedend gemacht und nebst ¹/₄ Glas Arac darüber gegossen. Die Terrine muß so lange bei gehöriger Wärme stehen bleiben, bis sich der Zucker vollständig aufgelöst hat.

869. Champagner-Punsch.

³/₄ Kilogramm gestoßenen Zucker, das Abgeriebene einer Citrone und einer Orange, den Saft von 3 Orangen und 1 Citrone stelle mit ³/₄ Liter Wasser und 2 Flaschen Champagner auf's Feuer; wenn es recht heiß ist, schütte es in eine Schüssel und thue einen Schoppen Rum dazu.

870. Schotto.

4 ganze und 6 gelbe Eier werden mit ³/₈ Liter Wein, Zucker, bis es genug ist, und der Schale einer Citrone in einem Kessel stark geschlagen, dann auf's Feuer genommen und mit dem Schneebesen fortgeschlagen, bis es anfängt zu kochen, dann vom Feuer genommen und zu beliebigen Speisen verwendet.

871. Glühwein.

³/₄ Liter guter rother Wein wird mit 250 Gramm Zucker, 8 Gramm ganzem Zimmt, 3 ganzen Nelken auf's Feuer gestellt und heiß gemacht, gieße dies durch ein Haarsieb und richte es in Gläser an.

802. Bischoff.

Nimm 4 süße und 2 bittere Orangen und brate sie auf dem Rost, stelle eine Flasche Burgunder oder andern starken rothen Wein auf's Feuer, stupfe die Orangen mit einer Nadel, lege sie in den Wein nebst Zucker, Zimmt und Nelken, wenn es eine Zeitlang gekocht hat, schütte den Wein in eine Schüssel; der Zimmt, die Nelken und Orangen bleiben zurück.

873. Papst.

1 Flasche Champagner, 1 Flasche Rheinwein (Deidesheimer oder Nierensteiner), 3 in Schnitze geschnittene Citronen nebst Zucker, Zimmt und Nelken werden gekocht, schütte es in eine Schüssel nebst ³/₈ Liter Arac.

874. Mandelmilch.

250 Gramm Mandeln werden geschält und fein gestoßen, hierauf in eine Schüssel gethan, mit ³/₄ Liter Wasser durcheinander gerührt und durch eine reine Serviette gepreßt, stoße alsdann die Mandeln mit etwas Wasser noch ein Mal und presse sie wieder durch das Tuch, thue Zucker nach Belieben daran.

875. Mandelmilch-Essenz.

¹/₂ Kilogramm geschälte und feingestoßene Mandeln werden

mit 250 Gramm Zucker und 1½ Liter Wasser auf's Feuer gestellt, laß es unter beständigem Rühren kochen, laß es durch ein reines Tuch laufen, fülle es in Flaschen, mache sie fest zu und stelle sie in den Keller; beim Gebrauche wird ein Eßlöffel voll der Essenz in ein Trinkglas frisches Wasser gethan.

876. Limonade.

Drücke den Saft von 4 bis 5 Citronen durch ein reines Tuch, schütte alsdann 1½ Liter frisches Wasser daran, nebst Zucker, bis es süß genug ist; man kann auch Orangensaft nehmen.

877. Johannisbeer-Wein.

Von sehr reifen rothen Johannisbeeren werden die Beeren abgezupft, mit der Hand in einem Gefäß zerdrückt, presse sie alsdann durch ein reines Tuch. Zu 1½ Liter Saft wird ¾ Liter Quellwasser genommen, auf 1⅛ Liter von diesem Saft ½ Kilogramm Zucker (wenn man den Wein einige Jahre gut erhalten will, sonst könnte auch ½ Kilogramm Zucker zu einem guten Getränk wirken) darin aufgelöst, dieser Saft wird in ein Fäßchen gethan (doch muß von dem Saft 1½ bis 3 Liter zurückbehalten werden), wegen der Gährung darf es aber nicht ganz voll gemacht werden, lege es in den Keller auf ein festes Lager und verspunde es leicht; den nächsten Tag wird der Most zu gähren anfangen, hat der Most völlig ausgegohren, dann gieße den zurückgelassenen Saft darauf; spunde das Fäßchen nicht ganz fest zu, bis die Gährung ganz vorüber ist. Dieser Wein bleibt bis in's nächste Jahr im Fäßchen, und in der Mitte oder Ende Februar gieße man ihn in Champagner-Flaschen und lege sie auf ein Holzlager; das Trübe wird durch doppeltes Fließpapier filtrirt. Dieser Wein kann Morgens getrunken werden und hat den Geschmack von Malaga.

878. Himbeersaft in Zucker.

Die Himbeeren werden in ein Gefäß gethan und 2 bis 3

Tage in den Keller gestellt; jeden Tag müssen sie geschüttelt werden, bis sie sich aufwerfen, alsdann werden sie durch=gepreßt und wieder 24 Stunden in den Keller gestellt, dann läßt man sie durch ein Tuch laufen; auf ⅔ Liter Himbeer=saft werden 375 Gramm Zucker genommen, mit einander auf's Feuer gestellt, der Schaum abgehoben und eine Zeit=lang eingekocht, bis der Saft etwas dick ist; hierauf laß ihn erkalten, fülle ihn in Bouteillen, binde ein Papier darauf und durchlöchere es mit einer Nadel. Zu 1 Glas frischem Wasser werden 2 bis 3 Löffel voll Saft genommen.

879. Himbeer=Essig.

So viel Mal 1½ Liter Himbeeren, so viel 1½ Liter guter Weinessig werden zusammen 3 bis 4 Tage in ein Ge=fäß gestellt, das Geschirr fest zugebunden; alsdann werden sie durch ein Tuch gepreßt, 24 Stunden wieder in den Keller gestellt, das Helle davon abgeschüttet; miß alsdann den Saft. Nimm zu je ⅜ Liter 250 Gramm Zucker, stelle ihn zu=sammen auf's Feuer, schäume ihn fleißig ab und laß ihn ½ Stunde kochen; den andern Tag wird er in Flaschen gegossen und wie Champagner verpicht und aufbewahrt.

880. Kirschen=Saft.

Nimm halb schwarze und halb saure Weichselkirschen, stoße sie mit den Kernen recht fein, presse sie durch ein dichtes reines Tuch und lasse sie über Nacht im Keller stehen, laß alsdann den Saft durch ein gespanntes Tuch laufen; zu 1½ Liter Saft wird ½ Kilogramm Zucker genommen; stelle den Saft und den Zucker miteinander auf's Feuer, schäume ihn ab und laß ihn nebst 8 Gramm ganzem Zimmt und 4 Gramm Nelken ¼ Stunde kochen; wenn er erkaltet, fülle ihn in Flaschen und bewahre ihn im Keller auf.

881. Maulbeer=Saft.

Die Maulbeeren werden durch ein Tuch gepreßt, stelle den Saft über Nacht in den Keller, schütte das Helle ab, läutere alsdann auf ³/₈ Liter Saft 250 Gramm Zucker mit 1 Glas Wasser, gieße den Saft hinein und laß ihn durch öfteres Schäumen dick kochen, schütte ihn in ein Gefäß von Porzellan, laß ihn erkalten und fülle ihn in Flaschen. Dieser Saft ist als ein sehr auflösendes Mittel beim Husten zu empfehlen. Es ist auch mit Wasser vermischt ein angenehmer Trank.

882. Nuß=Liqueur.

Die Nüsse müssen gerade um Johanni gebrochen werden. Zu 1¹/₂ Liter Zwetschgenwasser werden 30 bis 40 Nüsse in kleine Würfel geschnitten, 31 Gramm ganzer Zimmt, 16 Gramm Nelken, 16 Gramm Muskatblüthe, dies zusammen wird in eine große Flasche gethan und 6 Wochen in die Sonne ge= stellt; läutere alsdann ¹/₂ Kilogramm Zucker in ³/₈ Liter Wasser, das Zwetschgenwasser schütte alsdann von den Nüssen ab, menge den Zucker darunter, filtrire ihn durch einen Filzhut, schütte ihn alsdann in Flaschen nebst etwas süßer Milch; die Milch macht den Liqueur hell. Nach einigen Tagen wird der Liqueur behutsam abgeschüttet, so daß das Satzige in der Flasche bleibt.

883. Quitten=Liqueur.

Man nimmt Quitten, reibt solche sammt der Schale auf dem Reibeisen, preßt sie durch eine Serviette und thut zu ³/₈ Liter Saft ³/₈ Liter Zwetschgenwasser, und zu 1¹/₂ Liter von dieser Mischung die Schale von einer Citrone und Pomeranze fein geschnitten, 40 bittere Mandeln fein ge= schnitten, ¹/₂ Kilogramm gestoßenen Kandiszucker, einige Nelken und 16 Gramm feinen Zimmt; thue dies in eine gut gestöpselte Flasche und lasse es 4 Wochen stehen. Rühre es jeden Tag mit einem Kochlöffel und filtrire es nach 4 Wochen durch ein Fließpapier.

Speise-Zettel
für alle Monate des Jahres.

Anmerkung. Die Verfasserin ist bemüht gewesen, den nachstehenden Speisezettel sowohl der reicheren als auch der gewöhnlichen bürgerlichen Tafel möglichst anpassend zu machen; die umsichtige Hausfrau wird es verstehen, je nach ihrem Bedürfniß, die Zahl der Gerichte abzukürzen oder zu vermehren.

Januar.

Mittagessen. Pfanzerlsuppe, Ochsenfleisch mit Sardellensauce, baierisches Kraut mit Schweinecoteletten, Kabeljau mit Kartoffeln, Mandelpudding mit Hegensauce, Rehbraten mit Endiviensalat.

Nachtessen. Nudelsuppe mit Huhn, geröstete Kartoffeln mit Coteletten in Sauce, Hasenbraten, Schinken, Kartoffelsalat und Omelettensoufflée.

Mittagessen. Durchgeschlagene Kräutersuppe, Ochsenfleisch mit Meerrettig, Weißkraut mit Kastanien und Bratwürsten, Brieslein in einem vol-au-vent, Reisauflauf mit einer Himbeersauce, Poularden mit Salat.

Nachtessen. Reißsuppe, Blumenkohl mit Croquet von Kalbfleisch, Hecht à la Hollandaise, aufgezogene Fläblein, Lummelbraten und Salat.

Mittagessen. Suppe à la Reine, Ochsenfleisch mit Kapernsauce, Gelberüben mit Kalbscoteletten, Tauben in einer braunen Morchelsauce, Aepfelscharlotten, Nierenbraten und Salat.

Nachtessen. Gerstensuppe, Endivien mit gebackenen Brieslein, Zunge in Sauce, gebackene Crême, Kapaun und Brunnenkressensalat.

Mittagessen. Hirnsuppe, Ochsenfleisch mit Melonen, gefülltes Weißkraut mit gesalzener Zunge, wilde Enten mit Sardellensauce, Humbes, Lummelbraten und Salat.

Nachtessen. Einlaufsuppe, Schwarzwurzeln mit französischen Omeletten, Poularden in Sauce, Reiswürstchen in Sagosauce, Fricando von Kalbfleisch mit Salat.

Mittagessen. Grüne Kernensuppe, Ochsenfleisch mit Zwiebelsauce, Sauerkraut mit Würsten, Wildpretragout, Kaiserkuchen, welscher Hahn mit italienischem Salat.

Nachtessen. Grießsuppe, Beefsteaks mit Sardellensauce und Kartoffeln, Hecht in Sauce, Rahmstrudeln, Entenbraten und Salat.

Mittagessen. Verlorene Eiersuppe, Roastbeef mit gebohrten Kartoffeln, Wirsching mit Ochsenzunge en papillotes, Hecht mit Sauce, Weinmocken, gefüllte Gans und Salat.

Nachtessen. Mehlsuppe, Schwarzwurzeln mit gebackenen Hirnschnitten, wilde Ente in Sauce, Sagoauflauf, gebratene Hahnen und Salat.

Mittagessen. Schildkrötensuppe, Roastbeef mit Kartoffeln, Sardellensauce und Melone, Pastetchen von Kalbshirn, Sauerkraut mit Fasan und Blumenkohl mit gebackenen Brieslein, gespickter Karpfen, Macaroni in einem vol-au-vent, Brandpudding und Pfeutelein, welscher Hahn und Rehziemer, Endiviensalat, Sandtorte und Punschgefrorenes.

Nachtessen. Fläbleinsuppe, eingemachte Brockelerbsen mit gebackenen Hahnen, geröstete Kartoffeln mit Beefsteaks, Feldhühner in Sauce, Kartoffelauflauf und Vanillecrême, Kapaun, gesalzene Zunge und italienischer Salat.

Februar.

Mittagessen. Eiergerste, Ochsenfleisch mit Gurken, Linsen mit geräuchertem Schweinefleisch, gebratene Gans und Salat.

Nachtessen. Wecksuppe, Kalbsgekrös und geröstete Kartoffeln und Griesnockerln.

Mittagessen. Baumwollsuppe, Ochsenfleisch mit Meerrettig, eingemachte Bohnen mit Kalbscoteletten, Froschschenkel, Dampfnudeln mit Vanillesauce, gefüllte Kalbsbrust und Salat.

Nachtessen. Linsensuppe, Ochsenfleisch mit eingemachten Kapuzinern, gefüllte Kartoffeln mit Göttinger Wurst, Granat von Kalbfleisch, Chocoladeauflauf, Rehschlägel mit Salat.

Mittagessen. Rahmsuppe, Spinat mit Omeletten, Kalbs=roulade, Kapaun und Salat.

Nachtessen. Suppe mit Eierklösen, Schwarzwurzeln mit Coteletten, Mandelbrei, Hahnenbraten und Salat.

Mittagessen. Kartoffelsuppe, Ochsenfleisch mit Zwie=belsauce, weiße Bohnen mit geräucherten Würsten, Schellfisch mit kleinen Kartoffeln, Schwarzbrodpudding mit Kirschensauce, gedämpfte Rindsrippen und Salat.

Nachtessen. Kerbelsuppe, Rehragout mit geschmelzten Nudeln, Aepfelauflauf, Kalbsbraten und Salat.

Mittagessen. Französische Suppe, Ochsenfleisch mit eingemachten Zwetschgen, Weißkraut mit Coteletten en papil-lotes, Kalbshirn in Sauce, gebackene Eiergerste, wilder Gans=braten und Salat.

Nachtessen. Schwarzbrodsuppe, Reis mit Kalbfleisch, Omelettensoufflée, Rehbraten und Salat.

Mittagessen. Aufgezogene Suppe, Ochsenfleisch mit Meerrettig, Erbsen mit Würstchen, Karpfen in Sauce, Fläblein mit einer Zimmtkruste, gefüllte Kalbsbrust und Salat.

Nachtessen. Reissuppe, Endivien mit Croquet von Gansleber, Weckpudding mit Schotto, gebratene Ente und Salat.

Mittagessen. Suppe mit Marktknödel, Ochsenfleisch mit Selleriesalat und Meerrettig, Pastetchen von Brieslein, Kar=toffeln mit Häring, gefüllte Kohlraben mit gebackener Gans=leber, Turbot, Kalbskopf mit Trüffeln, Nudeln à la Demidoff, Schneeballen, Fasan, Spanferkel, italienischer Salat, Kaffee-crème, Orangengelée, Linsentorte, Vanillegefrorenes.

Nachtessen. Kastaniensuppe, Endivien mit Rissolen von Fisch, eingemachtes Kalbfleisch mit Kartoffeln, Griesauflauf mit Obst, Kapaun und Salat.

März.

Mittagessen. Fastenbrezelsuppe, Ochsenfleisch mit Kir=schen, Hopfen mit verlornen Eiern, Käsklöse, gebackener Karpfen, welscher Hahnenbraten, Salat.

Nachtessen. Griessuppe, Spinat mit Coteletten, Zunge in Sauce, Kapaun und Salat.

Mittagessen. Fischsuppe, Ochsenfleisch mit Zwiebel=sauce, Erbsenpurée mit Dürrfleisch, Stockfischpastete, Himbeer=auflauf, Hammelsbraten, Salat.

Nachtessen. Geröstete Milchbrodsuppe, Schwarzwurzeln mit gesalzener Zunge, Kalbfleischragout, Reisbrei, Poular=denbraten, Salat.

Mittagessen. Suppe à la Reine, Ochsenfleisch mit Gurken, Sauerkraut mit Schweinecoteletten, Fricando von Kalbfleisch, Rahmstrudeln, Entenbraten, Salat.

Nachtessen. Einlaufsuppe, geröstete Kartoffeln mit Co=teletten in Sauce, Mandelpudding mit Himbeersauce, Kapaun=braten, Salat.

Mittagessen. Sagosuppe, Ochsenfleisch mit Meerrettig, Maultaschen mit Göttinger Wurst, Hecht à la Hollandaise, Weinschnitten mit Sauce, Lummelbraten, Salat.

Nachtessen. Gerstenschleim, Hopfen mit Kalbsfricando, gebackene Crême, Entenbraten und Salat.

Mittagessen. Hirnsuppe, Ochsenfleisch mit Kapuziner, Rosenkohl mit Hirnschnitten, gebackene Bürsching, Kartoffel=törtchen, Nierenbraten und Salat.

Nachtessen. Rahmsuppe, eingemachtes Kalbfleisch und geschmelzte Nudeln, Schinken und Kapaun, Salat.

Mittagessen. Reis mit Erbsenpurée, Ochsenfleisch mit Gurken, gedämpftes Weißkraut mit Dürrfleisch, wilde Ente, Krebsstrudeln, Hammelsbraten und Salat.

Nachtessen. Kartoffelsuppe, Schwarzwurzeln mit Cro=quet von Gansleber, Rehragout, Crême mit Karmel, Lenden=braten mit Häringsalat.

Mittagessen. Krebssuppe mit Butterklösen, Ochsen=fleisch mit Kapernsauce und Meerrettig, Hachiespastetchen, Rothkraut mit Bratwürsten, Spargeln mit Croquet von Fischen, Poularde mit Gansleber gefüllt, Schwarzwildpret, Flädlein mit einer Zimmtkruste und Sagoauflauf, Auerhahn, Taubenbraten und Lattigsalat, Chocoladecrême, Brunnen=kressengelée, Punschtorte.

Nachtessen. Italienische Nudelsuppe, gebratene Spätzlein mit Brieslein in Sauce, Fleischvögel mit Morchelnsauce, Schnitten mit rothem Wein, Kapaunbraten und Salat.

April.

Mittagessen. Durchgeschlagene Kräutersuppe, Ochsen=fleisch mit kalter Sauce, Kartoffelblättchen mit gedämpfter Kalbsleber, Kaiserkuchen, Schnepfenbraten und Salat.

Nachtessen. Flädleinsuppe, Hopfen mit französischem Omelette, Kalbfleischragout, Humbes, Hammelsbraten und Salat.

Mittagessen. Pfanzerlsuppe, Ochsenfleisch mit Preisel=beeren, Spinat und Kalbscoteletten en papillotes, Karpfen mit rothem Wein, Reisauflauf, Lummelbraten und Lattigsalat.

Nachtessen. Kerbelsuppe, geröstete Kartoffeln mit Ham=melszungen in Sardellensauce, gefüllte Wecke, Nierenbraten und Salat.

Mittagessen. Grüne Kernensuppe, Ochsenfleisch mit Meerrettig, Stockfisch und Sauerkraut mit Coteletten, Kalbs=füße in Morchelnsauce, Pomeranzenauflauf, Becasinenbraten und Salat.

Nachtessen. Eiergerste, Rosenkohl mit Hirnschnitten, Griesklöse, Kapaunbraten und Salat.

Mittagessen. Aufgezogene Suppe, Ochsenfleisch mit Melonen, Wirsching mit Coteletten, Salmen en papillotes, Dampfnudeln mit Vanillesauce, Rehbraten und Salat.

Nachtessen. Rahmsuppe, Spinat mit Coteletten, Man=delbrei, gebratene junge Hühner und Salat.

Mittagessen. Suppe mit Wecknöpflein, Ochsenfleisch mit Sardellensauce, Bohnen mit Dürrfleisch, Forellen in Sauce, Aepfelküchlein, Schnepfenbraten und Salat.

Nachtessen. Geröstete Milchbrodsuppe, Schwarzwurzeln mit Zunge, Mandelknöpflein mit Hegensauce, Nierenbraten und Salat.

Mittagessen. Baumwollsuppe, Ochsenfleisch mit Meer=rettig, Sauerkraut mit Hecht, Granat von Kalbfleisch, Nudeln à la Demidoff, gefüllte Tauben, Rübenkeimsalat.

Nachtessen. Griessuppe, gebratene Spätzlein, Schwarz=wildpret, Schnepfen, gebackene Crême, gefüllte Kalbsbrust und Salat.

Mittagessen. Gerstensuppe, Roastbeef mit Kartoffeln, Sardellensauce und eingemachte Zwetschgen, Pastetchen von

Kalbshirn, Spargeln, Kalbsrippen mit feinen Kräutern, gelbe
Rüben, gebackene Nierenschnitten, Forellen in Sauce, junge
Tauben in einem vol-au-vent, Fläblein mit Aepfeln gefüllt,
Sagoauflauf mit einer Hegensauce, welscher Hahn mit Trüf-
feln, Schnepfen, Wildpretpastete, Lattigsalat, Compot von
Orangen, Crême von Reis, Gelée von Punsch, französische
Torte, Mandelbriefe.

Nachtessen. Einlaufsuppe, Spargeln mit Schinken, Coteletten in Sauce, Mandelschnitten mit Himbeersauce, junger
Hahnenbraten mit Salat.

Mai.

Mittagessen. Suppe à la Reine, Ochsenfleisch mit
Sauce, Spinat mit Eiern, fricasirte junge Hühner, Plumpudding mit Sauce, Hasenbraten und Salat.

Nachtessen. Kartoffelsuppe, Morcheln mit gedämpften
Tauben, Kalbsroulade, Pfannenkuchen mit Rosinen, Lamm-
braten und Salat.

Mittagessen. Krebssuppe, Ochsenfleisch mit Lattig,
Kartoffeln mit Häring, Kalbsfricando mit Sauerampfer,
saure Rahmwürstlein, Taubenbraten und Salat.

Nachtessen. Kerbelsuppe, geschmelzte Nudeln mit Coteletten in Sauce, Weincrême, Hasenbraten und Salat.

Mittagessen. Hirnsuppe, Ochsenfleisch mit Meerrettig,
junge Gelberüben mit gebackenen Hühnern, Forellen in Sauce,
Mandelpudding mit Kirschensauce, welscher Hahnenbraten
und Lattigsalat.

Nachtessen. Rahmsuppe, Spargeln mit Croquet von
Kalbfleisch, Karpfen in Sauce, Reisauflauf, Taubenbraten
und Salat.

Mittagessen. Durchgeschlagene Kräutersuppe, Ochsen-
fleisch mit Kressen, Sauerkraut mit Hecht, junge Hühner mit
Morcheln, Reiswürstlein mit Weinsauce, Hasenbraten und
Salat.

Nachtessen. Suppe von Eierklösen, Sauerampfer mit
Kalbsfricando, gebackene Crême, Hahnenbraten und Salat.

Mittagessen. Reissuppe, Ochsenfleisch mit Gurkensalat,
Laubfrösche mit Göttingerwurst, Brieslein in einem vol-au-
vent, Krebsstrudeln, Rehbraten und Salat.

Nachteſſen. Geröſtete Milchbrodſuppe, Spargeln mit gebackenen Hühnern, Humbes, Kalbsbraten und Salat.

Mittageſſen. Pfanzerlſuppe, Ochſenfleiſch mit Kapern=ſauce, Gelberüben mit gebackenen Brieslein, Salmen à la Hollandaiſe, Schwarzbrodauflauf mit Kirſchenſauce, Lummel=braten und Salat.

Nachteſſen. Flädleinſuppe, Haſenragont mit geröſteten Kartoffeln, Mandelbrei, Taubenbraten, Salat.

Mittageſſen. Sagoſuppe, Ochſenfleiſch mit Gurkenſalat und Zwiebelſauce, Paſtetchen von Krebſen, junge Kohlraben mit Hammelscoteletten, Brockelerbſen mit Hirnſchnitten, junge Tauben in einem vol-au-vent, Karpfen in einer braunen Sauce, Flädleinauflauf, Reispudding, Rehbraten, Hahnen=braten und Salat, Crême von Mandeln, Gelée von Erd=beeren, Kirſchenkuchen.

Nachteſſen. Griesſuppe, Spinat mit Kalbshirn, junge Hühner in Sauce, Omelettenſousléе, Haſenbraten und Salat.

Juni.

Mittageſſen. Schildkrötenſuppe, Ochſenfleiſch mit Kreſſe, Spinatpudding mit geſalzener Zunge, Hecht in Sauce, Kir=ſchencompot und Pfeutelein, Gansbraten und Salat.

Nachteſſen. Nudelſuppe, Sauerampfer mit Kalbsfri=cando, gefüllte Wecke, gebratener Rehziemer, Spargelſalat.

Mittageſſen. Franzöſiſche Suppe, Ochſenfleiſch mit Sauce, Spargeln mit Omeletten, Tauben mit Morcheln, Brei=pudding mit Hegenſauce, Hammelsbraten und Salat.

Nachteſſen. Eiergerſtſuppe, Brockelerbſen mit Croquetten von Brieslein, Flädlein in der Milch, Entenbraten und Salat.

Mittageſſen. Gerſtenſuppe, Ochſenfleiſch mit Rettig, Kartoffelklöſe mit Coteletten in Kräuterſauce, Bürſching in Sauce, Griespudding, Hahnenbraten und Salat.

Nachteſſen. Einlaufſuppe, Steinpilze mit Brieslein, Ragout von Haſen, Kalbsbraten und Salat.

Mittageſſen. Verlorene Eierſuppe, Ochſenfleiſch mit Lattig, Zuckerſchoten mit Omeletten, Salmen in Sauce, Griesnockerln mit Kirſchen, Rehbraten und Salat.

Nachtessen. Sauerampfersuppe, Salatgemüse mit Cote=
letten, Rahmstrudeln, Kalbsbrust und Salat.

Mittagessen. Krebssuppe, Ochsenfleisch mit Gurken,
Spinat mit Rissolen von Krebsen, Kalbszunge in Sauce,
Nudeln à la Demidoff, Taubenbraten und Salat.

Nachtessen. Italienische Nudelsuppe, Brockelerbsen mit
gebackenen Hühnern, Mandelknöpflein mit Hegensauc, Lum=
melbraten und Salat.

Mittagessen. Hirnsuppe, Ochsenfleisch mit kalter Sauce,
Kohlraben mit Bratwürsten, Hecht in Sauce, Krebsstrudeln,
Gansbraten und Salat.

Nachtessen. Reißsuppe, Brockelerbsen mit Croquet von
Eiern, Kalbsroulade, Aepfelomeletten, junge Hahnen und
Salat.

Mittagessen. Suppe à la Reine, Roastbeef mit Senf=
sauce und Gurken, Pastetchen von Reis, gefülltes Weißkraut
mit gesalzener Zunge, Blumenkohl mit Coteletten, Enten mit
Gurken und Macaroni in einem Timbul, Kartoffelauflauf
mit Malagasauce und Fläblein mit einer Zimmtkruste, Ham=
melsbraten und Hasenbraten mit Salat, Gelée von Kirschen,
Rahmtorte und Mirenken.

Nachtessen. Einlaufsuppe, Gelberüben mit gebackenen
Hahnen, Kirschenomeletten, Kalbsbraten und Salat.

Juli.

Mittagessen. Grüne Kernensuppe, Ochsenfleisch mit
Rettig, Brockelerbsen mit Croquetten von Hühnerfleisch in
Sauce, gebackne Eiergerste, Gansbraten und Salat.

Nachtessen. Kerbelsuppe, Salatgemüse mit Coteletten,
Compot von Aprikosen, Hahnenbraten und Salat.

Mittagessen. Grüne Erbsensuppe, Ochsenfleisch mit
Sauce, Spargeln mit Omeletten, Karpfen in Sauce, Sago=
auflauf, Rehbraten und Salat.

Nachtessen. Geröstete Milchbrodsuppe, Laubfrösche mit
Schinken, Omelettensoufflée, Tauben in Sauce.

Mittagessen. Französische Suppe, Ochsenfleisch mit
Melonen, grüne Bohnen mit Hammelscoteletten, Kalbsfüße
mit Morchelsauce, Käsklöse, Entenbraten und Salat.

Nachtessen. Kartoffelsuppe, Spinat mit Coteletten, Griesbrei, Kalbsbraten und Salat.

Mittagessen. Gerstensuppe, Ochsenfleisch mit Preiselbeeren, Blumenkohl mit Göttingerwürsten, Krebsstrudeln, Fricando mit Sauerampfer, Hammelsbraten und Salat.

Nachtessen. Eiergerstensuppe, Kartoffeln mit eingemachtem Kalbfleisch, Taubenbraten und Kirschencompot.

Mittagessen. Pfanzerlsuppe, Ochsenfleisch mit Gurken, Wirsching mit gefülltem Kalbsherz, Bürsching in Sauce, Dampfnudeln mit Sauce, Rehbraten und Salat.

Nachtessen. Rahmsuppe, Salatgemüse mit grillirter Zunge, Kalbshirn mit Sauce, Kirschenkuchen mit Weck, Hahnenbraten und Salat.

Mittagessen. Nudelsuppe, Ochsenfleisch mit Melonen, Schnittkohl mit gebackenen Milchbrodschnitten, eingemachte Tauben, Weinmocken, gefüllte Kalbsbrust und Salat.

Nachtessen. Suppe mit Kartoffelklösen, Erbsen mit Coteletten, Kalbfleischragout, Citronenauflauf, Hammelsbraten und Salat.

Mittagessen. Reissuppe mit einem Huhn, Roastbeef mit Sardellensauce und Kartoffeln, Pastetchen von Kalbfleisch, Bohnen mit Coteletten, gefüllte Kartoffeln mit gesalzener Zunge, junge Hahnen mit Krebsen garnirt, Karpfen gespickt, Schwarzbrodpudding und Reiswürstchen, Rehbraten und farcirter Kapaun, Kopfsalat mit Eiern, Vanillecrême, Aprikosengelée, Reistorte.

Nachtessen. Schwarzbrodsuppe, Kartoffeln mit Zunge in Sauce, Weincrême und Hahnenbraten mit Salat.

August.

Mittagessen. Fischsuppe, Ochsenfleisch mit Gurken, gedämpftes Weißkraut mit gebackenen Brieslein, Bürsching in Sauce, Käsklöse, Gansbraten und Salat.

Nachtessen. Verlorene Eiersuppe, Reis mit Tauben, Kirschencompot mit Griesknödeln, Kalbsbraten und Salat.

Mittagessen. Krebssuppe, Ochsenfleisch mit Sauce, Blumenkohl mit Coteletten, Kalbsfüße in Trüffelsauce, Aprikosenauflauf, Hirschziemer mit einer Zimmtkruste.

Nachtessen. Geriebene Milchbrodsuppe, Kartoffeln mit Sauce und Feldhühner, Omelettensoufflée, Hammelsbraten, Salat.

Mittagessen. Aufgezogene Suppe, Ochsenfleisch mit Meerrettig, Bohnen mit Hammelsrippen, Forellen in Sauce, Griesauflauf mit Kirschen, Lummelbraten und Salat.

Nachtessen. Kerbelsuppe, Champignons mit Kalbsfricando, Humbes, Hahnenbraten und Salat.

Mittagessen. Sagosuppe, Ochsenfleisch mit Rettig, Wirsing mit grillirter Zunge, Aal in gelber Sauce, Reisauflauf, Rehbraten und Salat.

Nachtessen. Flädleinsuppe, Sauerampfer mit Eiern, junge Hahnen in Sauce, Kirschenomeletten, Kalbsbraten und Salat.

Mittagessen. Durchgeschlagene Kräutersuppe, Ochsenfleisch mit Sauce, Kartoffeln mit Häring und Croquetten von Kalbfleisch, Enten mit Gurken, Krebsstrudeln, Schweinebraten und Salat.

Nachtessen. Einlaufsuppe, Erbsenpurée mit Coteletten, Mandelklöse mit Hegensauce, Hahnenbraten und Salat.

Mittagessen. Baumwollsuppe, Ochsenfleisch mit kalter Sauce, gefüllte Kohlraben mit aufgeschnittener Wurst, Hecht mit Sardellensauce, gefüllte Wecke, Hasenbraten und Salat.

Nachtessen. Hirnsuppe, Enten mit Gurken, Birnencompot mit Omeletten, Hammelsbraten und Salat.

Mittagessen. Französische Suppe mit Knödeln von Hühnerfleisch, Ochsenfleisch mit Gurken und Sauce, Pastetchen von Krebsen, Artischocken mit gebackenen Hühnern, Bohnen mit Hammelsrippen, Kalbszungen mit Trüffelsauce, Salmen à la Hollandaise, Himbeerauflauf, Schnitten mit rothem Wein, Fasanenbraten, Lummelbraten, Reiscrême, Aprikosentorte, Erdbeerengefrorenes.

Nachtessen. Eiergerste, Kartoffeln mit Hasenragout, Mandelpudding, Kapaunbraten und Salat.

September.

Mittagessen. Grüne Kernensuppe, Ochsenfleisch mit Kressen, frisches Sauerkraut mit Kartoffelbrei und Schweinerippen, Tauben in Sauce, Mandelschnitten, Hasenbraten und Salat.

Nachteſſen. Griesſuppe, Brockelerbſen mit Hirnſchnitten, Weincrême, Feldhühner und Salat.

Mittageſſen. Nudelſuppe, Ochſenfleiſch mit Sardellen=ſauce, Kohlraben mit gebackenen Brieslein, Lungenmus, gefüllte Fädlein, Schnepfen und Salat.

Nachteſſen. Kartoffelſuppe, Steinpilze mit Hahnen, Aepfelauflauf, Nierenbraten und Salat.

Mittageſſen. Suppe mit Marktknödeln, Ochſenfleiſch mit Zwiebelſauce, Gelberüben mit Paſtetchen von Kalbshirn, Karpfen in Sauce, Sagoauflauf, gebratene Lerchen und Salat.

Nachteſſen. Gerſtenſuppe, Blumenkohl mit gebackenen Hahnen, Omelettenſoufflée, Haſenbraten und Salat.

Mittageſſen. Suppe à la Reine, Ochſenfleiſch mit Rotherüben, gefülltes Weißkraut mit geſalzener Zunge, Kalbs=füße in Sauce, Zwiebelmus, Rehſchlägel und Salat.

Nachteſſen. Geröſtete Milchbrodſuppe, Mangoldſtiele mit gefüllten Enten, Crême von Mandeln, Krammetsvögel, Kopfſalat.

Mittageſſen. Lerchenſuppe, Ochſenfleiſch mit Meerrettig, Artiſchocken mit Coteletten, Bürſching in Sauce, Nudeln à la Demidoff, Gansbraten und Salat.

Nachteſſen. Schwarzbrodſuppe, Salatgemüſe mit Ome=letten, Rahmſtrudeln, Kalbsbraten und Salat.

Mittageſſen. Fiſchſuppe, Ochſenfleiſch mit Rotherüben, Kartoffeln mit Milch und Bratwürſten, Kalbsohren mit Champignons, Eierſchnee, Feldhühner und Salat.

Nachteſſen. Griesſuppe, Gurken mit Kalbsfricando, Zwetſchgencompot mit Omeletten, Haſenbraten und Salat.

Mittageſſen. Schildkrötenſuppe, Roaſtbeef mit Kar=toffeln, Trüffelſauce, Kapuziner, Paſtetchen von Brieslein, Blumenkohl mit Croquetten von Eiern, Rothkraut und Schweinerippen, Granat von Kalbfleiſch, Forellen in Sauce Aepfelſcharlotten und Schwarzbrodauflauf, Krammetsvögel und Hammelsbraten, Salat, Crême von Chocolade, Apri=koſengelée, Traubenkuchen.

Nachteſſen. Fläbleinſuppe, Champignons mit Enten, Zunge in Sauce, Pfannenkuchen mit Roſinen, Lummelbraten und Salat.

Oktober.

Mittagessen. Reißsuppe mit Erbsenpurée, Ochsenfleisch mit Kapernsauce, Bohnen mit Hammelsrippen, Aal in Sauce, Dampfnudeln mit Vanillesauce, Becassinen und Salat.

Nachtessen. Kerbelsuppe, Laubfrösche, junge Hahnen, Reißauflauf, Schinken und Salat.

Mittagessen. Kastaniensuppe, Ochsenfleisch mit Sauerampfersauce, gefüllte Kartoffeln mit gesalzener Zunge, wilde Enten mit Sardellensauce, Rahmstrudeln, Schweineschlägel und Salat.

Nachtessen. Suppe mit Cobiveauknödeln, Endiviengemüse mit Fricadellen, Sagoauflauf, Lendenbraten und Salat.

Mittagessen. Grüne Kernensuppe, Ochsenfleisch mit Meerrettig, Wirsing mit Coteletten, Aal mit Trüffeln, gebackene Eiergerste, Wildbraten und Salat.

Nachtessen. Rahmsuppe, Schwarzwurzeln mit Croquetten von Kalbfleisch, Zwetschgenbrei und Omeletten, Lerchen und Salat.

Mittagessen. Pfanzerlsuppe, Ochsenfleisch mit Kirschen, Kohl mit Kastanien und gesalzenem Schweinefleisch, Bürsching in Sauce, Plumpudding, Kapaunbraten und Salat.

Nachtessen. Einlaufsuppe, Gelberüben mit Rissolen von Fischen, Mandelklöse in Sauce, Kalbsbraten und Salat.

Mittagessen. Wildentensuppe, Ochsenfleisch mit Rotherüben, Sauerkraut mit Schnecken, Hahnen in Sauce, Mandelwaffeln, Wildentenbraten und Salat.

Nachtessen. Fastenbretzelnsuppe, geschmelzte Nudeln mit Wildragout, Aepfelomeletten, Lummelbraten und Salat.

Mittagessen. Durchgeschlagene Kräutersuppe, Ochsenfleisch mit Gurken, Gelberüben mit Kalbszunge, Rehragout, Kaffeebröblein, Hahnenbraten und Salat.

Nachtessen. Kartoffelsuppe, Spinat mit Croquetten, Tauben in Sauce, Rehbraten und Salat.

Mittagessen. Feldhuhnsuppe, Ochsenfleisch mit Sardellensauce und Kapuzinerpastetchen von Hirn, gefülltes Weißkraut mit aufgeschnittener Wurst, Schwarzwurzeln mit Coteletten en papillotes, Brieslein in einem vol-au-vent und Schwarzwildpret in Sauce, Mandelklöse in Sauce, Biscuitpudding, Schnepfen und Gansleberpurée mit Salat, Gelée von Pomeranzen, Reineclaudentorte, Gefrorenes von Pfirsichen. **Nachtessen.** Gerstenschleim, Endivien mit Omeletten, Roulade von Kalbfleisch, Birnencompot, Griesnockerln, Kapaunbraten und Salat.

November.

Mittagessen. Sagosuppe, Ochsenfleisch mit Zwiebel= sauce, Kartoffelblättchen mit Bratwürsten, Enten mit Gurken, Rahmstrudeln, Krammetsvögel und Salat. **Nachtessen.** Geriebene Milchbrodsuppe, Gelberüben mit Coteletten, Kalbsfüße in Sauce, gefüllte Fädlein, Nieren= braten und Salat.

Mittagessen. Nudelsuppe, Ochsenfleisch mit Gurken, Erbsenpurée mit Dürrfleisch, junge Hahnen in Sauce, ge= backene Eiergerste, Hammelsbraten und Salat. **Nachtessen.** Griessuppe, Endiviengemüse mit Omeletten, Milchnocken, Hasenbraten und Salat.

Mittagessen. Lerchensuppe, Ochsenfleisch mit Sellerie= salat, Sauerkraut mit Schnecken, Hecht mit Sardellen, Kar= toffelauflauf, Lerchen, Salat. **Nachtessen.** Hirnsuppe, Kartoffelbrei mit Fricando von Kalbfleisch, Omelettensoufflée, gebratene Hühner und Salat.

Mittagessen. Französische Suppe, Ochsenfleisch mit Sauce, weiße Rüben mit gebackener Gansleber, Granat von Kalbfleisch, Mandelschnitten, gefüllte Gans und Salat. **Nachtessen.** Eiergerstsuppe, Schwarzwurzeln mit ge= backenen Brieslein, Taubenragout, Fädlein in der Milch, Nierenbraten und Salat.

Mittagessen. Erbsensuppe, Ochsenfleisch mit Meer= rettig, Wirsing mit gebackenen Hahnen, Kalbsfricando mit Champignons, Dampfnudeln mit Sauce, Rehbraten und Salat. **Nachtessen.** Fädleinsuppe, Laubfrösche mit Coteletten, Aepfelcompot und Omeletten, gefüllte Kalbsbrust und Salat.

Mittagessen. Baumwollsuppe, Ochsenfleisch mit Zwie= belsauce, eingemachte Bohnen mit Hammelsrippen, Rehragout, Kästlöse, Wildentenbraten und Salat. **Nachtessen.** Schwarzbrodsuppe, geröstete Kartoffeln mit Kalbsgekröse, Griespudding mit Kirschen, junge Hühner u. Salat.

Mittagessen. Schildkrötensuppe, Roastbeef mit Kapern=
sauce und Melonen, Hachiespastetchen, gefüllte Kartoffeln
mit gesalzener Zunge, Wirsing mit Croquetten von Kapaun,
Macaroni in einem vol-au-vent, Feldhühnerragout, Plum=
pudding und Aepfelküchlein, wilder Gansbraten und farcirter
Kapaun, Crême mit Karmel, Punschgelée, spanische Torte.
Nachtessen. Reis mit Huhn, Beefsteak mit Kartoffeln,
Taubenragout, Reisauflauf, Kalbsbraten und Salat.

Dezember.

Mittagessen. Aufgezogene Suppe, Ochsenfleisch mit
Sauce, Blumenkohl mit französischen Omeletten, Granat von
Kalbfleisch, Pomeranzenauflauf, welscher Hahn mit Trüffeln
und Salat.
Nachtessen. Einlaufsuppe, Endivien mit Coteletten,
Fläblein in der Milch, Nierenbraten und Salat.
Mittagessen. Pfanzerlsuppe, Ochsenfleisch mit Gurken,
gedämpftes Weißkraut mit Gansleber. Rehragout, Kartoffel=
pudding, Feldhühner mit Trüffeln und Salat.
Nachtessen. Italienische Nudelsuppe, Schwarzwurzeln
mit gebackenen Brieslein, Sagoauflauf, Lummelbraten und
Salat.
Mittagessen. Grüne Kernensuppe, Ochsenfleisch mit
Rotherüben, Kohl mit gesalzenem Schweinefleisch, Karpfen in
Sauce, Citronatauflauf, Poulardenbraten und Salat.
Nachtessen. Griessuppe, Blumenkohl mit Coteletten,
Schnepfenragout, Mandelbrei, Gansbraten und Salat.
Mittagessen. Gerstensuppe, Ochsenfleisch mit Sellerie=
salat, Kohlraben mit Kalbsfilet von gehacktem Fleisch, Schwarz=
wildpret in Sauce, Reispudding, Hasenbraten und Salat.
Nachtessen. Rahmsuppe, Kartoffelbrei mit Kalbsfri=
cando, Tauben in Sauce, gebackene Crême, Wildentenbraten
und Salat.
Mittagessen. Dürre Erbsensuppe, Ochsenfleisch mit
Meerrettig, Schupfnudeln mit Hasenragout, Kabeljau mit
Kartoffeln, Rahmtörtlein, Kapaunbraten und Salat.
Nachtessen. Kerbelsuppe, Endivien mit Rissolen von
Fischen, Mandelschnitten mit Sauce, Kalbsbraten und Salat.

Mittagessen. Fläbleinsuppe, Ochsenfleisch mit Sauce, weiße Rüben mit Schweinecotcletten, Schwarzwildpret in Sauce, Aepfelknöpflein in Sauce, Gansbraten mit Kastanien gefüllt und Salat.

Nachtessen. Eiergerstensuppe, Beefsteak mit Kartoffeln, gebackene Crême, Hasenbraten und Salat.

Mittagessen. Nudelsuppe mit Huhn, Ochsenfleisch mit Meerrettig und Preiselbeeren, Pastetchen von Kalbshirn, Rothkraut mit Bratwürsten, Kartoffelblättchen mit Coteletten en papillotes, Laperdan, Brieslein in Sauce, Rahmstrudeln und Aepfelauflauf, Gansleberpastete, Hirschziemer mit einer Zimmtkruste und Salat, Gelée von Punsch, Crême von Reis, Rahmtorte.

Nachtessen. Reissuppe, Schwarzwurzeln mit Omeletten, junge Hahnen in Sauce, Griesauflauf, Feldhuhnbraten und Salat.

Anhang.

Haus- und Wirthschaftsmittel.

Aepfel aufzubewahren.

Man bringe die frisch gebrochenen Aepfel in Kisten, die härtesten nach unten, lege eine Hand voll Wollblumen dazu und verschließe die Kiste möglichst fest und stelle sie in einen trockenen Keller.

Trauben für den Winter.

Man nehme die dünnbeerigsten Trauben, versehe jeden mit einer Schleife von Zwirn und hänge sie so an Stangen oder Seile an einem trockenen Ort auf, jedoch so, daß keine die andere berührt, auch kann man eine tiefe Grube in die Erde machen, hängt die Trauben an Stangen hinein, doch dürfen sie sich auch nicht berühren, deckt die Grube mit Brettern zu und bedeckt diese mit Stroh und Erde.

Trüffeln aufzubewahren.

Die Trüffeln werden geputzt, geschält und in eine Flasche, die ungefähr ¾ Liter faßt, gethan, ½ Trinkglas Madera darüber gegossen, fest zugepfropft, mit Bindfaden überbunden, damit keine Luft dazu kommt. Umwinde die Flasche mit Heu, setze sie in einen Kessel, fülle diesen mit kaltem Wasser auf, bis sie ¾ bedeckt ist, stelle ihn auf's Feuer und lasse sie 3 Stunden kochen, aber langsam, damit die Flasche nicht springt, lasse sie dann über Nacht in dem Wasser abkühlen, nimm die Flasche heraus und bewahre sie gut auf.

Bodenwichse.

Man gießt 5¼ Liter starke Lauge von Regenwasser in einen Kübel; weicht Abends vorher 78 Gramm Goldocker, 62 Gramm weichen Orleans, 62 Gramm arabischen Gummi, 78 Gramm Pottasche, für 18 Pfennig Leim, jeden Theil in ⅓ Liter Lauge ein. Den andern Tag stellt man die übrige Lauge auf's Feuer, bindet 375 Gramm gelbes Wachs in ein Tuch und läßt es mit der Lauge ½ Stunde kochen. Dann kommen die obengenannten Sachen dazu und man läßt das Ganze noch ¼ Stunde kochen, schüttet es dann in ein Gefäß. Sollte sich am andern Tag eine Wachsscheibe gebildet haben, so hebe man diese ab, verrühre sie mit ³⁄₁₆ Liter Weingeist in einer Schüssel und thue sie wieder zu dem Uebrigen.

Bohnen zu dörren.

Man nehme junge Bohnen, befreie sie von den Fäden, thue sie in kochendes Wasser und lasse sie darin 2 Mal auf-wallen, nehme sie sodann heraus und lasse sie abtrocknen, bringe sie auf Hurten und stelle diese in einen abgekühlten Backofen. Wenn sie dürr sind, bewahre sie in leinenen Säck-chen an einem trockenen Ort. Am Abend, ehe man sie kocht, müssen sie in Wasser eingeweicht werden.

Der Bouillon die Säure zu nehmen.

Man lasse sie nochmals kochend werden und werfe einige Holzkohlen hinein, lasse diese etwas mitkochen und nehme sie dann wieder heraus. Ueberhaupt ist die Holzkohle ein Schutz-mittel gegen Fäulniß.

Flaschen zu reinigen.

Man zerschlage einige Eierschalen, desgleichen Holzkohlen und Salz, bringe dieses in die Flaschen, gieße Wasser dazu und rüttle die Flaschen recht stark damit, schütte alsdann das Wasser ab, gebe wieder frisches dazu und lasse es über Nacht darin stehen, rüttle, wenn es nöthig ist, den andern Tag wieder, so werden sie rein und von jedem Geruch befreit sein.

Mittel gegen Brandwunden.

Man nimmt ein Stück Leinwand von einem alten Männer-
hemd, läßt dieses schwarz brennen, jedoch nicht zu Asche; man
muß es zudecken, damit man Pulver davon machen kann, oder
daß der Lappen ganz bleibt; dieser wird mit Baumöl getränkt
und auf die Brandwunde gelegt, bis er nicht mehr kühlt, dann
wieder ein frischer darauf gelegt, und so fortgefahren, bis die
Wunde geheilt ist. Wenn man den Lappen zu Pulver zer-
reibt, macht man dieses mit Baumöl zu einem Sälbchen an.

Brod gegen Schimmel zu bewahren.

Sobald das Brod aus dem Ofen kommt, bringt man es
in Mehlsäcke, unterbindet jeden Laib, damit keiner den andern
berührt und hängt solche auf den Speicher oder sonst an einen
luftigen Ort; sollte es wieder Erwarten etwas Schimmel ansetzen, so wärme man es auf und bringe es wieder in die
Mehlsäcke.

Tinte zu bereiten.

Man nehme 1½ Liter Essig, eben so viel Regenwasser,
125 Gramm Eisenvitriol und lasse es kochen; wenn sich alles
aufgelöst hat, so nehme man den Topf vom Feuer und schütte
½ Kilogramm gestoßene Galläpfel, 94 Gramm arabischen
Gummi hinein und lasse es 14 Tage lang in einem steinernen
Krug stehen, schüttle dasselbe täglich einige Mal um, fülle
die Tinte in Krüge und bewahre sie vor Kälte.

Eier für den Winter aufzubewahren.

Man nimmt ganz frische Eier, bringt solche in einen steinernen Topf, jedoch sehr behutsam, damit keines zerspringt,
nun nimmt man eine Schüssel voll abgelöschten Kalk, schüttet
einen Kübel voll kaltes Wasser daran, rührt den Kalk recht
auf, dann läßt man ihn wieder etwas ruhen und schüttet
alsdann das klare Kalkwasser über die Eier, so erhalten sie
sich über den Winter. — Man kann sie auch auf Hurten
aufbewahren, welche für jedes Ei ein Loch haben, so daß das
Ei auf die Spitze eingesetzt wird, und die Hurten an einen
luftigen Ort stellen.

Endivien aufzubewahren.

Man ziehe ihn mit der Wurzel aus und lege ihn so lange auf Hurten in den Keller, bis man ihn gebrauchen will, dann binde man ihn und schlage ihn in Sand ein, bis er gelb wird.

Essig zu bereiten.

Man nimmt ein Fäßchen, welches an beiden Böden ein Loch hat, das nur mit Leinwand überzogen sein darf, damit die Gährung sich leichter entwickeln kann. Nach folgender Ordnung kommen die Zusätze in's Faß: $1/8$ Kilogramm Schwarzbrod ohne Rinde wird mit $3/4$ Liter gutem Weinessig angefeuchtet, 750 Gramm Honig dazu, dann werden 27 Liter Flußwasser oder Obstmost heiß gemacht, darin 375 Gramm fein pulverisirter Weinstein aufgelöst, schüttet dieses zum Andern in's Fäßchen und thut $1 1/8$ Liter Weingeist dazu. Nun bringe man das Fäßchen an einen warmen Ort oder in die Nähe eines Ofens; in 8 bis 10 Wochen ist der Essig fertig zum Abzapfen. Derselbe wird nun abgelassen, zu dem Satz kommen wieder 27 Liter warmes Wasser oder Obst- most, 375 Gramm präparirter ganzer Weinstein und $1 1/8$ Liter Weingeist, das Uebrige läßt man weg, dann werden die Löcher mit Stöpsel versehen; so kann man noch mehrere Mal auf gleiche Weise ansetzen.

Estragonessig.

Man thut in eine gewöhnliche Flasche Essig eine starke Hand voll Estragon, füllt sie mit gutem Essig auf und läßt sie mehrere Wochen in der Sonne stehen.

Fleisch einige Tage im Sommer aufzubewahren.

Man lege solches in gestandene Milch, so daß es ganz davon bedeckt ist, und gebe ihm jeden Tag frische; auch kann man es in pulverisirte Holzkohlen (Kohlenstaub) legen und es beim Gebrauch wieder rein abwaschen.

Kopfsalat gegen das Aufschießen zu bewahren.

Man ziehe ihn mit den Wurzeln aus und schlage ihn auf- recht in Sand im Keller ein. Auf diese Art kann man alle

Sorten Wurzelwerk oder Suppenkräuter aufbewahren, nur müssen solche von ihren verdorbenen Blättern gereinigt werden.

Kraut aufzubewahren.

Dieses wird mit seinen grünen Blättern auf den Speicher auf Stroh gelegt, sollte jedoch die Kälte groß werden, so bringe man es auf dieselbe Art in den Keller.

Kastanien aufzubewahren.

Diese werden in nicht zu feuchten Sand im Keller einge= graben, sie halten sich dann ziemlich lange. Oder man schält und dörrt sie, dann ersetzen sie im Winter die frischen.

Maitrank.

Man nimmt 1 Hand voll Waldmeister, 10 Stengel weiße Taubnesseln, 10 Herzchen Walderdbeeren, 10 Blättchen Schaf= garben, 10 Herzchen von dem Hagenbuttenstrauch, 10 Blätt= chen von den schwarzen Johannisbeeren, den Saft und die Schale von 2 Orangen. Dieses wird in ein Gefäß gethan und mit 4½ Liter gutem Wein übergossen, 750 Gramm Zucker dazu genommen und einige Stunden zugedeckt stehen lassen, alsdann durchgeseiht und gebraucht.

Meerrettig aufzubewahren.

Er wird von allen Fasern gereinigt und in den Keller in feuchten Sand gesetzt, so daß die Herzblätter, welche nicht abgeschnitten sein dürfen, daraus hervorschauen.

Nüsse aufzubewahren.

Die Nüsse werden sammt ihrer grünen Schale in trockenen Sand in den Keller gelegt und damit zugedeckt, auf diese Art bleiben sie lange frisch. Hat man dürre Nüsse, so lasse man sie einige Stunden in Salzwasser aufkochen, dann werden sie wieder frisch.

Orangen und Citronen aufzubewahren.

Man steckt neue Besen von Birkenreis in den Keller in Sand, so daß die Spitzen nach oben gerichtet sind, legt die Citronen oder Orangen hinein, daß sie zwischen den Reisern sind; so halten sie sich sehr lange.

Prunellen zu trocknen.

Man läßt die besten Zwetschgen so lange auf dem Baume, bis sie anfangen zusammen zu schrumpfen, dann zieht man ihnen die Haut ab, sollte sie nicht bei allen abgehen, so brühe man sie mit heißem Wasser ab, bringe sie hierauf auf Hurten in einen schwach warmen Backofen, beim ersten Herausnehmen drücke man ihnen oben am Stiele die Steine heraus, bringe sie in einen wärmeren Ofen und lasse sie vollends trocken werden.

Punsch-Essenz.

Man nimmt den Saft von 20 Orangen (man kann auch einige Orangen weglassen und dafür ebensoviele Citronen nehmen), läutert 3 Kilogramm Zucker, thut den Saft dazu und läßt ihn ein wenig mitkochen, läßt dieses nun erkalten, gießt 2 Flaschen Arac dazu, füllt es in Flaschen, verwahrt solche recht gut mit Stöpseln und stellt sie an einen trockenen Ort. Man kann auch 2 Orangen am Zucker abreiben und dazu nehmen.

Ostereier zu färben.

Für einige Pfennig Blauspäne werden mit Wasser gekocht, dann durchgeseiht und mit etwas Leim dickgekocht, alsdann werden die Eier hart gesotten und so lange sie warm sind mit der Farbe bestrichen und getrocknet.

Mittel gegen Verletzung durch Quetschung oder Uebertreten.

Weißer venetianischer Terpentin und Seifenspiritus werden vermengt, auf einen wollenen Lappen gestrichen und auf die wunde Stelle gelegt.

Seidenzeug zu waschen.

½ Glas Hefenbranntwein, 1 starker Eßlöffel voll Honig, für 6 Pfennig Schmierseife, für 6 Pfennig gestoßener Gummi werden über Nacht in ein Geschirr gethan, den andern Tag lege den Seidenzeug auf einen reinen Tisch, nimm eine Bürste, tauche sie in die Masse, bürste den Seidenzeug damit auf der rechten und auf der Kehrseite, schwenke den Zeug sogleich einige Mal im Regenwasser, winde ihn nicht aus, sondern schlage ihn in ein trockenes Tuch und bügle ihn gleich mit einem heißen Stahl.

Grüne Seife zu machen.

In ³/₄ Liter Ochsengalle schüttet man ½ Kilogramm ge= schnittene Seife, 47 Gramm weißen Zucker, 31 Gramm Honig und 24 Gramm Terpentin; man läßt alles zusammen unter beständigem Rühren auf einem gelinden Feuer so lange kochen, bis es anfängt vom Löffel abzulaufen, schüttet es in einen Schachteldeckel und läßt sie steif werden, schneidet sie in Stücke und gebraucht sie zum Waschen der Seidenzeuge und um Flecken herauszubringen.

Kölnisches Wasser zu bereiten.

Man nimmt ³/₄ Liter reinen Spiritus, darein schüttet man ¹¹/₁₀ Liter Wasser, 16 Gramm Bergamotöl, 48 Gramm Ci= tronenöl, 8 Tropfen Nelkenöl, 4 Gramm Neroliöl und 1 Gramm Rosmarinöl, wenn nun alles untereinander geschüttet, filtrirt man es durch ein Fließpapier.

Senf zu bereiten.

Nimm 250 Gramm weißen feinen Senf und 250 Gramm feinen gelben Senf, thue 2 Eßlöffel voll gestoßenen Zucker daran, rühre ihn mit kaltem Estragon=Essig an, bis er ganz dünn ist, nun lasse ihn 8 Tage lang aufgedeckt stehen, dann kann man ihn brauchen. Man kann auch 62 Gramm fein= gestoßene Sardellen dazu thun.

Rübenpflaster.

Zu ½ Kilogramm unverfälschtem grünen Baumöl nimmt man 3 Hände voll ganz frische Blätter von hundertblätterigen Rosen, welche man in einem irdenen Topf ein wenig mit= einander aufsieden läßt; ist es abgekühlt, so schüttet man das Oel mit den Blättern in eine Flasche mit einem weiten Hals, bindet sie mit einem Papier zu und stellt solche den Sommer über in die Sonne. Im Herbst nimmt man 4 starke weiße Rüben und preßt davon den Saft aus, das Baumöl mit den Rosenblättern läßt man in einem breiten irdenen

Topf sieben, schüttet den Rübensaft dazu und läßt es unter beständigem Rühren ¼ Stunde kochen, thut es sodann vom Feuer und läßt es etwas abkühlen. Hierauf werden 250 Gramm rother Mennig hineingethan (dabei muß man sich in Acht nehmen, daß nichts in die Augen kömmt, auch steigt es leicht), wieder auf das Feuer gestellt und unter beständigem Rühren dick gekocht, bis es beim Probiren auf einem Zinnteller gesteht, dann wird es vom Feuer genommen; wenn es abgekühlt ist, thut man 47 Gramm gestoßenen Kampfer, 3 Löffel voll Baumöl und 16 Gramm peruvianischen Balsam dazu, rührt dieses recht durcheinander und gießt es mit einem Löffel in Schachteln, die man einige Tage offen läßt, bis es gestanden ist.

Flecken aus Weißzeug zu bringen.

Man vermenge für einige Pfennig Pottasche mit Unschlitt, bestreiche die Flecken damit, lege sie einige Tage in die Sonne und wasche es dann mit warmer Lauge, in welcher Seife gekocht ist, aus.

Flecken aller Art zu vertilgen.

Wollene, seidene und baumwollene Zeuge, die Fettflecken haben, werden mit Seifenspiritus angefeuchtet, etwas gerieben, mit frischem Wasser ausgewaschen (bei gefärbten Zeugen ist Terpentinspiritus sehr zu empfehlen, auch kölnisches Wasser) und mit grauem Löschpapier leicht abgerieben. Theer- oder Pechflecken vertilgt man mit Rosmarin- oder Terpentinöl (auch mit Erdöl), legt etwas graues Löschpapier oben und unten, darauf einen heißen Stahl; ist er noch nicht völlig verschwunden, so wende man noch Seifenspiritus an. Tintenflecken in leinenen, baumwollenen und wollenen Zeugen werden in Milch getaucht, ein wenig gerieben und so herausgewaschen, wenn die Milch unrein ist, so nimmt man frische, bis sie weg sind. Flecken von Siegellack werden mit kölnischem Wasser vertilgt. Schmutzflecken aus dem Boden werden mit Seifenspiritus vertilgt.

Mittel gegen Frostbeulen.

1 Hand voll Senfmehl, 1 Prise Salz, 1 Hand voll Kleie,

1 Nuß großes Stückchen Seife werden mit einem Schoppen kochendem Essig angebrüht und die erfrorenen Theile so warm wie möglich darin gebadet, das einige Mal wiederholt und es wird gut werden. Wenn schon Wunden da sind, mache man Schweineschmalz heiß und dämpfe eine Hand voll Epheublätter darin, dieses wird geseiht und mit dem Sälbchen die Wunde geschmiert.

Eine sehr heilsame Salbe.

Es werden 3 bis 5 Deckelschnecken in einem Mörser ganz fein gestoßen, so daß es ein Sälbchen gibt.

Stiefelwichse.

94 Gramm gebranntes Elfenbein, 62 Gramm Syrup, 24 Gramm Salzgeist, 24 Gramm Schwefelsäure werden mit zwei Eßlöffeln voll Baumöl verrührt, wie die Ingredienzen folgen.

Borsdorfer Pommade.

Man nimmt 250 Gramm Borsdorfer Aepfel, die geschält sind und das Innere herausgeschnitten, 31 Gramm fein gestoßene Benson, 31 Gramm Zimmt, 24 Gramm Gewürznelken, 62 Gramm weißes Wachs, 1 Kilogramm Schweine-Schmeerfett, ³/₄ Liter Rosenwasser, eine Hand voll Lavendelblüthe. Nun werden die Aepfel mit dem Zimmt und Nelken gespickt, in einen neuen irdenen Topf gethan und mit dem Rosenwasser übergossen, daß es darüber geht, und so 4 Tage an einem temperirten Ort wohl zugedeckt stehen lassen. Man kann den Deckel noch mit Schwarzbrodteig umschlagen, damit keine Luft eindringt. Dann wird das Schweinefett klein geschnitten zu den Aepfeln gethan und alles mit einander auf gelindem Kohlenfeuer eine Stunde kochen lassen, dann die Masse durch ein Tuch geseiht, das Wachs dazu gethan und wieder auf das Feuer gesetzt, bis dasselbe geschmolzen ist. Hernach läßt man es erkalten, hebt die Pommade vom Wasser ab und läßt sie wieder vergehen, um sie in Töpfchen füllen zu können.